YOのワールドジャーニー
100カ国・地域を目指して
地球を散歩する
達成記念 第2弾!!

金野《KONNO》 洋《YO》

鳥影社

Album

第一弾

1978-2013

№ 1　1978年9月　34歳　初めての個人海外旅行 No.1
インドネシア・バリ島で芸能レポーター高山ナツキさんと

№ 2　1978 年 12 月　34 歳　会社からのご褒美で海外旅行 No.1
ハワイで添乗員さんと

№ 3　1979 年 4 月　35 歳　個人海外旅行 No.2
香港・マカオにて

№ 4　1980 年 9 月　36 歳　個人海外旅行 No.3
フィリピンで現地スタッフさんと

№ 5　1989 年 2 月　45 歳　社内海外旅行 No.2
香港にて

№6　1992年5月　48歳　社内海外旅行No.3
サイパン・グアム・ロタ島にて

№7　1994年3月　50歳　初めての家族海外旅行No.1
アメリカ・サンフランシスコにて

№ 8　1994 年 9 月 50 歳　社内海外旅行 No.4
ハワイにて

№ 9　1995 年 5 月　51 歳　家族海外旅行 No.2
アメリカ・ニューヨーク・トレードセンター前で

№ 10　1996 年 5 月　52 歳　家族海外旅行 No.3
オーストラリア・シドニー・ゴールドコーストで家族と

№ 11　1996 年 11 月　52 歳　社内海外旅行 No.5
中国・上海で

№ 12　1997 年 1 月　53 歳　家族海外旅行 No.4
マカオ・聖ポール天主堂前で家族と

№ 13　1997 年 4 月　53 歳　個人海外旅行 No.4
フランス・ノートルダム寺院前で

№ 14　1998 年 1 月　54 歳　家族海外旅行 No.5
イタリア・ローマ・コロッセオ前で

№ 15　1998 年 11 月　54 歳　社内海外旅行 No.6
タイ・パタヤにて

№ 16　1999 年 1 月　55 歳　家族海外旅行 No.6
韓国・ソウルにて家族と

№ 17　2000 年 1 月　56 歳　家族海外旅行 No.7
アメリカ・ロスアンゼルスで家族と

№18　2001年1月　57歳　家族海外旅行 No.8
中国・北京・天安門前で家族と

№19　2002年3月　58歳　家族海外旅行 No.9
台湾・台北にて

№ 20　2003 年 11 月　59 歳　家族海外旅行 No.10
カナダ・バンクーバーにて家族と

№ 21　2004 年 3 月　60 歳　家族海外旅行 No.11
エジプト・カイロにて家族と

№ 22　2004 年 6 月　60 歳　個人海外旅行 No.5
アメリカ・ニューヨーク・短期語学留学のお仲間

№ 23　2005 年 1 月　61 歳　家族海外旅行 No.12
ドイツ・ノイシュバンシュタイン城前で家族と

№ 24　2005 年 9 月　61 歳　個人海外旅行 No.6
ブラジル・リオデジャネイロ・ポン・ジ・アスーカル前で

№ 25　2006 年 1 月　62 歳　家族海外旅行 No.13
スペイン・マドリッド・スペイン広場にて家族と

№ 26　2006 年 10 月　62 歳　家族海外旅行 No.14
ロシア・モスクワ・聖ワシリイ大聖堂前で家族と

№ 27　2007 年 1 月　63 歳　家族海外旅行 No.15
ギリシャ・パルテノン神殿前で家族と

No. 28　2007 年 3 月　63 歳　個人海外旅行 No.7
トルコ・パムッカレにて

No. 29　2007 年 7 月～　63 歳　家族海外旅行 No.16
タイ・バンコク・アユタヤにて家族と

№ 30　2008 年 1 月 12 日～ 4 月 28 日　 64 歳　個人海外旅行 No.8
世界一周南回り　一回目

香港、ベトナム、シンガポール、セイシェル、ケニア、南アフリカ、ナミビア、ブラジル、アルゼンチン、南極大陸、チリ、イースター島、タヒチ、ニュージーランド、オーストラリア、パプアニューギニア

30 － 1　ピースボート・スタッフのローズさんと

30 − 2　南極グリーンウイッチ島でペンギンさんと

30 − 3　南極ウシュアイア号の船首でバンザイ

30 − 4　南極
ウシュアイア号からトパーズ号をバックにビッキーちゃんと

30 − 5　イースター島
モアイ像の前でピースボート・スタッフさんと

30－6　オーストラリア
エアーズロック（ウルル）の前で

30－7　パプアニューギニア
ラバウルの火山にびっくり

№ 31　2008 年 11 月　64 歳　家族海外旅行 No.17
ドイツ・ベルリン・ブランデンブルグ門前で

№ 32　2009 年 1 月　65 歳　家族海外旅行 No.18
イタリア・ベニスで家族とゴンドラに

№ 33　2009 年 2 月　65 歳　個人海外旅行 No.9
メキシコ・メキシコシティー太陽のピラミッド前で添乗員さんと

№ 34　2009 年 5 月　65 歳　家族海外旅行 No.19
次女とスウエーデンにて

№ 35　2009 年 9 月　65 歳　家族海外旅行 No.20
ペルー・マチュピチュをバックに

№ 36　2009 年 10 月　65 歳　個人海外旅行 No.10
カンボジア・アンコールワットで現地ガイドさんと

№ 37　2009 年 12 月　65 歳　個人海外旅行 No.11
インド・タージマハルの前で

№ 38　2010 年 1 月　66 歳　個人海外旅行 No.12
フランス・モンサンミッシェル前で

№ 39　2010 年 8 月 2 日〜 10 月 20 日　66 歳　個人海外旅行 No.13
世界一周クルーズ、中央回り、二回目

ベトナム、シンガポール、マレーシア、インド、オマーン、エジプト、トルコ、ギリシャ、イタリア、フランス、スペイン、モロッコ、スペイン・カナリア諸島、キューバ、ジャマイカ、パナマ、ニカラグア、グアテマラ、メキシコ

39 − 1　ピースボート・スタッフさんと

39 − 2　エジプト・スフィンクス前で

39 − 3　キューバ・ハバナの革命広場にて

39 − 4　キューバ・ハバナ港で

39 − 5　ピースボート・スタッフさんと

№ 40　2010 年 11 月　66 歳　家族海外旅行 No.21
韓国・チェジュ島で家族と

№ 41　2011 年 1 月　67 歳　個人海外旅行 No.14
ネパールにて

№ 42　2011 年 4 月　67 歳　個人海外旅行 No.15
アメリカ・ワシントン DC、リンカーン記念堂にて

№ 43　2011 年 6 月　67 歳　短期語学留学　個人海外旅行 No.16
フィリピン・セブ島・アイランドホッピングに参加

№ 44　2011 年 7 月　67 歳　家族海外旅行 No.22
シンガポール・マーライオン前で家族と

№ 45　2011 年 9 月　67 歳　個人海外旅行 No.17
リトアニア・日本のシンドラー、杉原千畝さんの仕事場で

№ 46　2011 年 11 月　67 歳　個人海外旅行 No.18
ドバイ、世界一高いブルジュ・カリファの前で

№ 47　2011 年 12 月　67 歳　個人海外旅行 No.19
フィリピン・レイテ・サマール巡り

№ 48　2012 年 1 月　68 歳　個人海外旅行 No.20
ドイツ・ケルンの大聖堂前で

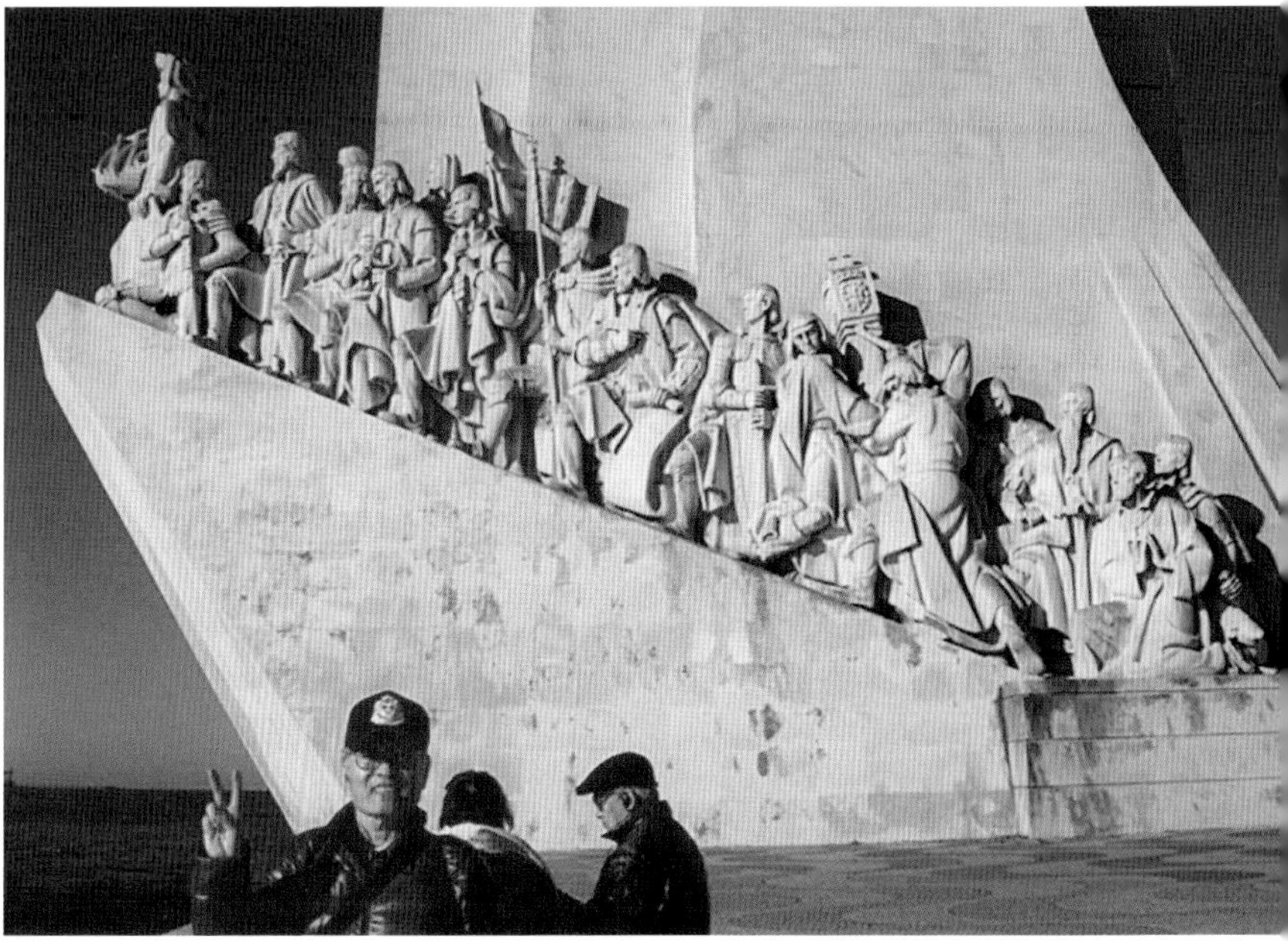

№ 49　2012 年 1 月　68 歳　個人海外旅行 No.21
ポルトガル発見のモニュメント前で

№ 50　2012 年 7 月　68 歳　家族海外旅行 No.23
台湾で家族と

№ 51　2013 年 1 月　69 歳　個人海外旅行 No.22
オーストリア、クロアチア、スロベニア、ボスニアヘルツェゴビナ、
セルビア、モンテネグロ

51－1　クロアチア・プリトヴィツェ湖畔で現地ガイドさんと

51－2　帰りの成田空港にてドイツ・ハンブルグの女性と

№ 52　2013 年 04 月　69 歳　個人海外旅行 No.23
南アフリカ喜望峰にて

№ 53　2013 年 09 月　69 歳　家族海外旅行 No.24
韓国・慶州にて家族と

第二弾

2014-2019

№ 54　2014 年 1 月　70 歳　個人海外旅行 No.24
フィリピン・マニラ・リサール公園で

№ 55　2014 年 3 月～　70 歳　個人海外旅行 No.25
タイ・パタヤにて

№ 56　2014 年 5 月　70 歳　個人海外旅行 No.26
タイ・プーケットにて

№ 57　2014 年 7 月　70 歳　家族海外旅行 No.25
フランス・パリ・ベルサイユ宮殿　鏡の間で

№ 58　2014 年 11 月　70 歳　個人海外旅行 No.27
フィリピン・コレヒドール島で

№ 59　2014 年 12 月　70 歳　個人海外旅行 No.28
タイ・バンコクの空港で

№ 60　2015 年 2 月　71 歳　個人海外旅行 No.29
ラオスにて

№ 61　2015 年 4 月　71 歳　個人海外旅行 No.30
タイ・バンコクにて

№ 62　2015 年 6 月　71 歳　個人海外旅行 No.31
タイ・バンコクで象に乗る

№ 63　2015 年 7 月　71 歳　家族海外旅行 No.26
スリランカ・シギリヤロック前で家族と

№ 64　2015 年 9 月　71 歳　個人海外旅行 No.32
ルーマニア・国民の館、前で

№ 65　2016 年 2 月　72 歳　個人海外旅行 No.33
タイ・バンコクにて

№ 66　2016 年 4 月　72 歳　家族海外旅行 No.27
スイス・マッターホルンで家族と

No. 67　2016 年 5 月　72 歳　個人海外旅行 No.34
モンゴルでゲルに泊まる

No. 68　2016 年 7 月　72 歳　個人海外旅行 No.35
ミャンマー・ゴールデンロックを持ち上げてみた

№69　2016年10月　72歳　個人海外旅行 No.36
カリブ海クルーズ船の前で

№70　2016年11月　72歳　個人海外旅行 No.37
マルタ・ゴゾ島で添乗員さんと

№ 71　2017 年 1 月　73 歳　家族海外旅行 No.28
アイスランドでもオーロラが見えた

№ 72　2017 年 2 月　73 歳　個人海外旅行 No.38
タイ・バンコクにて

№ 73　2017 年 3 月　73 歳　個人海外旅行 No.39
ヨルダン・ペトラ遺跡前で

№ 74　2017 年 4 月　73 歳　個人海外旅行 No.40
アゼルバイジャン・バクーのフレームタワーをバックに

№ 75　2017 年 8 月　73 歳　個人海外旅行 No.41
ウズベキスタンにて

№ 76　2017 年 9 月　73 歳　個人海外旅行 No.42
ベラルーシ・ブレスト要塞前で

№ 77　2018 年 1 月　74 歳　個人海外旅行 No.43
大雪の為に飛行機が飛ばず成田空港内で一泊、トホホ

№ 78　2018 年 4 月　74 歳　家族海外旅行 No.29
中国・大連ヤマトホテル前で

№ 79　2018 年 5 月　74 歳　個人海外旅行 No.44
イタリア・ミラノのドゥオモ前で

№ 80　2018 年 6 月　74 歳　個人海外旅行 No.45
中国・張家界・武陵源にて

№ 81　2018 年 9 月　74 歳　個人海外旅行 No.46
チュニジアにて

№ 82　2018 年 11 月　74 歳　個人海外旅行 No.47
アイルランドにて

№ 83　2019 年 1 月　75 歳　個人海外旅行 No.48
マケドニアにて

№ 84　2019 年 3 月　75 歳　家族海外旅行 No.30
中国・西安・兵馬俑で

№ 85　2019 年 5 月　75 歳　個人海外旅行 No.49
ブルネイ王国にて

YOのワールドジャーニー　第二弾

目次

YOのワールドジャーニー　第二弾

二〇一四年一月　個人海外旅行 №24《フィリピン短期語学留学》

◎旅の思い出　一月二六日（日）

今朝は早朝三時に起きて来ました。

AM九時にママと次女が車で駅までお見送りです。嬉しいですね……。

九時一四分に大船駅まで、ここで成田エクスプレスに乗り換えて一二時に成田第二ターミナルに到着しました。

売店でラゲッジチェッカーとパスポートポーチを購入し、三時五五分にフィリピン航空でマニラに、七時五五分に到着（現地時間八時五五分）しました。

第二ターミナルを出ると直ぐに学校のスタッフと、ご対面出来てホッとしました。

第一ターミナルにも寄ってから学校へ、学校に到着して直ぐに一六階の寮に入ったら部屋には、トイレもシャワーも無くて共有で部屋も四畳半の大きさでTVも良く映らず、もうそれだけで泣けて来ましたよ……。

気を取り直して学校前のミニストップで、サンミゲルビールとカップ麺を購入して携帯湯沸かし器で、お湯を沸かして頂きました。

部屋にあるのはベッドと机・椅子・テレビと冷蔵庫とエアコンのみで、なんか部屋は監獄みたいでめちゃ侘しいですわ。

疲れたのでPM一一時にベッドインしました。

お休みなさい。ｚｚｚ。

◎旅の思い出　一月二七日（月）

今朝は五時に起床しました。五時半に洗面してから読書です。区切りの良い所でトイレとお洗濯をして、またまた読書を……。

今回、野口英世を描いた渡辺淳一の小説『遠き落日』上・下巻を持って来て良かった〜。

七時に朝食、真鍮の給食皿に、ご飯をお茶碗に一杯分と、お味噌汁スープとおかず一品と超、超、寂しく、良く言えば、超ヘルシーなる食事でした。

これじゃ完全に痩せて帰れるかも？

八時から一五階で入学してからのスケジュールの説明、オリエンテーションを受ける。

八時半からレベルテストを受けました。

問題の文字が超小さくてメガネを外さないと良く見えませんでした。トホホ……。

一〇時から男性のＤＩＮＯ先生で部屋は超狭く、畳二枚程の広さで息苦しいですわ。

まずはお互いに自己紹介してから授業をスタートする。

僕は解らない単語が出てくるとすぐに話を止めて辞書で調べてから会話を再スタート。

早速、先生に学校の周りの地図と、最寄りの駅とＳＭメガモールまでの行き先を書いてもらいました。

なかなか優しい先生で好感が持てました。

五〇分に一〇分休憩し、一一時五〇分まで授業をして午前はフィニッシュです。

一二時にランチ。一五階のカフェテリアで朝食と同じようなスタイルでお肉が入っていました。

PM一時から二コマ目の授業はSALLY先生で少しおばさん（アテ）でした。

先生との授業は去年の一一月八日～九日の巨大台風のヨランダの話題と七千もあるフィリピンの言語、フィリピーノの先生のアクセントなどが話題でした。

先生は僕が解らない単語が出てきても辞書で調べる時間も与えずにどんどん話を進めるので解らないまま進行するのはどうも許せません。

授業の最後、先生に僕は色んな先生とコミュニケーションを取りたいので出来るなら二日おきに先生を交換して下さい、とお願いしたら、スケジュール担当の先生に掛け合ってくれて一緒に頼んでくれました。

奥の方にいた日本人のスタッフの南さんから、みんな貴方の様にわがまま言ったら不公平になるじゃない、とクレームが……。

でも僕は聞こえないふりをして、僕の要求を呑んでもらいました。ふぅ！

三時に授業が終わり直ぐに町に出て、最寄りの駅からクバオ駅まで、最初の市内探検にGO、最寄りの駅は、ショーアベニュー駅で、学校から歩いて約一五分でした。

歩き出したらもう暑い、暑い、外気温は三〇度以上で、直ぐに汗ばんできます。

ショーアベニュー駅からクバオ駅まで一二ペソと安いです。

クバオ駅で降りて写真を撮って、駅に隣接しているデパートに入って、少しだけ見学してから学校に戻って、ミニストップでお水を四リットルボトルとビールを購入してから、学校に四時五〇分に戻りました。ふぅ。

五時から徒歩で今日からの生徒たちとスタッフの奥さんとで、近くのSMメガモールへ両替に、スタッフはそそくさと学校に帰って行っちゃった。

めちゃくちゃドライなスタッフたちですわ。

ちなみに三万円が一万二九〇〇ペソでした。

超円安だから、めちゃくちゃに少ないです。

二年前は一万五〇〇〇ペソ以上もあったのに。両替のついでにサンミゲルビールとビーチサンダルも購入してきました。

六時に寮に戻り共同レストルームでシャワーとお洗濯、一〇分後に晩飯でした。

七時に外出先で学校の場所がわからなくなった場合のイマージェンシー対策の為に、後日安いセルフォンを購入することに決めました。

七時四五分にお酒（日本酒とサンミゲル）を飲みながら八時にはベッドインしました。

今日もめちゃくちゃに疲れました〜。

◎旅の思い出　一月二八日（火）
早朝の二時四〇分に起床して読書です。

三時半にお湯を沸かして今回持参したキャラメルマキアートを飲んで早朝のティータイムを過ごす……。

五時には『遠き落日　上巻』を読み終わりました。

めちゃ早い。二冊目は、渡辺淳一さんの『わたしのなかの女性たち』を読み始める。

六時四五分に洗面、髭剃り、七時に朝食、約三〇センチ四方のステンレスのお皿に、フィリピン米のご飯を、お茶碗によそってからお皿にひっくり返してのせて、スープは葉っぱ入りのお味噌汁、おかずは卵、ピーマン、トマトの炒め物と、お肉と瓜が少々と超ヘルシーなる食事でした。

七時半にまた、『わたしのなかの女性たち』の六人目までを読む。九時半には、『遠き落日　下巻』を読み始める。

一〇時からは、昨日と同じディノ先生でお互いに小説を書いていることに意気投合して話が弾む、弾む。

先生は絵も詩も書くと言うので詩の一つを紹介してもらいました。

一二時にランチ、一時からサリー先生の授業です。先生は一人クバオで生活しているのだって、学校には、ジープニーとバスを乗り継いで通っているそうです。

電車はいつも混んでいてスリや、引ったくりが多くて利用出来ないのだって……。

狙われるのは日本人観光客ばかりじゃなくて現地の住民さえ被害に遭っているそうです。

僕も充分に気をつけようっと。

三時にセブンイレブンでシムカードとプリペイドカードを購入してSMメガモールへ、インして一番安いマイフォンを二千円ちょっとでゲットし、シムカードとプリペイドカードを入れてもらい使用設定を完了する。

四時半に学校に戻ってまた読書、六時にディナー、食後にビール。七時にシャワー、洗濯、また読書、TVは映りが悪いので断念。

八時にベッドインしました。今日も疲れた〜。

◎旅の思い出　一月二九日（水）

今日から先生が変わります。ちなみにAタワー一五階の全フロアーに学校の事務所、並びに教室が約三〇室、映写室、カフェテリア、トイレが三ヵ所、小さなロビーがあって、一六階には、男性寮が一〇室、女性寮が一〇室（二人部屋も含む）、トイレ、シャワー室が、男性三室、女性三室、小ロビーの二ヵ所にパソコン二台が設置されていました。

学校の近くにホテルが二つ位あってお金を出せばホテルのデラックスルームに宿泊が出来て食事はその都度、学校のカフェテリアで頂く仕組みでした。

僕はそれが面倒なので学校の寮を利用しました。寮はホテルよりも数段、安いしね。

先生は二〇数名程いて、生徒の数に合わせて調整をしていました。

一〇時からINA先生で治安の話になったら、彼女は教会で礼拝中に背中のバッグから、お財布と携帯を盗まれたそうな、まったく油断も隙もあったものじゃないです。

先生からマニラのお勧めポイントを聞いたらリサールパーク、サンチャゴ砦、チャイナタウンが良いってさ。

リサールパークとサンチャゴ砦は過去に、行ったことがあるのでもし行くとしたらチャイナタウンくらいかな？

一時からは、JADE先生でめちゃノリの良い先生でした。

実は一二時にランチ、ベッドに横たわって本を読んでいたら気がつかないうちにそのまま眠ってしまい授業に一五分も遅れちゃった〜。

失敗、失敗。

本来なら一〇分遅れたら授業放棄とみなされるのに先生は文句一つ言わずに一五分も待っていてくれました。有り難いです。丁重に謝り許してもらいました。

この先生は丸顔で親切で教え方が上手でした。三時にまた今日もSMメガモールに行って映画館をチェック、あまりにも大きなショッピングセンターなので一階で迷ってしまい何人にも聞いてやっと両替店を見つけられてホッとしました。

五時二〇分に学校に戻りシャワー、洗濯をして、六時にディナー、メニューはご飯、味噌スープ、おかずは春雨でした。六時四〇分からは、読書のスタートです。その後、缶ビールを飲んでから八時半にベッドインしました。

◎旅の思い出　一月三〇日（木）
早朝の四時に起床して携帯を見たら、誰か知らない人からショートメッセージが沢山入っていました。文章はタガログ語で意味が良くわからず、イナ先生に翻訳してもらったらなんとなんと、悪質なメッセージで超びっくりでした。

本音嫌だったけれど、これも何かの縁だし、この際タガログ語を勉強することにしました。

一通り先生に訳してもらい、その後は、レベルテストの答え合わせをしていました。

テストは相変わらず文法のミスが多かった。

間違った部分を教えてもらいました。

学校ではただレベルテストをやるだけで答え合わせをしてくれないので、それじゃ意味が無いしと思ってミスした所を理解するまでしっかりと教えてもらいました。

流石に先生です、懇切丁寧に教えてもらい満足、満足。

でも本音、僕は文法が大嫌いなのです。

一応テストの半分まで説明してもらい、時間切れでした。残念無念！

ランチ後、一時からはジェイド先生で、午前中と同じく、テストの後半部分を先生と答え合わせ、その後ブリティッシュイングリッシュ・オーストラリアの英語の特徴や違いなどを教えてもらいました。同じ英語なのに発音がこれほど違うとは。

今日は疲れ切っちゃって、三時以降は何処に行く元気も無く、すべてキャンセルしてお酒を飲んで過ごしていました。

六時に晩飯、八時にはもうベッドインしました。でも一〇時に目覚め、また眠りにｚｚｚ。

◎旅の思い出　一月三一日(金)

今日は中国の旧正月で学校はお休みでした。

このフィリピンにもチャイナタウンをはじめ、中国系の人たちも沢山生活をしているせいなのか、昨日の夕方から花火や爆竹でめちゃくちゃ五月蝿《うるさ》くて閉口しましたよ。夜中じゅう、皆が騒いでいて熟睡出来ませんでした。

真夜中二時半に目覚め、三時半にも目覚め、六時に起床。

七時に朝食の為にカフェテリアに行ったら、休校日は朝の八時からだってさ。

2014年1月　フィリピン・マニラ　リサール公園で

八時に朝食、八時一五分に外へ出掛けました。

ショーブルバード駅から南下しタフト駅まで、ここで降りて近くのコンドミニアムを見学し、その後にヘリテージホテルまで歩き、コンプレックスを見てからタフト駅まで戻り、近くのジョリビーでランチを……。

ランチ後にタフト駅からブエンディア駅で降りてマカティー・ブルゴス地区を見学し、その後はクエゾンアヴェニュー駅まで北上し、メモリアル・モニュメントを見学する。

帰り道にショーブルバード駅で降り、近くのシャングリア・プラザデパートを見学する。

その後、学校に戻りシャワーと洗濯を……。

今日は約二〇キロ位歩いて、歩き過ぎで足がめちゃくちゃに痛いです。「泣きです」。

六時の晩飯後に校内のパソコンで調査を。

九時半には、もうベッドインしました。

◎旅の思い出　二月一日（土）

早朝、いや真夜中の一時半に目覚め日本酒を飲みながら読書、持参した三冊すべて読書完了しました。

真夜中三時半から四時までネットサーフィンしていました。

ここマニラでは、セブの学校よりはネットに繋がり易くて助かります。それからまた眠り、七時に起床する。もう朝から疲れました〜。

八時に朝食、三回もトイレに行って胃の調子もイマイチで、早速ビオフェルミンとストッパを服用しておきました。

九時に学校を出発して一〇時にタフト駅まで、タフト駅で降りてエドサ駅まで歩き、そこから北上しキリナ駅で下車、マラテの繁華街のマビニ通りを北上し、エルミタを通ってリサール公園まで歩き、公園で英雄リサールさんとツーショット。

その後スワグマンホテルで情報収集して、その後にジョリビーで食べたかったメニューの料理を注文したが、生憎作っておらず、そこを出てユナイテッドネーション駅まで歩く。

途中マックに寄ってランチをとり、タフト駅を経由してショーブルバード駅から直接SMメガモールへ行って携帯のカメラメモリーを購入し、『シークレットライフ』の映画を一八五ペソで見る。

帰りにビールを五缶ゲットして帰る。

持参した時計が壊れて携帯画面で時間をチェック、帰りに学校前のミニストップでワインを購入した。

このワインは値段が二六五ペソで、めちゃ美味いのです。

六時に晩飯、今日も疲れた〜。

八時半にベッドインしたら、夜の一〇時一〇分頃に若い生徒の田中さん、八田さん等が飲み会から帰ったみたいで騒がしくて、とうとう起きちゃった〜。

真夜中の二四時にやっと眠れました。

◎旅の思い出　二月二日（日）
今朝は四時に起きて八時に朝食を。

ネットで、初めて海外から「定年バンザイ・マイブログ」を英語でアップしてみました。

その後一六階ロビーで、ヒロコさんと二時間もチャットしていました。おばさん（アテ）だけど若々しく、考え方もユニークで知識も豊富な方で話もめちゃ合って楽しかった。

一二時にランチ、一二時半にSMメガモールへ。

一時半に『スノーピアサー』の映画を見る。昨日の『ライフ』は結構面白かったが、この映画は超つまんなかった。会話も残念ながら、一〇%位しか聞き取れず泣けてきます。つまらないので途中で寝てしまった。

四時に映画が終わって、コップとドライマンゴーをオミヤゲに購入しときました。

五時にドミトリーに帰ってシャワー、髭剃り、洗濯、今回はキャップ、長袖、パンツ、靴下も……。

五時半に日記を記入して、六時に晩飯、今日も八時には、もうベッドインしました。

English School 8 days Past.
Good morning everybody.
I went from Narita Airport to Manila
26 Jan 2014.
Today is 2 Feb（Sun）.
Manila is too hot city.
Today is school holiday then after Lunch.
I will go to SM mega mall and
I watch movie & shopping this my plan
Sige sige

◎旅の思い出　二月三日（月）

昨日は真夜中一時一〇分まで眠れず、ＣＤを聴きながらやっと眠りにつけました。

四時半に起床、早朝から悪戯メールが続々と来て最悪でした。気になるのでタガログ語を覚えることに。

一〇時からＧＥＮＥ先生、二六歳、六年のキャリア、三つも仕事を掛け持ちして凄いイケメン先生で魅力たっぷりで、まさにグアッポ。

悪戯メールを英語に訳してもらい、英語とタガログ語のお勉強です。

一二時にランチ、おかずは鶏の腿肉でした。

一時からはメガネのJENN先生でここではフィリピーノの業種別月収をチェック。

先週の金曜日は中国の旧正月で学校がお休みで、代わりに月曜、火曜の三時からクラスがあってプラスマイナス ゼロにしてくれました。

三時からGING先生で彼女の英語は少し聞き辛いです。もうそれだけで、滅茶苦茶疲れますわ。

流石に今日は六時間の授業だったので五時に授業が終わり滅茶苦茶に疲れましたよ。

六時のディナーは、オムライスでした。

学校の前のミニストップで買ったあの美味しいワインが終わったのでもう一本購入して、ついでにカップ焼きそばなどもゲットして来ました。

夜一〇時半にはベッドインするも、真夜中の一時に、多分？フィリピーノの超ワルからのショートメッセージで、一瞬恐怖も感じたが、POLICEの名を入れたメッセージで返したら、それからぴたっと悪戯メールが止まりました。良かった、良かった。

やっと英語にも少し自信がついてきましたよ。

◎旅の思い出　二月四日（火）
今朝は四時半に起きて、五時半にはシャワー、洗濯、今朝、お腹の調子が最悪でめちゃヤバイです。当然、薬を飲んで早期回復を願う。

読む本がもうないので、持参したフィリピン旅行ガイド本『地球の歩き方』を読む。

七時に朝食、一〇時からジーン先生、今日も英語とタガログ語のお勉強をしていました。

一二時にランチ、一時からジェーン先生でアブリビエーション（略語）のお勉強、三時からはジーン先生で、ここでもタガログ語のお勉強をしていました。片言でも数十個の言葉をマスター出来ました。最後に先生が僕に、イディオムをもう少し覚えること、だって。

五時に授業が終わり、六時にディナーを、メニューは春雨とライスとスープでした。

午前中には体調が最悪だったがストッパとビオフェルミン・下痢止めビオフェルミンも服用してＰＭ三時頃にやっと復調しました。

ＰＭ六時半、ショーブルバード駅からタフト駅までタクシーでヘリテージ傍の七店舗のうちの一店舗を選んでインする。

今夜の先生はロドローズさんでした。片言の日本語も話せるのでこっちは楽でした。先生の教え方は超抜群でした。

Magandang umaga
Good morning I got 3 classes（6hours）yesterday I am very tired, but I have a little bit confidence I will do my best.
Hanggang sa muli

◎旅の思い出　二月五日（水）

今朝は五時半に起床しジェーン先生から頂いたケーキと持参した紅茶でモーニングティーを楽しみました。

七時に朝食、今日二日経ち三日目なので先生が代わると思いきや、スケジュール表を見たら一〇時から今日もジーン先生でした。気に入っていた先生だったので、そのまま授業を受けていました。

一二時にランチ。

一時からジーン先生、昨日で終わりと思い先生が僕の為にケーキをプレゼントしてくれていたのに、またまた授業が受けられるなんてねえ、早速に昨日のケーキの御礼を言っときました。

今日の授業は**ASWANG, WHITE LADY, VAMPIRE**についてでした。

三時には、ＳＭメガモールに行って両替を、本屋さんにも寄ってタガログ語の辞書も購入しときました。

六時にディナー、八時ころにはビールを頂きベッドインしました。

BANZAI Yesterday morning finally I got sickness.
Probably, strain? Weather? Food? Changed my stomach is surprise,
I take a medicine, a little food. 3 pm almost recover. 6 pm supper.
6.30 I went to downtown drink a beer, I had night English class.
Of course I was satisfied & I got good experience. See you later.

◎旅の思い出　二月六日（木）

寮の自分の部屋から朝日がめちゃくちゃ綺麗に見える。思わず何枚か写真を撮る。

やっと侘しい部屋にも慣れてきて今は気に入っている。

ここマニラではピアノもヴァイオリンも弾けず、今は英語とタガログ語を一生懸命覚えています。知らない言葉を僅かでも覚えることが出来、それを使い通じるだけで嬉しいものです。

一〇時からジーン先生で、今日はカードゲームをして楽しみました。このゲームはカードを切って裏返しにして、その中から一枚選択して、その裏に書いてある質問に答えるゲームでこれが結構面白いのです。

一二時にランチ、僕よりも八歳年上の男性とランチ時に良く出会うのです。彼は、ここの学校が今回で二回目で、近くのホテルからこの学校に通っています。

彼の前の仕事は、ゴルフ場の整地作業がメインの仕事で、ダイナマイトを使って爆破整地するそうで、彼のバイタリティーには完敗ですわ。彼を目標に、僕も頑張らなくちゃねえ～。

一二時にランチ、田中さんに教わりながらホテルの検索、楽天トラベルからホテル予約申し込みに苦戦、彼は一時に授業に出かけて行った。僕一人で悪戦苦闘してようやく予約も出来、二〇分も遅れて授業にやっと参加出来ました。

一時二〇分にジーン先生の授業を開始出来ました。今日の授業では、僕が昨晩作った詩の校正チェックをしてもらいました。

三時には、またまたSMメガモールに行って両替して、シャワーを浴び、Tシャツとパンツを代えて綺麗さっぱりしてから、いよいよお出かけです。

六時にディナー、六時半にショーブルバードからアヤラステーションで下車をして、歩いてブルゴスまで、途中にワタミのお店を発見して超びっくり。

ムーランルージェ・ハリウッドを見てボトムスに入店しサンミゲルを注文。

暫くショーを見て一人のババエを呼び会話をしたが、残念ながら会話が噛み合わずに断念し帰ることに。お店を出てタクシーを捕まえてブエンディア駅まで行き、そこからショーブルバード駅まで乗るつもりが降りそこなってオルテガス駅に。そこからまたまたショーブルバード駅まで戻ったが、なんとその電車が最終の電車でギリギリセーフでした。

ふぅ、今日は結果無駄足だったが、良い勉強代でした。

◎旅の思い出　二月七日（金）
六時頃に起床し七時に朝食、一〇時から、ジーン先生と最後の授業では僕の悩みを聞いてもらいました。最後に残ったゲームを終わらせて最後にハグまで。男の先生とハグまでして、正直びっくりしました。

一二時にランチ。

一時からジェーン先生で、ここでも同じように僕の悩みを聞いてもらいました。

三時からチェックアウトの準備です。

学校に電気代を支払う。九六〇ペソでした。

先生や学校のスタッフに御礼を言っておきました。

本来なら近くのホテルに移って学校に通う予定を大幅に変更して、マニラ北部のクラーク基地へ行く計画を急遽作って実行に移すことにしました。

六時にディナー、その後、クラークの情報をネットで調べて情報収集に努めていました。

全て準備が済んだらなんだか寂しい気持ちがじわじわと湧いてきて泣きそうでした。

最終のポエムが出来て嬉しく、悲しく、そして寂しい気持ちでいっぱいに……。

◎旅の思い出　二月八日（土）
八時に学校で最後の朝食を頂き、洗面、トイレに寄って準備完了、九時半には学校の男性スタッフのＯＫＵさんと一緒に学校前でタクシーを捕まえて、メーターを使って行ってくれるか？と交渉してみる。

メーターで行くことが決定して、エルミタのスワグマンホテルへ。一〇時半前に到着しイン。ロビーでサンミゲルを飲みながら、一二時のダウ・アンヘレス行きのフライ・ザ・バスの時間待ちです。

一二時に約一〇名のお客さんが乗り込む。

約二時間、途中一〇分のトイレ休憩があり、アンヘレスのスワグマンホテルに到着。

ここでバンに乗り換えて予約していたＴＵＮＥホテルに送ってもらいました。

二時過ぎに七一五号室にチェックインして、部屋に入ったら超狭くて、なんかビジネスホテルみたいでしたよ。でもつい最近建てられた建物みたいで部屋の中は超綺麗で、まあそれだけでも良いと思わなければねぇ〜。

遅いランチは、SMインクラーク傍のチューキングで鶏のから揚げどんぶりで甘辛いタレで一口食べたら何コレ？　てな、感じで、超、超、不味いです。最悪！　コカコーラで口直しをしてお店を出ました。もうこのお店には二度と入らないぞと心に決めました。

一度ホテルに戻り、近くのセブンイレブンでお水と美味しいワインを購入しときました。

夕方七時ころに、またダウンタウンに行き前から予定していたアトランティスに入店。

サンミゲルを頼んで、ショーを見ていました。

二階からゴム風船に二〇ペソを括り付けてステージに飛ばして、それを踊り子たちが我先に拾って自分の稼ぎにするといった遊びや、二階から二〇ペソ紙幣、五枚位をひらひらと何度もステージに飛ばして拾わせる遊びで、めちゃ盛り上がっていました。

僕も一人LYNさんを指名して英語のレッスンをしていました。流石に学校の先生とは違って音楽がガンガン鳴っているのでその分聞き取り難いが、まあなんとか意思疎通は普通に出来ましたよ。

しばし遊んでからシクロを頼んでホテルまで一〇〇ペソを支払って帰りました。

今日はもう、くたくたに疲れました〜。

PM一一時半にベッドインしました。zzz。

◎旅の思い出　二月九日（日）
早朝四時半に起床して、六時四〇分に持参した日清のカップ麺を朝食に、やっぱり日本食は美味しいです。念の為、ビオフェルミンも飲んでおきました。

午前九時からホテル・ロビーで、フリーのパソコンでネットサーフィンしていました。

一〇時頃、SMクラークにジープニーで八ペソを支払って出かけました。

ジョリビーでランチ、パスタを頼んだが、うどんみたいでコーラと一緒に頂きました。味はイマイチでした。

その後にSMインクラークでビールやカップ麺や果物、ドライフルーツなどなど購入し、帰りに今晩のディナーにピザとガーリックトーストを購入し、ホテルに戻って持参したイージー味噌汁を作って晩飯を頂きました。う、美味いです！

六時頃にダウンタウンへ行ってバー巡り、ドールハウス、ケンタウロス、Qバー、ロリポップ、クラブMUSE、クリスタルパレス、トロピクス、ラスベガス、ランスロットでビールを注文、メラニーさんと英語のお勉強ですわ。

我々が会話していると何故か邪魔をしに来る女性が、ただ一緒に飲みたいだけ、結局はもう一人テーブルに呼んで一緒に飲みながら話し込んでいました。結構英語が通じて嬉しいです。

学校の先生とは違い現地の人たちとのぶっつけ本番での会話なので、めちゃくちゃ良い勉強になります。

◎旅の思い出　二月一〇日（魔の月曜日）
昨晩は真夜中の二四時にベッドイン。

今朝は早朝の四時に起床して、六時に近くのセブンイレブンに行って、お水とバナナを購入、五時半に朝食、カップ麺を頂きました。

今日はAM九時半にSMインクラークに行って映画の鑑賞です。タイトル『ALL IS LOST』で、一三〇ペソでした。映画館内では、地元のおばちゃんたちが上映中にぺちゃくちゃとしゃべっていてめちゃ五月蝿《うるさ》い。本当に信じられない。何十分も喋りっぱなしなので、とうとう僕の堪忍袋が切れて、でかい声で『SILENT!』と怒鳴ったら一瞬でシーンとしました。マナーも最悪で最低なおばちゃんたちでした。

ランチはFOOK　YUENで牛丼皿とビールで頂きました。超、美味いです。

ランチ後は、スワグマンホテルまで歩きました。疲れたのでスワグマンホテルから我がホテルまで戻ろうとシクロの値段を交渉したら二〇〇ペソだって。マハル、マハルと言って、歩き出したらドライバーが慌てて追いつき、一〇〇ペソで良いと折れてくれました。ドライバーは、いつも観光客に対して値段を倍以上にふっかけてきます。今日は僕の勝ちですわ。

PM六時になったので今晩もバー・ホッピングです。

まずはアジアへインしました。綺麗な人を指名してテーブルに呼んで英語のお勉強を始めたが、その娘はタガログ語が専門で英語が苦手なのかも……。全く意思疎通が出来ず、早々に諦めてまた違うお店に。

次はAURAでビールを頼んでショーを見ていたが、指名した二人に予約済みと言われて諦めて次のお店に。ハリウッド、ファラオ、カリプソ、ネメシス、ヴァイキング、フューターズ、ブドー、〇〇スター、シャンペン、シップレック、ラプソディー、ラバンバ、オウルネスト、ジッパージッパー、TAO、モンスーン、アガシ、ロードハウス、サルバトーレ、プシーキャット、バーホワピン、アトランティス、ヴァハラ、レッドと、二六件も覗いてみて成果なし。

英語の勉強も、ほとんど出来ずに時間とお金が飛んで行っちゃった～。

まあこんな日もあるわいと一人寂しくホテルへ帰りました。今晩はただ疲れただけでした。

ご苦労様でした。

◎旅の思い出　二月一一日（火）

昨日はPM一一時にホテルに戻って二四時にはベッドインしました。ただ疲れただけでした。

今朝はAM三時に、バンと爆発音が聞こえて来て超びっくりです。三軒隣のタイヤ店が爆発炎上したらしい。三度ほど停電になったが自己発電で幸いにもすぐに復旧しました。

今日もSMクラークに行ってフィリピンの宝くじであるスクラッチカードを購入してみました。今日は、二〇ペソを投資して四〇ペソゲット出来てラッキーでした。金額の多寡じゃなく当選したのが単純に嬉しいのです。

その後に中華レストランへインして、レチョンとビールを頂きました。

午後から映画『アメリカン・ハッスル』を見たが、残念ながら会話が一〇％しか解らなかった。

帰りにピザの小二枚を購入して一度ホテルに戻る。

PM四時半に雨が降ってきて雨が止むのを待っていたが、六時になっても止む気配が無いので雨の中、傘をさしてダウンタウンへGO。

最初にキャメロットへインしてみました。ジェニリンさんを呼んで今日の語学勉強を、一時間半ほど話をしてフィニッシュしました。

八時半にベッドイン　お休みなさい！

◎旅の思い出　二月一二日（水）

今朝起きてすぐにセブンイレブンにお水とバナナを買いに行ったら、なんと、なんと、セブンイレブンの隣でまだ煙がもうもうと！　びっくりです。隣のホテルの側面が真っ黒に焼け焦げていました。わがホテルに延焼しなくて良かったです。

今朝はカップ麺を頂いて、ロビーで有名なピナツボ山ツアーのコストを聞いてみました。一度聞いたがなんか高そうだったので止めて部屋に戻ったが、僕の聞き間違いで、そんなに高くないと気がつき、再度ロビーに行って交渉することに。四人、三〇〇〇ペソで、僕を含め三人は確定しているが四人でツアーが決定すると言われ、一二時近くになってロシア人から申し込みがあり、明日のツアーに参加することに決定しました。

午後に今日もSMインクラークに行って三万円を両替してお土産にクラークのグラスを購入し、スクラッチカードも購入、結果は二四〇ペソが一四〇ペソ戻って来ましたよ。

今日もPM六時に出かけて行きました。

今晩はポニーテール、ドールハウス、サルバトーレ、№7、ワンナイト、BENTO、BANANA、WQUUS、ランスロット、ラバンバ、クリスタルパレス、トロピックス、またドールハウスにイン、ここでビールを注文し、ママさんと気があって会話を、知らないことを色々と教えてくれました。

その後ママさんのお勧めでNEMESISへ。ジェネシスさんと英会話をしていました。

明日は早朝五時にホテルを出発するので早めに話を切り上げてホテルに戻りました。

◎旅の思い出　二月一三日（木）

今日は三時半に起きて朝食を頂き、五時にロビーに行ったらなんと誰もいなかった。最悪ですわ。一五分待っても誰も来ず、ホテルのスタッフに聞いたらこれがフィリピン時間だそうな、嘘？　参りました。誰も来ないのでトイレへ。

三〇分たって、やっと一人来て車に乗り近くのホテルへ、イタリア人の夫婦を迎えに。これで四人揃っていよいよ出発です。朝早いし、ジープなので風が外から車内へ入って来て寒い、寒い。幸いにも長袖を持参したので、Ｔシャツの上に重ね着をして風を防いでいました。

途中セブンイレブンに寄って、みんなは朝食を。僕はもうホテルで食べたので、ただみんなの食事を待つばかりでした。

食後直ちにピナツボ山へ。途中、４ＷＤに乗り換え川を横断し、砂の平原を横切っている途中、七時半に車が突然故障してエンコしちゃった。ドライバーが即直そうとしたが直らず、止むを得ずトランシーバーで連絡を取って、やっと四五分後に交換のジープが到着して、また４ＷＤを乗り換えて延々と進む、進む。

これで車が来なかったら日干しになるところでした。

山の麓まで、車で行き今度は車を降りて、約二時間の山登りでした。途中で水を受け取らなかったので喉がからからで最悪でした。途中、幸いにもりんごとオレンジを持参していたので、それで水分補給をしてやっと喉を潤すことが出来、ラッキーでした。

二時間山を登ってやっとクレーターレイクに到着しました。滅茶苦茶に疲れました～。頂上では、ビールを約三倍の値段で売っていたが、この際値段は幾らでも買ったと思います。う、美味い。身体に水分が染み渡る。

すっかり、ロシア人（四一歳）と話が合って仲良くなりました。

マニラからも若い集団が来ており、すぐ話をして打ち解けて和気藹々としていました。

一時間二〇分ほど景色を楽しんでから下山することに……。

また二時間かけて車のあるベースキャンプへ。

ＰＭ三時まで走って、とあるレストランへイン。エビチリとビールで遅いランチを頂き、ピナツボ山登頂証明書を頂きました。

ＰＭ五時前にホテルに到着。楽天トラベルで、今のホテルに一日延泊を申し込んでいました。先日、学校の生徒、田中さんに手伝ってもらってやっと申し込みが出来たのに、今日は僕一人なのでなかなか申し込みが成功せず、七時頃にようやく成功。もうくたくたでした。

これから飲みに行く元気も全く無くし、近くのセブンイレブンでビールとカップ麺を購入し、頂いてからベッドインしました。

◎旅の思い出　二月一四日（金）
一〇時に、ホテルからスワグマンホテルまで、シクロで一〇〇ペソで行き、出発時間の昼一二時まで、ホテルの女性スタッフとめちゃ気があって喋っていました。

次回来たら是非このホテルに泊まって、と部屋を何ヵ所か案内してもらったが部屋が古くてとても泊まりたくないホテルでした。でも話だけは、あわせていました。

一二時に六〇〇ペソを支払ってマニラまで移動です。一時間後に一〇分のトイレ休憩をしてその後、一時間後にスワグマン・マニラホテルに到着、ホテル代を支払って部屋に行ったらなんと薄暗い部屋で最悪でした。まあ今晩一泊だけなので、我慢我慢です。

今日がマニラ最後の夜なので二月四日に行ったお店にまた入って行ったら、この前に話をした人が僕のテーブルに来てくれた。化粧が違っていたのか認識出来ずにいたら「私だよ!」と。今晩は別の人と話がしたいと言ったら消えて行きました。今晩の英会話の先生はマラスマスさんでした。

最後の夜を楽しんでお開きに。

今回の旅では良く学び良く遊び、色んな知識も増えました。

明日は九時のタクシーで国際空港ターミナルへ行くのでもう寝ますわ、お休み。ｚｚｚ。

◎旅の思い出　二月一五日（土）
今朝は四時頃に起きて、最後の荷造りを。携帯重量チェッカーで測ったら一九キロでした。これで大丈夫!

八時五〇分、ホテル・ロビーでチェックアウトしてタクシーに乗り込む。

一〇時前に第二ターミナルに到着。

早速荷物のチェックをしたら、なんと二〇・一キロでギリギリセーフでした。荷物をチェックしたらダメダメと言われた。別の場所でスーツケースを開けるように係官に言われて中を見たら、昨日の夕方に買ったグリーンマンゴーが五個入っていて注意されました。でも係官は僕にウインクして、早くケースをそのまま閉めて行きなさいと、粋な計らいでラッキーでした。

乗り場ゲートに行って最後のランチと最後のオミヤゲを購入して、ペソを殆んど使い切りました。

一時二〇分にマニラを出発し五時二〇分、日本時間六時二〇分、成田に無事到着。

怪我もなく、お腹も最悪の状態にもならずに日本に無事に帰れたことは、めちゃ幸いでした。

また機会があれば、フィリピンを訪れたいです。でもその前に別の国に行くつもりです。

二〇一四年三月　個人海外旅行 №25《タイ・バンコク、パタヤ》

◎旅の思い出　三月三一日
夕方の六時に出て、横浜から京急で羽田まで、途中に何があるか解らないので早め早めに行動していました。

一度出発ターミナルに行って団体の受付カウンターに顔を出したが、早すぎたので当然、我が旅行社のスタッフは来ておらず時間を潰すことにした。

レストラン街などを見学してからコンビニでお弁当とビールを購入、発着ロビーでまずは腹ごしらえを。何故って、羽田のレストラン街はめちゃ高くて、とてもとても我々庶民たちには手が届かない価格設定でした。たかだかカレーライスに一六〇〇円の値付けをするなんて、ふざけ過ぎと思うのは僕だけでしょうか？　いくらお金があっても不当な価格には協力出来ません。そんな思いで、コンビニで三分の一の価格で購入し、遅いディナーを頂きました。とにかく羽田のレストラン街は、料理の価格に高額の家賃分を乗っけたもので最悪です。こんな馬鹿高い高額な価格は許せないです。

箱根にある老舗の某ホテルでも、単品で三〇〇〇円位、料理の嵩もお皿に少しだけ、当然お腹はいっぱいにならない。余計なサービスも？　例えばレストランで椅子を引いてくれるとか、馬鹿丁寧な接客が全て反映された価格設定で、それを喜ぶお馬鹿な利用者が沢山いるので経営が成り立っているだけです。

みなさんは本当に我慢が出来ますか？

残念ながら僕には無理だ！　ふざけるな……。

出発が四月一日の真夜中二四時二五分なので二時間前にもう一度カウンターに顔を出したが誰もいない。しょうがないので旅行社に電話をしてみたら、どうぞそのまま飛行機にお乗りなさいってさ……。いくらあんまり聞いたことがない会社だって、受付に誰一人いないだなんて信じられません。僕はその前にEチケットを持ちANAカウンターで搭乗の処理をしていたので全く問題はなかったのですが、それこそ不慣れなお客様だったら困っちゃうと思いますよ。出発のご案内には二時間前に受付をお済ませ下さいと書いてある。やっぱり、弱小旅行会社は手を抜き過ぎです。本当に信じられない。電話したら、そのまま搭乗手続きして飛行機にお乗り下さい！　だなんていくらなんでも手を抜き過ぎでしょう。

まだ二時間もあるので搭乗ゲートの椅子に座って数独をしていた。知らず知らずにうつらうつらと眠ってしまいました～。ふと目が覚めて時計を見たら搭乗五分前、ヤバイです。超、超、びっくりしました。起きなかったら乗り遅れるところでした。

危ない、危ない、まさに滑り込みセーフでした。

この居眠り事件が今回の旅行前の大失策の一つでした。

◎旅の思い出　四月一日
いやあ～、昨日は飛行機に搭乗する五分前に起きられてラッキーでしたよ。

いくら準備の良い僕でも、突然の睡魔には勝てませんでした。

二四時に搭乗手続きをして、ようやく飛行機の中に入ってホッとしました。

二四時二五分にバンコクへGO、邦画、小さな家の映画を見て過ごしていました。最近は、見たいと思わせる映画が少なくて、本当に嫌になります。

現地時間の五時にバンコクに到着して、手続きが全て終了してAM六時にパタヤへGO……。

ここパタヤは一九九八年一一月に、会社の旅行で来た都市だ。その時相部屋だった会社の同僚の某氏とは旅行中、一緒に行動していたのだが、その彼が、定年前にガンに侵されて突然死亡してしまい、今回は、彼のご冥福を祈る為の巡礼旅でもあります。

七時四〇分にホテル到着、直ぐにお風呂へ。

八時二〇分に持参したカップ麺を頂きました。

さあいよいよ今回の旅の始まり、九時半にホテルを出てロード一号線を北上して途中にあるトップス店で両替です。

ちなみに空港での両替では一万円が二八八九バーツでしたが、ここトップスの両替所では、一万円が三一五〇バーツで二六一バーツの差があってびっくりです。

高級有名マッサージ店を三店程確認し、ＡＭ一一時半に会社の旅行時に泊まったドーシットホテルを見学に、以前マッサージを頼んだお店に顔を出してみたら一〇年前に改装して経営者も変わっていました。やはり一六年もの長い歴史は、全てを変えますよね。

ビーチロードを南下して途中のヒルトンホテルのマックに入店してランチを。タイのポーク＆エッグのランチを頼み頂くと滅茶苦茶に辛くて涙が……。

マックを出てからまた南下し三時頃三回目の両替をし、セブンイレブンでビールとピーナッツを購入してからホテルに戻り、直ぐにお風呂に入って疲れを取りました。

外は気温が四〇度で、ただ立っているだけで汗がドバドバでした。

疲れきった足が痛いです。日本酒を頂いて暫しの間、寛いでいました。

ＰＭ七時頃、ホテルを出てジープニーを利用して繁華街へＧＯ！

有名マッサージ店の四店を覗いて、一店を決めて入店しました。

今晩の現地語学の先生はビアさんでした。英語が堪能で会話もウイットに富んでいて、楽しかった～。

八時から約一時間のレッスンを受けた後、セブンイレブンに寄ってサンドイッチとぶどうパンを購入し、ディナーとしてホテルの部屋で、お風呂後にビールと一緒に頂きました。

計算してみると、五時間は歩いていたので一キロ一五分としても、約二〇キロは歩いた勘定になります。

2014年4月　タイ・パタヤにて

昨晩はホテルの裏の巨大モールのスピーカーから音楽をガンガン鳴らされ、あまりにも五月蝿くて殆んど眠れなかった。

長い一日が、ようやく終わって心地よく今回この旅に来て、もう初日から最高でした。

◎旅の思い出　四月二日
今朝は五時に起きて来ました。

ホテルの部屋はトイレ・バスも含めると約二〇畳もある部屋で、広くて気持ちが良い。ベッドは巨大なダブルベッドで最高です。お水も五〇〇ミリリットル二本、毎日サーブされて嬉しい。

六時にホテルのレストランでお食事を。ポークソーセージ、チキン料理、ポーク料理、野菜料理、チャーハン、タイ米、トムヤンクン、あと食パン一枚に目玉焼きをのっけて紅茶、オレンジジュース、最後にスイカを頂きました。トムヤンクンスープはどうしても好きになれずチキン、ポーク、ベジタブルも味はイマイチでした。間違いないのはパンと目玉焼きだったが、目玉焼きも黄身が少しだけ柔らかくて、これ食べても大丈夫かしら？　と思いながら頂きました。

ＡＭ八時にホテルを出発、波止場に向かいラン島乗り場を目指してずんずん歩いて行った。八時半に到着したら丁度もう船が出ると係りの人から言われて飛び乗った。

お客さんはタイの若者、ロシア人、中国人が多く日本人は僕一人でした。

約一時間弱で、パタヤ湾にあるラン島に到着しました。

ラン島の波止場では、野生の猿がスイカに齧りついていてめちゃ可愛かったので一緒に写真を撮っておきました。

ビーチ沿いのお店を覗きながら歩いているとお腹の具合が急に悪くなって、レストランに入って行ったら奥にトイレがあって助かりましたよ。一〇バーツ払ってトイレを借用して、あ〜あ、良かった！

帰りの船の時間を見たら、げっ、午後の一時だって、ヤバイです。

スイムパンツも持って来ておらず約四時間半をどうして過ごそうかしら？

散々に出店の品々を物色するも欲しくなる物は皆無でした。

途中に射撃場があって、暫くお店の中を覗いていたらショーウインドーにあのカラシニコフのライフルが展示されていたので交渉。五発撃って六八〇バーツだって、安いじゃないの？　と思って撃ってみました。カラシニコフはロシアのライフルだがお店にあるのはドイツ製で、それも二二口径のライフルでしたが、まあ良いかと思い撃つことにした。

三〇メートル先の的の心臓めがけて撃ったが、銃の調子がイマイチで何度も不発でした。その都度お店の店長に銃を点検させて、やっと五発撃ち終わりました。的をよくよく見てみると心臓には一発も当たっておらず、腹部に四発、足の腿に一発当たっており、外れが無いだけでもマシかな？　次回は頭部の左側を狙ったら心臓に命中するかも？

まだ時間はあるしビーチは暑い、しょうがないので海の家兼用のレストランに入ってビールを飲んで時間を潰していました。

一二時一〇分頃、お店を出てビーチを散策、一二時五〇分に帰りの船に乗ってスタンバイするも、一時になっても出発せず、結局、船が出たのが一時二〇分と、まさにタイ時間でした。船でも街中のジープニーでもお客さんがいっぱいになるまでは、なかなか出発しないのです。

船を降りて、ホテル前のコンビニでビールを購入してホテルの部屋に入り、三時頃バスタブに浸かってから遅いランチを頂きました。

その後、読書しながら疲れを取っていました。

夕方五時半になったら、またまた外から大音響で音楽が流れてきて五月蝿いです。

七時頃にS・Rマッサージ店へインする。

今晩の語学の先生はフェーンさん二二歳で、約一時間のお勉強。

九時頃、コンビニでまたビールとカレーを購入して遅いディナーを。

今日も疲れました。PM一一時頃ベッドインしました。

◎旅の思い出　四月三日

今朝は四時に目覚め、そのまま起きて来ました。

直ぐに紅茶を沸かしてクラッカーを頂きました。

六時にはホテルのレストランで朝食です。味はイマイチだったが、春雨だけは美味しかった〜。

八時にストリート2を北上し、有名なマッサージ店をチェックするも道路が入り組んでいて発見出来ず。近くの住民に聞いたらなんと、聞いた相手はバイクのドライバーで案内してやるよと二〇バーツで送ってもらった。

その後、彼とサンクチュアリ・ツルースの巨大な寺院へ行こうと値段を交渉したら一〇〇バーツだって。まあ遠いからしょうがないとOK。ヘルメットを借りて被り、バイクの後部座席にまたがる。風がめちゃくちゃ気持ち良い。

この寺院はタイの大金持ちが私財を投げ打って建設した巨大寺院で、中の彫刻が素晴らしい。

一二時からタイの伝統舞踊ショーと武術ショーがあると言うので時計を見たらあと一時間もある。しかし、よくよく見たらなんと電池切れで三〇分も経過していた。あと三〇分なら見て行こうと、レストランの舞台前に陣取ってビールを頂いていました。

その後、ショーを楽しみながらビデオ撮り、ついでに寺院も少しだけビデオ撮影をしてきました。

帰りもバイクを頼んでトップス近くの画商前まで乗り、オイルペインティングを頼もうとしたら見つからず、諦めてヒルトンホテル方面へ歩いて行きました。ビーチ沿いのお店を覗きながらテクテク。

ホテルに一時半頃に到着し、直ぐにバスタブに入ってランチです。

約五時間も歩きっぱなしなのでめちゃ疲れた。夕方までベッドで読書です。今回二冊持って来て良かった～。

ＰＭ六時になったので着替えてウォーキングストリートに行って端から端まで七時にウイッチに入店するもまだ早かった。

お客さんは誰もいず、すごすごお店から出てきて歩いていたら、ある某マッサージ店の前で、腕を掴まれて中にどうぞ、どうぞと引っ張り込まれそうになったが、いやいや僕にその気は無いと断り、まじまじとその娘を良く見たらスタイル抜群で超綺麗なモデルさんみたいでした。

彼女はお店の中に入れる専門でマッサージは中にいる人だと多分ですが思いました。

断った後でしたが、めちゃ気になった～。

いま思えば、ちゃんと聞いておけば良かった。

その後三〇分前に購入したＣＤ屋さんとは違った別のショップを眺めていたら、僕の購入したＣＤを見てこっちの方がずっと良いよと勧められて、ついその気になって七枚も購入する羽目に……。

まあいいや騙されたと思って文句なしに購入しました。これで楽しみが一つ増えました。

その後、場所を変えてジープニーで別の繁華街へＧＯ、Ｈ・２号店へ入店する。

今晩の語学の先生はパティーさんでした。

◎旅の思い出　四月四日

今朝は五時一〇分に起床しました。

六時には朝食で、今朝の食事は最高でした。それはツミレ入りのお粥で、塩味も程よく、タイ米がマッチしていてめちゃくちゃ美味かった～。

八時半には、お出かけです。まずは二万円を両替、六〇三〇バーツでした。

今朝はいの一番に、ビッグ仏陀の見学です。

道々急勾配になった近くの山のてっぺんに仏陀があるらしいのです。

最初は歩いて登って行こうとしたが、大変そうなので近くのバイク屋さんと交渉です。話が決まりドライバーさんは若い女性で、彼女のバイクの後ろに座って送ってもらいました。

頂上までの坂道は滅茶苦茶に急坂で頂上に着いた時に、一〇分ほど待って～と言い、一〇分間だけ金粉の仏陀を見学して、帰りもバイクに乗って帰ることにしました。

ウォーキングストリートに近い2号道路の近くでバイクを降りて、ジープニーに乗り換えてトップスまで。画商のお店に行ったがまだ開店しておらず、昼まで時間を潰すことにしました。

まずはクライマックスのお店を探した。なかなか見つからずにやっと探したがお店は潰れていて名前も変わっていて、写真を撮るのも忘れてしまった。

その後トップス付近の画商に寄ったがまだ開店しておらず、ヒルトン一階にあるマックに寄ってポテトフライとコーラ大を注文しました。コーラの大だなんて初めての注文です。

外気温は四〇度もあるので水分補給は欠かせません。

一一時四五分頃、またオイルペインターのお店に行ったらやっと開店したところで念願の注文が出来ました。

実は二日前にふと、この店に寄って見たら、彼の作品が物凄く気に入って彼に僕の肖像画を描いてもらいたいと思ったのです。ちなみに値段は一番小さい号（三〇×四〇）で二一〇〇バーツでした。お互いに時間がないので、写真を撮ってもらいそれを使って描いてもらうことに。多分、今月末には日本に送ってくれるそうです。

一二時半、ジープニーでホテルまで戻り、ホテルのプールで僅か三〇分だけですが泳いで、疲れたのでPM一時にはランチです。

その後にお昼寝をたっぷりしてから読書を。

三時四〇分にクラッカーと水分補給。

PM五時二〇分、また近くの舞台から音楽が聞こえて来て五月蝿い。

六時四五分、五月蝿い場所を見に出かけました。なんとそこは、お寺で沢山のお店を出していてお坊さんも一部で仏具を販売していてびっくりです。

その後、超美形のモデルさんがいたマッサージ店に寄ったら、今度は長身でスタイル抜群の娘がいたので良く見たら、ゲェゲェ、なんとレディーボーイさんでした。（笑い）

ここタイにはレディーボーイさんが沢山いました。

びっくりして、近くのオープン酒場へ行って見たら女の子は全員イマイチでした。

その後にロシアンネームのお店にインしました。ロシア語の先生の名前はちょっと度忘れしちゃって思い出せない。

一時間ほど勉強してホテルに戻り、ディナーはセブンイレブンのチキンライスでした。

PM一一時にお風呂に入って、ベッドイン。

◎旅の思い出　四月五日

昨晩は二四時にベッドインして、今朝は四時二〇分に起きて来ました。すぐに読書。五時四五分に雨がザーと降り出して強烈な稲妻が天を裂き、ドンと我がホテルの近くに雷が落ちて超びっくりでした。一瞬電気が消えて、暫くしてまた電気がついたが、ものの数分後にまた電気が消え、真っ暗闇になって超ヤバイです。いつもならこの時間は、一階レストランに行く為にエレベーターに乗っている時間なので、本当に間一髪で助かりましたよ。あまりにも凄い雨だったので、少しだけレストランに行く時間をずらしてラッキーでした。もしエレベーターの中だったら、二時間は缶詰状態に陥ったはずです。

五階の我が部屋からドアを開けても真っ暗で何も見えずに、部屋で大人しく電気が復旧するのを待っていました。

七時にフロントに電話をしたらレストランだけは自家発電で電気はついているって、早く言ってよ〜。

七時に一階レストランへ行って朝食を、八時にお風呂へ、その後、朝寝をして一〇時にやっと雨が上がってほっとしました。

外に出る元気も無く、一二時半にランチ、エッグサンドに持参したイージー味噌汁で頂きました。その後に読書、外は晴れていて元の暑さに戻っていました。

PM一時には外へ出て近くの両替店で両替をして、近くのビルディングの屋上からのアドバルーンに乗ることにしました。

一二〇メートルまで上昇し眺めは最高でした。

ロビーではボディービルのコンテストがあって、ずっと見学していました。

男性グループの時はお店を見学し、女性の時は写真を撮りながら楽しんでいました。

四時四〇分に一度ホテルに戻りお風呂へ。

その後に読書して六時半にまたまた外へ。今晩はこの旅最後の夜なので、歩いて一番近くのマッサージ店を覗いてから、最後に一番気に入ったお店に行きました。

一番話し易くて親切な人から学ぶはずが残念。今晩は彼女がお休みで仕方なく別のユイ・カ先生二九歳を指名して最後のお勉強を。

ＰＭ一一時にホテルでカレーヌードルを夜食として頂きました。

二四時には疲れ果ててベッドインしました。

◎旅の思い出　四月六日
今朝は早朝の三時五〇分に起床しました。

四時半に紅茶を頂いて、五時にお風呂へ。

その後、お味噌汁を頂いてから読書を。

六時に朝食、今日もお粥を三杯ほど頂きました。

その後はずっと読書をしていました。

一二時にチェックアウトをして、一時半のスリランカ・タイガー・ズーに行く為に現地案内人をホテルのロビーで待っていました。

待つ間にホテルのスタッフたちがゲームをやっていたので僕も飛び入り参加させてもらい、

次々と難問ゲームを僕が解いていたらホテルマンも意地になって次々と難問を、流石に最後の一問は時間がかかり解けずにいるうちにガイドさんが来てズーへGO！

日曜日なので町はトラフィックジャムで凄い混みようでした。

三時にやっと動物園に到着、帰りのことを確認したらPM五時にここを出てホテルに向かうらしい。

ホテルには、今晩帰るために六時半にガイドさんと待ち合わせしている。

物凄い混みようなのでクレームをつけ三〇分早く車を出してとお願いしたが埒があかず最悪、ガイドさんに待ってもらうことにしました。

タイガーショー、クロコダイルショー、最後にエレファントショーを見終わって四時五五分、五時に車で至急ホテルまで送ってもらうことに。ショートカットしてもらい、幸いにも六時一〇分にはホテルに到着してほっとしました。

六時四五分、遅れてガイドさんが到着してすぐにバンコク空港へ。一時間後に一度トイレ休憩して、二時間後に空港に到着しました。

すぐにアイルシートを頼みボディーチェック、何度もブザーが鳴って財布までチェックされました。そう言えば、カラシニコフとコルト45の薬莢を財布に入れていたのをすっかり忘れていました。もちろん、即没収され無事に開放されてホッ。

飛行機に乗り込む前にオミヤゲを色々と購入して、今回の旅は無事に終わりました。

でも、またまた前席の人がリクライニングシートを全部倒してきて、最悪でしたよ。

まあ今回の旅行は色々ありましたが、僕の思いは五七回の中では最高の部類だと思います。

多分ですが一年に最低でも二回は訪問して、タイの国を知り尽くしたいと思います。

◎旅の思い出　四月七日
ただいま！

昨晩は午後一〇時二五分のバンコク発の飛行機で、今朝、日本時間七時三五分、無事に羽田空港に到着しました。

今回の旅は、良いことも悪いことも沢山ありました。

総合して五七回の旅の中では、最高点が付くほどの素晴らしい旅でした。

現地では毎日四〇度以上もあって、毎日毎日、汗がびしょびしょで、一日、最低でも三回はバスタブに浸かっていましたよ。水分補給も毎日二リットルは飲んでいたと思います。さぞや痩せて帰ると思いきや、今朝のお風呂後の体重は六六・四キロで、体脂肪は一八・七％でした。

今ようやくスーツケースとリュックから物を取り出して片付けが終わりました。ふぅ。

二〇一四年五月　個人海外旅行 No.26《タイ・プーケット》

◎旅の思い出　五月六～七日
五月六日の夕方、晩飯を食べてから六時五〇分に次女に駅まで送ってもらいました。めちゃ有り難いです。

七時九分の東海道本線で横浜駅へ。八時に横浜駅に着いたら、あの大相撲の時天空関にばったり会いました。上背はあんまり高く感じなかったが、横幅が凄いです。

横浜から京急で羽田空港までGO。

一〇時過ぎには、Eチケットを全日空の窓口で、真夜中の二四時二五分の羽田発バンコク行きに乗り、国内線に乗り換えてプーケットに着いたのがAM九時半でした。

一〇時頃にプーケットのバトンビーチにあるホテルへ、一一時過ぎにチェックインしました。すぐにランチをとって、一二時に出かけようとしたらボン！　と停電です。

まさに、ウェルカム・BLACK・OUTでした。

一四階の我が部屋から非常階段を降りて町の散策へGO、最初から笑っちゃいます。いつも思うのですが、停電時にエレベーターの中でなくて良かったですわ。

約三時間、強烈な暑さの中一二キロを歩いて観光です。温度は三八度と言っていましたが、体感温度は四〇度近かった。とにかく外は暑いです。いや暑過ぎですわ。Tシャツが前も後ろも汗でびっしょり、ジーパンの腰の部分もびしょ濡れでしたよ。

バトンビーチでは、パラセーリングを楽しんでいる様子をカメラでパチリ。

三時過ぎに、一度ホテルに戻ってバスタイム。

ベッドに横たわって暫し休息して体力を回復させていました。

六時半に、今日二度目のビーチ散策へGO！

ディナーはケンタッキー・フライド・チキンで食べ、PM九時にまたホテルに戻ってお風呂で再度汗を流して、夜用のメガネに交換して再度外へ。

2014年5月　タイ・プーケットにて

バングロードへ繰り出して、とあるバーの呼び込みに紹介されたお店に入り、ビールを飲みながらショーを楽しみました。

お客さんたちはニュージランド人が多かった。僕の隣は幸運にも綺麗なニュージランドの女性で、一緒に盛り上がりました。

その後、ＧＯＧＯバー、ディスコ、オープンバーなどを連荘《れんちゃん》して、ビールを飲み、タイのパブ・ダンスビートを楽しんで、今晩は満足満足、の長い一日でした。

真夜中の一時半に戻ってお風呂後にベッドイン。今日は滅茶苦茶に疲れました〜。

今日は本当にハナマルの一日でした。

◎旅の思い出　五月八日（木）

今朝は六時半に起きて、直ぐにホテル二階のレストランで食事です。

パンとソーセージ、ヤキソバ、チャーハン、カレー味の鶏肉、レタス、トマト、チキンのミンチと、しょうが入りのお粥、スイカ、パイン、を少しずつお皿に載せて頂きました。美味しかったのは、カレー味の鶏肉とお粥と果物とオレンジジュース位でした。あとはみんなイマイチでした。

昨日は遅くまで遊んでいたので、午前中はベッドの上で疲れを取っていました。

一一時三〇分にランチです。

一二時一五分に外出、三〇分ほど歩いてムエタイ会場へ、今晩の九時から行われる八試合の切符をゲットしました。手に入れたのは一番前のＶＩＰ席で、一八〇〇バーツ＝五五〇〇円位でした。

その後、ロシアンクラブ、ドラゴンクラブ、などのお店の場所を探しておきました。

日本食レストラン（お寿司としゃぶしゃぶ）もチェックしておきました。

プーケットで一番賑やかなバングロードを散策して、小学校の前を通って二時四〇分頃にホテルに戻り、バスタブに浸かり洗濯、髭剃り、暫く休んでからＰＭ六時に外出です。

予定していた日本食レストランでお寿司としゃぶしゃぶを頂きました。ちなみに料金は、三六五バーツ（一二〇〇円）くらいでした。

帰りにドラゴンナイトクラブを探し当て、帰りにコンビニでビールを購入してホテルに戻る。

七時四五分、メガネを代えて、ムエタイ会場まで歩いて向かいました。

九時一〇分、ムエタイの試合が開始して、八試合終わったのが一一時半、帰りはバイクの後ろに乗ってホテルに戻りました。

試合は超、盛り上がって楽しかった。

一一時四五分、お風呂に入って、ビールと日本酒を頂いて二四時三〇分にベッドイン。今日もめちゃくちゃに疲れました〜。

◎旅の思い出　五月九日（金）
今朝は六時に起きて、六時四五分に朝食を。

ちょっと緩くて、ビオフェルミンとストッパを服用しておきました。

一二時にランチ、一二時四〇分に外へGO！

外は霧雨で、バトンビーチを散策して三時半にホテルに戻り、バスタブに浸かりお洗濯を。

六時まで読書し、ディナーは麦パンサンドイッチと焼き鳥の缶詰と日本酒でした。

PM七時にまた外へ、気温は三六度でした。マッサージパーラーに入店して英語のお勉強を、今日の先生はMOMOさんでした。見事なドラゴンのタトゥーをしていました。とにかく現地の女性は、殆んどが、と言って良いほどタトゥーをファッション感覚で彫っています。

八時五〇分にホテルに戻りました。今夜もハナマルでした。疲れ果てましたよ。

◎旅の思い出　五月一〇日（土）
五時半に起床、六時半に朝食、お粥を二杯と鶏肉を少々で済ませました。何故って？　それ以外は、あんまり口に合わないのです。

七時からTVを見ながら読書を……。

一〇時三〇分に、ホテルのプールへGO。三〇メートル位のプールを一〇往復以上も泳いで、良い気分です。

一一時に部屋に戻ってお風呂と髭剃りを。

PM一二時三八分頃に、物凄いカミナリと大雨で強烈なスコールが……。

PM三時二五分、外へ、今日のスタートです。

一万円を両替したら三一五四バーツでした。

四時二五分に一度ホテルに戻りました。

外はめちゃ暑く三八度もありました。

お風呂に入り読書の続きを。

PM七時に持参した塩焼きそばを頂いていたら、七時二六分に突然停電に。一度復活したがまた三一分に停電でめちゃヤバイです。

PM八時五〇分、GOGOバーへ。ダンサーのFANFANさんと一緒に英語のお勉強を。

その後にスマイル・オープンバーを見ていたら超、超、びっくりなことが。

なんとお友達の一人に凄く似ていて思わず、何故、ここプーケットで働いているの？　と、尋ねてしまった。めちゃ似ていたが別人でした。名前はANNAさんと言ってマネジャーをしていました。記念に写真をパチリ、快くツーショットをしてくれてめちゃくちゃラッキーでした。

PM一一時にホテルに戻り、お腹が空いたので持参したカップ麺を頂き、真夜中の二五時にベッドインしました。

今日もハナマルでした。今日も疲れました。

二〇一四年五月　個人海外旅行№26
《タイ・プーケット》

◎旅の思い出　五月一一日（日）
六時半に起床、朝食はチキンのミンチと生姜の千切り入りのお粥だけで済ませました。

一〇時半に早いランチ、卵とレタス入りのサンドイッチを紅茶で頂き、その後はベッドに横たわって読書です。

一二時半に一度、ホテル・ロビーのサービスカウンターに行ってラフティング、寺院他のオプショナルツアーをチェックして、また部屋に戻って読書をしていました。

今日は身体が疲れきって何もやる気が出ず、持参した日本酒も少なくなって寂しいです。多分今日か明日にはお酒も飲み切りそう。

バングロードはPM一一時から賑やかになります。それまでの時間つぶしはキツイです。生活のリズムが完全に狂っちゃった〜。

PM五時四〇分には、卵入り麦パンのサンドイッチと紅茶で、めちゃくちゃ早いディナーを頂きました。

PM六時三〇分には今日初めての外出です。

バングロードで六回目の両替をしてお散歩。

お酒が少なくなったので、メイド・イン・タイのラム酒とシンハービールを購入。

八時半にホテルに一度戻ってバスタイム。

一〇時半まで、また読書して、また外へGO！

PM一一時にロシアンクラブとロシアン・ディスコ、GOGOバーなどを巡り、真夜中の一時五〇分にお店を出る。

ロシアン・ディスコに入店したら急に雨になって、お酒も飲まずに直ぐにお店を出ちゃった。入店料の四〇〇バーツは単なる見学料でした。

その後にスマイル・オープンバーを覗いたが訳あって寄れず、そのままコンビニに寄ってホテルに戻り、遅い夜食（タイ・カレーとビール）を頂き、お風呂に入って、二時五〇分にやっとベッドインしました。

ちなみに、今晩覗いたお店は、エキゾティカ、キャンディ、ラバー、スリッパーズ、ナウティーガールズ、スージーウォン、ディアブロ、スージーウォン2では黒くて少し硬い、スポンジのバトンでお仕置きするという超ユニークなお店で笑えます。

ちなみに今日は、△のち〇のち×でした。

◎旅の思い出　五月一二日（月）

六時半に起床、睡眠時間は三時間だけ。

八時に朝食、八時五〇分に物凄いカミナリと雨が。

午前中、将棋の本を読んで研究、持参したフランク安田の本を読み終えました。

TVはつけっぱなしでNHKワールド、BBC、アルジャジーラ、MYSCI、チャンネルV、ファッションONE、CCテレビ中国、FOX、などを見ていました。

未だかつて、こんなにもゆったりした時間を過ごしたことはありませんでしたので変な感じです。PM一一時から真夜中の二時までの僅か三時間の為に身体のエネルギーを温存し、昼夜逆転の生活になっちゃった。

タイ語は難しくて覚えきれず、食事は辛くて、タイに佇み続けるのは結構苦痛かもよ？

タイのプーケットは、連日三六度もあって、外を数時間歩くだけでTシャツがびしょびしょになります。

囲碁の本を読み、PM六時一〇分にバスタブに入り髭剃り、PM九時に外へGO！

七回目の換金、一〇〇ドルを両替三二三〇バーツでした。

今晩はラ・ムールのロシアンクラブに潜入。今日の英語とロシア語の先生は、ウクライナの超美人のANGELさんでポールダンサーだった。彼女は名前がエンゼルだったがデビルみたい。

ロシア系の女性は美人が多いが、心は氷みたいです。ただチップだけを要求するので嫌になり、彼女のダンスを見てから速攻でバイバイ。

まあこれも良い勉強ですわ。帰りにバー、スージーウォン2に寄ってから、真夜中の二四時にホテルに戻って、二五時にベッドインしました。

今晩は、△のち〇でした。

二〇一四年五月　個人海外旅行№26
《タイ・プーケット》

◎旅の思い出　五月一三日（火）
今朝は五時三〇分に起床して、ミルクコーヒーを頂く。

朝食は六時四五分から七時一五分までタイ米のお粥を二杯頂き、スイカを二切れ、エンドー豆を少々、レタス一枚、魚のフライを小二切れ、オレンジジュースで頂きました。

体調がイマイチで、ストッパを服用しておきました。

残すところ後一日なのでプーケットタウンとワットチャロン寺院を見学する為にホテル前のタ

クシーと値段交渉、折り合わず、街中に行って二〜三台のドライバーと再交渉、最後のドライバーが気に入ったので、そのタクシーで観光することにしました。

AM九時にタクシーに乗って、最初、バトンビーチ・カロン湾を見てワットチャロンへ。ここの寺院はプーケットで、最大かつ一番有名だそうです。立派な建物でした。四〇分ほど見学してプーケットタウンへGO！　スカイライ、カトリーン、ヴァイオリンなどを見学し、その後にホテルまで戻り、半日観光をエンジョイしました。めちゃ満足、満足でした。

ドライバーさんに一二〇〇バーツ支払って、ドライバーさんも満足気でした。

一一時過ぎにお風呂に入って、一二時にまた外へ。お土産店に何気なく寄ったら、ヴァイオリンを弾いている可愛いブタさんと、ピアノを弾いている鶏さんの置物を売っていて、二個迷わずに購入して来ました。

ホテルからバングラ通りを歩きバトンビーチを右に折れてしばらく歩いたら、マッサージしませんか、と誘われた。最後なので誘いに乗ることにしました。オイルマッサージで、滅茶苦茶気持ち良いです。

PM二時にホテルに戻ってお風呂とお洗濯をして、PM五時半まで仮眠、五時五〇分に菓子パンと紅茶を頂きました。

TVでは、NHKワールドで富士山の登山特集を見ていたら僕もまた山に登りたくなった〜。次回は富士山じゃなくて、アフリカのタンザニアとケニアの間付近にあるキリマンジャロに登りたいのです。あのイモトさんも登って成功しているしねえ〜。出来たら今年の後半か来年の予定に入れようかな？

PM七時に外へ。

ラム肉が美味しかったキッチンに入ってフィッシュ＆チップスとビールで最後のディナーです。お魚が一切れと思いきや、四切れもあって苦しい。お腹がパンパンになっちゃった～。

PM八時にバングロードを歩いたらあれ？　どこも開店しておらず八時半頃に一度ホテルに戻ってお風呂へ、これで今日三回目です。

PM一一時五〇分まで寝て、二四時に最後の遊びに外へ。

バングロードは閑散としてポリスさんに聞いてみたら、やっぱり今日はお休みだって、ガビーン！　知らなかった。最後の最後に大笑いですわ。

道々、写真を撮りながら我がホテルに戻りました。

今晩で終わりだと思うと超寂しいです。

最後の晩はオープンバーでANNAさんと飲みたかったのに！

◎旅の思い出　五月一四日（水）
八時頃に起きて、直ぐに朝食。

AM一〇時にバトンビーチへ。昨日マッサージをしてくれた人とまたばったり会って最後のマッサージをしてもらうことにしました。彼女に昨日マッサージをしてもらったらめちゃ気持が良かったので再度お願いしました。

AM一二時にホテルに戻りランチを。

その後、お風呂に。

ＰＭ三時まで休んでホテルの向かい側のマッサージ店に入店しました。何故って、添乗員さんがホテルに来る四時半まであと一時間半もあるし、お金も少し残っているので最後のマッサージをしてもらうことにしました。今回はもう時間もないので古式、タイマッサージにしてもらいました。オプションも入れ九〇〇バーツ支払ってフィニッシュしました。

四時半に半日遅れの読売新聞を読み、トイレから帰ったら、現地添乗員さんが来て、そのまま車に乗ってプーケット国際空港へ。

ＰＭ五時半に空港に着き、七時一〇分の飛行機でバンコクへ。二二時二五分、バンコクから羽田へ、あと六時間の辛抱です。

五月一五日、羽田空港へ早朝の六時二〇分に無事に到着しました。

二〇一四年七月　家族海外旅行 №25《フランス・モンサンミッシェル》

◎旅の思い出　七月二六日（土）
午後一時に出発予定が約一〇分遅れで出かけました。

二時一〇分頃に大船駅に到着し、三時一〇分の成田エクスプレスに乗って成田第一ターミナル迄、マックで軽いディナーを頂いて、九時二〇分にエテハド航空でアブダビまで一一時間（時差五時間）。

アブダビは、気温が三五度もあって蒸し暑いです。

◎旅の思い出　七月二七日（日）
午前四時三五分にアブダビに到着し、午前九時出発の予定が一〇時にパリのシャルル・ドゴール空港へ、七時間かけて移動、四時にシャルトルへ。

九〇キロを二時間かけて移動、世界遺産のシャルトル大聖堂を約一時間かけての観光です。大聖堂のステンドグラスが超美しかった。

見学の後、一八四キロを約三時間かけてバス移動。

今晩はトゥールのイビスホテルに泊まります。ここのホテルは冷蔵庫が無くて最悪でした。でも綺麗だし、部屋も少し広いのでまあまあでした。

昨日と今日の大部分が移動だけで、すっかり、超、疲れました。

今年の海外家族旅行は二五回目で、僕だけは五七回目の海外旅行でした。

今回の参加者は三〇名で、四人家族が二組、三人家族が一組、中年の夫婦が二組、若い夫婦が三組、若い女性の友達が二組、若い女性の友達三人組と、母と息子のペアが一組でした。

◎旅の思い出　七月二八日（月）
昨晩は、珍しく熟睡出来て嬉しかった。

五時には目覚めて六時に朝食を。

七時一〇分に、トゥールからロワール地方へ約一時間、ここも世界遺産で、ロワール渓谷古城巡りです。

最初、バスから遠目にアンボワーズ城を見てからシャンボール城へGO。お城の前に池があり、お城の景色も池に映って最高でした。

その後に、シュノンソー城へ、このお城は川の上に建てられていました。

ここではワインの試飲をしていました。ロゼと白と赤を飲んだが、ロゼが一番美味しかった。

ランチは鶏肉とポテトフライでした。

ランチ後、二八五キロ離れた世界遺産のモンサンミッシェルへ、四時間のバス移動ですわ。

ここモンサンミッシェルは、僕は二度目だが家族は初めて。是非とも家族と一緒に一度は訪れたかったのです。なにしろここは、世界遺産、行きたい所の№2の場所だからねえ〜。

到着間際まで雨がざんざんと降っていたが、到着前にやっと雨が上がってラッキーでした。ここで約二時間、観光してからホテルへ。

今晩のディナーはオムレツでした。

食後にライトアップされた修道院へ、二度目の観光に行きました。

午後一一時頃にホテルに戻りバスタブに入って即、ベッドインしました。

ここモンサンミッシェルは、二〇一一年四月に旅行が決まっていた。しかし、あの東日本大震災とツナミの影響で、スイス航空は自国民を優先的に助けるため、我々が予約していた飛行機を使ったため、旅行がキャンセルになった。残念だったが、今回やっと実現出来てめちゃくちゃに嬉しかった。

二〇一四年七月　家族海外旅行 №25
《フランス・モンサンミッシェル》

◎旅の思い出　七月二十九日（火）
今朝はゆっくりと七時に朝食、八時に出発です。

モンサンミッシェルからオンフルールへ、二〇〇キロを三時間かけてのバス移動です。

昨日はバスの前席に陣取ったので、今日は後部座席の前方に座りました。

オンフルールは小さな港町で、珍しい木造の教会を見ました。

長女が体調が悪いと言って、港を散策中に一人、バスに戻って行きました。

残った我々三人でぶらぶら歩いて、バスの停車場まで戻って長女と合流しました。

その後にオンフルールからジベルニーへ、一三二キロ、約二時間のバス移動です。

ここではモネのアトリエと睡蓮のお庭を散策です。

入場してすぐに僕のお腹が調子悪く、急ぎ家族と一時分かれてトイレに急行しました。滅茶苦茶にヤバイです。トイレは庭の出口付近にあるのでそこまでは小走りで我慢、我慢の連続です。やっとトイレを見つけてトイレに着くと、幸運にも男子トイレが一つ空いていてラッキーでした。本当に滑り込みセーフでしたよ。

トイレを済ませて、ようやくモネの庭を改めて最初から散策が出来ました。

庭には小川が流れていて睡蓮が綺麗でした。お庭にも沢山の花が植えられていて満開でした。

ここではモネの絵をプリントしたボールペンをゲットして来ました。

モネの庭を楽しんだ後、七五キロ、約一時間かけて憧れのパリ市内へ。

ここでは世界遺産のセーヌ川、シャンゼリゼ通り、凱旋門とコンコルド広場を車窓観光しました。

ディナーは選べるメニューで①ビーフステーキ　②鴨の肉　③白身魚の三種類からチョイスするのですが、我々家族は、全員エスカルゴ付きビーフステーキ&レモンタルトを選びました。エスカルゴはサザエみたいで結構美味しかった。ステーキもウェルダンで素敵でした。

パリは、長女も卒業記念の旅で一度訪れているのですがモンサンミッシェルは初めてだし、妻と次女はフランスが初めて。二〇一一年四月に旅行の予約を入れたが生憎にも東日本大震災に阻まれて実現出来ず、今回やっと実現出来てよかった。今回は、長女の休みに残りの家族が全員合わせてやっと実現したのです。時期が時期だけに、通常よりも倍近くのコストを支払ってやっと実現したのです。当然旅行費は百万円以上もかかりました。安い時期だと全員が参加出来ないので、仕方のない選択でした。

◎旅の思い出　七月三〇日（水）

真夜中一時半、二時半、三時半と目覚めて、とうとう起きることにしました。

一昨晩は疲れのせいでぐっすり眠れたが、昨晩は眠れずに往生しました。

三時半に起床して、今日は自由行動です。

起きてみたら妻がダニにやられたみたいで三〇ヵ所近くも、赤い斑点が手首、足首までいっぱいで最悪です。めちゃ痒いと言ってムヒを患部に塗っていました。

八時半に出発するところを、八時に変更。

早速六時半に朝食をとり、八時にルーブル美術館へGO!

ホテルから一〇分でメトロ駅へ、ここでカルネを購入しました。カルネは一〇枚つづりの回数券。購入にトライするも機械の操作がイマイチ解らなくて、乗客の一人に切符の買い方を聞いてトライして料金を入れて回数券一〇枚をゲットしました。

まずは最初に、ルーブル美術館へGOです。

美術館へはメトロを乗り継いでやっとルーブルに着いたらあらあら、ピラミッドの入り口から長蛇の列が見えて即、地下の逆さピラミッドの列に並びました。

並んだ列は美術館めぐりの列で、ルーブルだけの列ではありませんでした。急遽係員に聞いて、別の列に並び直しました。運良く、九時四〇分には中に入れてラッキーでした。

最初はやっぱりモナリザでしょう、と歩き始めましたが、途中にサモトラケのニケの像があり、ニケからの見学でした。この像は僕の大好きな像でラッキーでした。

この像はサモトラケの島で発見された、女神像で軍船の先頭に掲げられていたのだそうです。女神の首は無いが羽を広げた女神像は一見の価値があります。

その後迷いに迷ってモナリザの部屋にやっと入ることが出来ました。流石にモナリザです。部屋の中は大変な人の渦でやっと先頭付近まで行ってカメラに収めて来ました。

その後、ナポレオンの戴冠式の巨大な絵に度胆を抜かれちゃいました。この巨大な絵にはほとほと脱帽です。

その後にミロのヴィーナスを見て、ハムラビ法典の石碑を見たくて方々歩き巡りましたが一向に見つけることが出来なくて、ぐるぐる歩き通しで、美術館のスタッフ何人にも場所を教えてもらってやっとの思いで見つけることが出来ました。ほっ！

最後に三階で、フェルメールの「レースを編む女」と「天文学者」の絵、二点を見られて満足、満足。

ルーブル美術館を充分に堪能して、ヴェルサイユ宮殿観光の待ち合わせ場所であるマイバス社を探しました。買った地図が超解り難くて、結構探し当てる迄に時間を滅茶苦茶に使いました。日本レストランのオーナーさんに聞いてやっと場所を確認してから、フランス人みたいに、歩道に出たレストランのテーブルでランチを頂きました。

僕はキッシュと野菜サラダとお水で頂きました。気分はもうすっかりフランス人です。

ランチ後にヴェルサイユ宮殿観光の待ち合わせ場所のマイバス社へＧＯ。

ＰＭ一時四五分に入場して、二時にやっと出発ですわ。

現地添乗員さんに連れられてヴェルサイユ宮殿へ。今回の旅行は、このヴェルサイユ宮殿が見たかったので決めたのです。

ヴェルサイユ宮殿では、鏡の間とナポレオン戴冠式の巨大な絵が飾られていました。良く見るとナポレオンの戴冠式の絵はなんとルーブルにある絵と殆んどそっくりでした。違うのは絵描きのダヴィッドさんが好きな女性のドレスがヴェルサイユ宮殿の絵ではピンクだったことだけです。同じような絵の中にもロマンスが感じられて感動ものでした。あんな大作二点をそっくりに描いたダヴィットさんは天才です。

ヴェルサイユ宮殿を充分に堪能してからマイバス社で降り、近くのジャンヌ・ダルクの像を見てから傍の遊園地へＧＯ。

遊園地では観覧車に乗ってパリ市内を上から見学しました。上から、凱旋門、エッフェル塔、ノートルダム寺院、サクレール寺院などをてっぺんから見学して満足、満足。

2014年7月　フランス・パリ・ベルサイユ宮殿　鏡の間で

お次はコンコルド広場へGO……オベリスク、噴水を見ていたら長女がトイレに行きたいと言うので散々近くのトイレを探したがどこにも見つからず、先ほどの遊園地に戻ってトイレ休憩をして、ふぅ！

帰りにオペラ座を外側から見て、メトロでホテルまで……。

駅で切符を渡そうとしたら地下鉄の係官に呼び止められた。使った切符は子供用だと言われ、ペナルティーとして一人約五千円を支払うように言われた。超、超、びっくりですわ。わざとした訳じゃなく、たまたま間違って子供用の切符を購入しただけなのに、ペナルティーが大き過ぎるぜ。何度も、単なるミステークだと言い訳したが聞く耳持たず、やむを得ずに罰金を支払ってホテルに戻りました。もう頭に来て、フランスが大嫌いになっちゃった。

普通なら差額を支払い済むところ、いきな

り海外の旅行客からペナルティーをふんだくるなんて、なんて最低な国だ！　悪いのは勿論僕らだが気分は最悪ですわ。一般旅行客にとっては不親切極まりない国でしたよ。切符の買い方も解り難くて海外の旅行者にも最悪な対応で、そんなフランス人が大嫌いになりました。一度は、一週間ほどパリに住むのも良いかなと思ったが、やっぱりパリでの短期滞在計画は止めときます。

パリには、ほとんどの駅に、トイレさえも無く旅行者には滅茶苦茶に冷たい国ですよ。

それに比べれば日本は全てに於いて最高な国です。

渋々ホテルに戻ってから持参したヤキソバを頂きました。

ＰＭ一一時半にベッドインしました。

◎旅の思い出　七月三一日（木）
いやあ〜昨日は気分が悪くて最悪でした。

今朝は三時半に起床して一四チャンネルを見ていました。

五時半に朝食を。

八時にはエッフェル塔にＧＯ、途中駅のトロカデオで降ろされて、超びっくりです。でもここの駅から徒歩五〜六分だってさ。

長女がトイレと言うので散々駅構内を探したが見つからず色んな人に聞いたが、どうもトイレは改札を出た地上にあるらしい。やっとの思いでトイレを探したが先客が使っていて、暫く待って、公衆トイレにイン出来ました。ほっ！

一番眺めの良いシャイヨーユ宮殿から歩いてエッフェル塔の入場の列に並びスタンバイ。やっと我々の順番で入場出来ました。しっかりと持ち物検査を受けてエッフェル塔のトップへ。

エッフェル塔は実に良く設計された建造物でした。そばには何も邪魔されずにエッフェル塔だけが立っているので、それはそれは見事な建物です。建築家のエッフェルさんは天才です。

エッフェル塔を見てからお次は、メトロでノートルダム寺院に行く予定だったが、面倒なのでタクシーを使い、ノートルダム寺院へGO。

ノートルダム寺院を満喫してそばのカフェへ。店頭で売っていたホットドッグとツナドッグとドリンクを購入して店内で食べようとしたら、ゴーアウトだって。店内は高いメニュー専門で、安いランチは近くの公園で食べて下さい、と言われて超、超、びっくりでした。

やむを得ず近くの公園でランチを済ませました。

ランチ後にサクレ・クール寺院へタクシーでGO。

寺院を見学して、その後はトイ・トレインに乗ってピガールまで。そこからムーランルージェまでお散歩して、ムーランルージェをバックに写真を撮りました。これも良い記念ですわ。

その後にメトロで凱旋門までGO。

切符をカードで購入して、凱旋門のてっぺんまで登りました。

急な階段を必死に登って超、疲れました。

素敵な眺めを堪能してから地上に降りるとPM六時過ぎから凱旋門でセレモニーがあった。それを見学してからクレージーホースまで歩き、目指したレストランが閉まっていた為、また凱旋門に戻ってからホテルに戻ることにしました。

前回に寄ったレストランでサンドイッチがめちゃ美味かったので家族にも味わわせてやろうと

思ったがお店は改装中で、無駄足になり、みんな足が棒状態で本当に申し訳ない気持ちです。

みんな二万千歩も歩き通しで疲れ果ててしまい、僕も皆を連れまわして悪いことをしました。

ホテルに戻る途中、長女にまたトイレに行きたいと言われ、散々探したが見つからずホテルに直行しました。ホテルに着く前辺りから長女は走り出して、やっとの思いでセーフでした。

ホテルに戻ってから、お湯を沸かし持参したカップ麺を頂きました。

全員がグロッキー状態でした。今日は最後のレストラン探しだけは余計でした。反省です。

でももう遅いです。

◎旅の思い出　八月一日（金）
いやあ〜昨日は盛り沢山の自由観光で満足しましたが、みんな疲れ果てました〜。

昨晩は一一時三〇分にベッドインして、今朝は六時半に朝食、七時に出発、七時五〇分に空港に到着し、座席もアイルシートを二席も取れて満足、満足でした。

空港内を移動中に爆弾騒ぎがあって、暫くポリスに止められたがなんとかそこを通れて手荷物のチェックです。そうそう、アブダビからパリに行く途中に添乗員さんと若い女性の二人が手荷物のカバンをチェックされて、お財布の中身まで厳重にチェックされていました。それを見て滅茶苦茶に可哀想でした。

ここパリでは、僕だけが厳重にリュックを調べられて大ショックでした。リュックになんでもかんでも私物を入れていたので、係官もホトホト音を上げていました。最後にリュックから出てきたのは、なんと秋刀魚の蒲焼の缶詰で、昨晩、お酒のつまみで食べる予定でしたが手を付けなかったので手荷物に入れたのをすっかりと忘れていました。

AM一一時の出発が、また一時間遅れてやっと飛び立ちました。ほっ！

アブダビにPM八時到着の予定が九時に到着して残った僅かな時間、空港のお店でりんごのお酒のシャルドネをゲット出来てめちゃ嬉しかった。パリ市内で買おうとお酒売り場を何ヵ所もチェックしたが見つからず落ち込んでいたが、最後の最後に見つけることが出来て超ラッキーでした。これで少ない楽しみが、また一つ増えました。

午後一〇時五分に成田まで最後のフライトです。

◎旅の思い出　八月二日（土）
アブダビで乗ったエテハド航空の座席ではまたまた、長女と僕の前の席の人が思いっきり椅子を倒して来てもう最悪でした。良く見たらアラブ人？　両方とも太った女性で超、超、マナー最低の人たちでした。狭い飛行機の中で、後ろの席に座っている人になんの配慮も無い人たちの顔を見るのも不愉快で嫌になります。この様な女性は、完全な自己中で思いやりのかけらも無い人間の屑だ。僕は旅行が大好きで殆んど、と言って良い位、飛行機の中や、列車、バスの中でさえ、この様な最低のマナーさえ守れない人たちと遭遇するのだけは勘弁して〜。本当に嫌になります。

飛行機の中で日本食を頂いたが味はイマイチで、ビールだけを飲んで、トランプゲームのソリティアをして時間を潰していました。

午後一時一五分に無事に成田に着陸出来ました〜。

長女はスーツケースを宅配便にして品川駅まで、我々三人は横浜まで切符を購入し出発は二分後でみんなスーツケースを転がしながら走った、走った。

やっと全員が成田エクスプレスに乗れてホッ、これで多分三回以上連続で走っています。

自宅に無事に着いて、めでたし、めでたし。

来年の家族旅行は何処に行きましょうかね？

二〇一四年一一月　個人海外旅行No.27《フィリピン・マニラ》

◎旅の思い出　一一月六日（木）
早朝の二番電車で出かけ、六時半に羽田に到着し早速チェックインし、めちゃ早過ぎたので時間を持て余しちゃった〜。

将棋の本を四冊も持参したので、待ち時間に将棋本を読んでいました。

九時五分に飛行機に乗り込み、九時三五分、ＡＮＡでマニラまで約五時間のフライトです。

途中に富士山も見えたので満足、満足です。飛行中アンジェリーナ・ジョリーさんの映画を見て過ごしていました。

四時間後、時差一時間あるので、昼一時三五分にターミナル3に無事到着です。

空港を出たが出迎えに英語の先生が来ていない。めちゃヤバイです。二〇分待ったが来ないので、電話をしたらトラフィックだからＤ５の所で待ってと一応電話が繋がったので、ほっ！

ホンダの車で四〇分後にやっと到着しました。はなから気を揉む、気を揉む。車はヴィッキーさんの車を借りて来たのだって。それもヴィッキーさんは病気で数日前に亡くなったのだって……。

まだランチをしていないと言うので空港の近くのショッピングモールの中のフィリピン料理店にインしました。メニューは牡蠣のチーズ焼き、魚のボニート、お豆腐のミルク煮、野菜サラダとご飯、ビール、お水で頂きました。値段が高くてびっくりでした。初日だからまあ良いか。食べ残したのをテイクアウトしてもらいました。これがフィリピンスタイルだって……さ。

ランチ後にカジノで千ドルを両替、四万四七〇〇ペソでした。

コンドミニアムへイン、五階の四Rでした。

荷物を部屋に運び入れてから、コンド近くのスーパーに行ってお買い物です。これから二一日間、コンドミニアムで炊事生活です。

世間ではリタイアした人が海外でロングステイするのにシンガポールやマレーシアやタイなどの候補地がありますが、今回はフィリピンで出来るかどうかのリハーサルみたいなものです。

その後、ヴィッキーさんのお通夜に参加しました。コンドに戻り衣装を全部脱ぎ、部屋の外へ全裸で衣装を壁に打ち、お祓いをして全部水洗いをしました。これもフィリピンのスタイルだって。お通夜で食べたピーナッツの小さな袋も持ち帰ると不味《まず》いので、外に捨てるようにと言われました。捨てないと霊を自分の部屋に持ち帰るのだそうです。

買い物袋の中身を冷蔵庫に入れて、フィリピン料理店から持ち帰った、お魚、サラダ、豆腐、冷たいご飯を、ビールと日本酒と一緒に超寂しい食事で本当に泣けてきましたよ。

部屋のＴＶはつかない。音が全く出ないのです。部屋も超狭くて中二階のベッドに行くには急な階段を登らないといけないのです。角度が八〇度近くで、踏み台の幅が七センチ位で足を横向きにして登らないといけない。踏み外すと怪我をしそうで滅茶苦茶怖くてヤバイです。

家計簿をつけて荷物を整理したら真夜中の二四時半になっちゃいました。

今日は、もう滅茶苦茶に疲れ果てました。もう寝ます。

◎旅の思い出　一一月七日（金）

今朝は七時半に起きてきました。体調が変わったのか朝のトイレは無かった。

朝食は冷たいパン一切れとレタスにマヨネーズをつけて、ブラックの紅茶で頂きました。

八時にケソンシティーへ、目的のコンドに行く途中、ガソリンスタンドのお兄ちゃんに聞いたら僕が行こうとしている所にはなく、ひとつ手前の駅の前にあるよと教えてくれたので、また途中から歩いて引き返す。

カムニンの駅に到着しコンドを見つけたが、よくよく聞いてみるとやっぱり僕が行こうとしていた所にあるらしい。またまた今度は、タクシーに乗って目的地のコンドにやっと到着しました。コンドを購入するので部屋を見たいと言うと、もちろんめちゃ親切に色々教えてくれる。

僕にとっては、この方法が一番英会話のお勉強になるのです。以前にもセブ島の学校に行っている時も巨大モール内にはコンドを販売しているブースが沢山あって、片端から訪れて英会話の勉強をしていました。

担当のお兄ちゃんと、お姉さんがめちゃ親切にしてくれてＧＭＡの駅前モデルルームにも案内してくれ、ＰＭ一時過ぎまで付き合ってくれたので、悪いのでランチを二人にご馳走しました。

次はアヤラステーションの某病院へＧＯ。

その後にタフトステーションに戻り、焼き鳥を買い、セブンイレブンでビールをゲットし、六時に帰宅して水シャワーを浴びてディナーです。

鶏肉とレタスとご飯を少々とワインとビールで頂きました。

腹ごしらえが済んだので七時四〇分に夜の英会話コースへ、二時間の個人レッスンをしてもらいました。先生のお名前はシェイルさん。

帰宅したのは一〇時半でした。

今日も良く歩き英語でも良く話せました。

◎旅の思い出　一一月八日（土）
今朝は五時に起床しトイレへ、やっと大があってほっとしました。

六時にフライパンを使い目玉焼き、ハムとパン小二枚を焼いてレタスを挟んでマヨネーズをつけてサンドにして頂きました。その後にコーヒーをいれて日記を書く。

先生が手配してくれた我がコンドの部屋はＴＶが映らないので音が無くめちゃ静かでかえって寂しいですわ。

トイレは水洗だが日本式と違って、ホースを握り手でホースの先端口をお尻に向けて噴射するのだが、慣れていないので難しいですわ。以前マレーシアに旅行した時には、トイレの中が、噴射した水でトイレ内から洩れ出してトイレの中が水浸しで汚かったのです。幸い部屋のトイレは自分だけが使うので注意して使用するのでその点は良いが、慣れていないので水でパンツを濡らしたりして最悪でした。

八時半から将棋のお勉強を。

一〇時半にコンドのケアテイカーさんが頼んでくれたシャワーヒーターの取り付け作業で二人のフィリピーノが来室した。取り付け作業に七五〇ペソかかるって、全然聞いていないよう〜。でも断ると明日からもシャワーが水なので設置してもらうことにしました。ついでにTVとビデオの具合も見てもらい、TVは一チャンネルだけ綺麗には映らないが音だけは出た。ビデオもなんとか見られるようになったので、まあ良いか。

一一時半に取り付けが終わり、PM一時二〇分に先生から電話があり大通りのネットカフェの前で待っていてと言われたので、支度してネットカフェの前で待っていました。

先生はなかなか来ずイライラして電話をしたらまたまたトラフィックだって。マニラはいつでも何処でも車の渋滞で最悪です。やっと来て車に乗り込み、一時四五分頃に焼肉レストランへGO。

ランチ後、コレヒドール島ツアーを申し込みにツアー会社に出向いて申し込みました。

一〇日（月）の朝七時に予約が取れました。ホッ！　帰りにそばのプレイランドに入ろうとしたが駐車場が空いておらず、諦めてマッサージ店へ入店しました。

韓国人が経営していてスエーデン式マッサージだって。マッサージは気持ちが良くて満足しました。

ここで先生が、携帯がないと騒ぎ出し色々探したが何処にも見つからず、モールオブアジアで携帯を買うつもりで駐車場に入ろうとしたがめちゃ混んでいて入れず、しょうがないので一番近くのSMモールに行き、ウォータープルーフの携帯を購入したが値段がめちゃ高くてびっくりでした。三万二〇〇ペソだって。帰り道ガソリンスタンドに寄り、ジョリビーにも寄ってディナーを持ち帰りました。

帰宅途中、タフト駅のそばで警官に捕まっちゃった。僕が安全ベルトをしていなかったので警察官が先生と言い争いになり、その場を離れてコンドに到着。先生が警察の人を知っていると言ったので、てっきり許してもらえたと思っていました。

セブンイレブンに寄ってビールを購入、晩飯はジョリビーのチキンフライとご飯とビールで頂き、その後、急な階段を登りロフトに寝転んで将棋の本を読みながら一〇時半にベッドインしました。

今日も色々あって疲れました。

◎旅の思い出　一一月九日（日）

いやあ昨日は滅茶苦茶に落ち込みましたよ。

そう言えば、ランチの時に僕のカメラの録画を見てから先生の態度が急変し、マッサージ後の携帯の紛失も、もしかした先生の演技かも？　携帯紛失も貴方のせいよと言われて一〇万円の携帯を買わされた。何かおかしいです。

早朝の三時に目覚めて超、天井の低い中二階で将棋の本を読んでいました。

五時になったので一階リビングに降りてきました。

昨日、マッサージの後はシャワーを浴びない方が良いと言うので、今朝ヒーター付きのシャワーです。でも思ったよりも熱くないです。

部屋の冷房を止めてシャワー、髭剃りを済ませてお洗濯です。

その後にやっと朝食です。パン小二枚、ハム、レタスと紅茶で頂きました。

あんまり食欲がないです。

血圧、高脂血症の薬と、白内障、緑内障の点眼液をさす……。

TVは五チャンネルが辛うじて見える程度で、ビデオだけはセーフでした。部屋にあるDVDはアニメで、DVDは傷があり最悪なので今日は外へ出たら購入するつもりです。

ランチは一〇時二〇分と早く、焼き鳥とビールで頂きました。

一〇時半、近くのタフト駅からバクララン駅のそばにある巨大マーケットに出かけました。駅の階段には、頭の巨大な赤ちゃんを抱いた母親がお金を頂戴と座っていました。ああ〜見たくないものを見ちゃった〜。赤ちゃんは異様で可哀想だが見ないふりをしていました。

一回りしてタクシー乗り場に来ると、今度は両目が潰れた男が小銭を入れた缶をガラガラ鳴らして観光客にお金をせびっていました。ああ〜これも見たくなかった〜。

やっとタクシーを一台止めて乗り込む。ヘリテージホテルを通り過ぎ、日本大使館の写真を撮り、タフト駅に向かうよう指示したがどうも角度が違っていて、ここがタフト駅だと言われ降りた。駅名を確認したらプヤット駅だった。フィリピンのマニラのタクシードライバーは九九％がワルです。仕方が無いのでプヤットからエドサ駅まで来て、タフト駅のマーケットに寄りDVDを購入し、セブンイレブンにも寄ってビールをゲットして帰宅しました。

三時から五時半までＤＶＤを見ながらジョリビーのご飯とレタス、ハム、卵入りのチャーハンとイージーわかめ味噌汁でのディナーでした。

五時五〇分に中二階で横たわっていたら水の流れる音がして最悪です。下に降りてきたらトイレの水が流れっぱなしでヤバイです。急遽修理を、フローの鎖が外れていました。日本製じゃないので悪戦苦闘し、やっと直してホッとしました。

七時にベッドインするも眠れず、今度は囲碁の本を八時まで見て再度眠りに……。

真夜中の一時に目覚め、三時まで囲碁の本を読む。四時にはもう起きて来ましたよ。

二〇一四年一一月　個人海外旅行№27
《フィリピン・マニラ》

◎旅の思い出　一一月一〇日（月）

四時に起床しトイレに行ったら大きなゴキブリがいて超びっくりです。モップで追いかけてやっと退治してホッ、シャワー、朝シャン、髭剃り後、五時にカップ麺を頂きました。

五時一五分に徒歩で近くのエドサステーションまで。早朝なので人が少ないかな？　と思いきや、沢山の人たちが通勤、通学の為に朝から蠢いていました。

エドサ駅からビトクルス駅まで、ビトクルス駅からフェリー会社前までタクシーで移動。

七時までに着く予定が六時に到着しちゃった。

七時に受付なのでフェリー会社の辺りを散策して時間を潰していました。

七時に受付嬢が来て受付開始して八時一五分にやっとマニラからマニラ湾にあるコレヒドール島に向かいました。約一時間です。

あのマッカーサーが日本軍に攻撃されてあたふたと、この島から豪州に逃げ出したのです。

九時半に島に到着し、日本人専用一号バスに乗り島内を一周しました。島内には米軍のバラック、防空壕、弾薬庫、沢山の大砲の陣地がありました。びっくりしたのは大砲の一部を切り取って盗難、売却する不届きなフィリピン人がいて、本当にフィリピン人はワルばっかりです。ランチは島にあるホテルのレストランでヴァイキング料理でした。美味しかったのはスイカと果物練乳かけが最高に美味しかった。

帰りに、約一キロのトンネル内を、二〇〇ペソ支払って見学しました。このトンネルは米軍の司令室、弾薬庫、病院などがありました。

コレヒドールは一九四二年三月にマッカーサーが豪州へ逃げて、五月五日に日本軍が上陸し、六日に米軍が降伏しバターン半島で死の行進と戦後に、日本軍が糾弾をされる。でも米軍捕虜が歩いた距離は僅か八〇キロでマラソン距離の二倍弱でした。

一九四五年二月一六日に米軍が上陸する。

三月二日に日本軍玉砕。若い人は一七歳から四三歳位までの約六千名の兵隊さんたちが自決しました。合掌！　勿論日本軍の防空壕やお墓にもお参りしてきました。

二時半に乗船し三時半に到着、タクシーでエドサまでと頼んだがプヤット駅で、ここがエドサだとまた言われて降ろされた。本当にフィリピンのタクシードライバーはワルばっかりで最悪です。

僕もプヤット駅から間違えて北に行ってしまったが途中で気がつき、南方面に乗り換えてやっとエドサ駅に到着しました。

セブンイレブンでビールをゲットし、ジョリビーでビーフステーキとご飯をテイクアウトして

2014年11月　フィリピン・コレヒドール島で

コンドミニアムに帰りました。

五時半にディナー、六時ごろに電話をしたが全然どこにも繋がらず、PM七時半に今度はTVが映らず最悪です。二時間弱色々とやってみてやっと復活して、ホッ！

今日はもう諦めて中二階で休んでいたら、八時四五分に一階の棚に置いてあったクラッカーの箱が突然床に落下したらしく一瞬ですが、鳥肌もんでした。何故かと言うと、お通夜の帰りに衣服を全部洗濯していたのですが、ふと胸ポケットを見るとなんと捨てたと思っていたピーナツの袋の切れ端が残っていたのです。多分ですが、霊も一緒に我が部屋に連れ帰ったみたいです。本当にマジで、怖かった。何故って、棚の奥に置いたクラッカーの箱が移動して、突然床に落ちるなんて考えられないのです。

PM九時半にベッドインしました。

◎旅の思い出　一一月一一日（火）

早朝の三時に起床してトイレへ。

四時三〇分にフルーツ・グラノーラにミルクを入れ頂きました。四時四五分に食パンとハムとレタスに目玉焼きをサンドして朝からDVDを見ながらビールで頂きました。果物はみかんとりんごを、それぞれ半分頂きました。

九時半にコンドのスタッフと英会話の練習を。

一〇時に国際空港ターミナル3のそばにあるフィリピン空軍博物館へ、ここは無料でした。館内には、あのルバング島で三〇年も戦争をしていた小野田さんの刀や生活用品や衣服や手紙等々が展示されていました。

その後タクシーでビトクルス駅へ。なんとドライバーが道を良く知らないって、信じられないタクシードライバーだね。やっと駅の近くまで来たので、強制降車してタクシーを替えて文化センターへ。

一一時半頃だったので、パン屋さんで買った美味しいパンとお水で超簡単なランチを文化センターのモニュメントの前で頂きました。

文化センターに入ってアジアの楽器の展示品を見ました。ここの文化センターはあのイメルダ夫人がふんだんにお金をかけて建設したという素晴らしい建物でした。でも建物の内部はエスカレータが止まったままでした。国民の大部分が飢えているというのに、この国も政治家からタクシードライバーまで腐敗しています。

その後にプレイランドに寄ったらPM四時からだと言うので、そのまま日本大使館へ。

二〇一四年一一月　個人海外旅行No.27
《フィリピン・マニラ》

タクシーに乗ったらメーターを倒さず発進し、大使館の前で二〇〇ペソよこせと恐喝されて、ここで流石の僕もぷっつん切れて、ここまでは五〇ペソだと支払い車を降りた。まったくふざけたタクシードライバーだ。

大使館に入るのに携帯、カメラ、免許証を受付に預けて相談にのってもらいました。色々とフィリピンの知られざることを聞いてめちゃくちゃに良い勉強になりましたよ。

その後にタフト駅までタクシーで移動、珍しく良いドライバーさんで、英会話の練習です。降りる時にドライバーさんが、悪いドライバーが沢山いるので注意してね！　だって。何処に行くのもタクシーが必要だし、毎回毎回ドライバーとバトルですわ。これって疲れるよ。夜になればもっと治安が悪くなるので気が抜けないです。

帰り道に、美味しいパン屋さんへ寄ってパンを購入し、セブンイレブンでビールとラーメンをゲットして三時にコンドに到着、四時にコーヒータイム、四時半に日本酒を飲み、ディナーはパンとハムを二枚、卵二個とビールで頂きました。ちなみに果物はぶどう、りんご、みかんでした。

そうそう、いまマニラでは日本人の約六千名が路上生活をしているのだって。年金生活者がロングステイして病気になると、ここフィリピンでは医療費が高額なので、すぐにドロップアウトするのだって……。

コンド在宅中は将棋と囲碁のお勉強三昧で、多分ですがレベルはかなり上がったと自負しています。

ここマニラでは楽器もランニングも無いです。今日までつくづくフィリピンの嫌な部分が全部見えてもう長期の滞在はこりごりです。相変わらず電話が通じず最悪の状態です。

とにかく今回の経験で、ここフィリピンでは長期の滞在は無理だと解っただけでも良かったですわ。何事も試してみないと解らないからね！

六時半にはもうベッドインです。

◎旅の思い出　一一月一二日（水）

真夜中の一時に目を覚まし、早朝から囲碁のお勉強です。この囲碁の本を持って来て良かったです。

四時に朝食、目玉焼き二個とビールで、ＤＶＤを見ながらのお食事でした。

八時半から今日もＯＭＰコンドのスタッフ三人と英会話の練習です。

九時一五分から近くのネットカフェでメールを打とうとしたが海外なので本人確認が必要だと繋がらず最悪でした。電話も繋がらず最悪のパターンでした。

一〇時にショッピングです。タフトステーションビルのスーパーマーケットで果物やミルクを購入して、映りが悪かったＤＶＤを駅前のマーケットで交換してもらい、セブンイレブンでは牛乳を買ってコンドに戻りました。

午前中に英語の先生から僕の電話が通じないので、コンドのスタッフさん経由でやっと先生と連絡がつきました。ホッ！

今日は何もやる気が無くてコンドの部屋も気味が悪いし、何処かのホテルに一三日から二五日まで移動しようかなとも思いました。

一日中、将棋と囲碁の本を読みながら過ごしていました。

GSISの美術館に行こうと思ったが気分が乗らずウダウダしていて、最悪の日でした。

五時四五分にディナーでパン、スパムのハム、目玉焼き一個、レタス、バナナ、ビールで頂きました。

　PM八時にはもうベッドインです。

◎旅の思い出　一一月一三日（木）

早朝三時四〇分に起きて来ました。ここフィリピンは電気代がめちゃ高いのですが結構消し忘れの連続で最終日の電気と水の清算がちょっと心配ですわ。

相変わらず携帯が繋がらず、ネットでもメールが開かず最悪の状態が続いています。ネットカフェでメールを開こうとしても場所がフィリピンなので怪しまれて本人確認が必要だって。日本なら別のメルアドに本人確認のメールを送付してもらえるが。ここフィリピンではそれも無理なので最悪なのです。

今日で、購入していた六リットルのお水も終わりそうです。

今回の旅の目的は海外で長期ステイが出来るかを判断する為の旅でした。

現地にお友達が何人かはいないとても無理です。ここマニラは治安が最悪で、タクシードライバーは泥棒ばかりです。

ただフレンドリーなだけで騙された日本人は数知れず、そう言う僕も騙されていてその調査も今回の旅の目的なのです。

フィリピンでの長期滞在はほぼ無理です。

一一日に訪れた大使館の助言に従った方が良いと、やっと確信が持てましたよ。最悪なるフィリピンだが、一〇日に訪れたコレヒドールで戦った若き日本の兵隊さんたちに、ここで不平不満を言ったら罰が当たりそう。

ランチは英語の先生とコンドのケアテイカーのエンゼルさんとドライバーと僕、四人がジョリビーでテイクアウトしたハンバーガー、春巻き、コーラをガソリンスタンドの駐車場の車の中で頂きました。

オルテガスの郊外にコンドを見に行ったが、僕は駅のそばのコンドしか興味はないと言ってコンドの見学は急遽中止です。

英語の先生は、僕がシートベルトをしていない時にその場を逃げたと警察から任意出頭するように言われたから、これから警察のステーションに行かないといけないと言うので了解しました。場所は幹線道路を大きく外れた警察の運動場がある場所で警察の一人が我々を案内し奥の部屋WAR・ROOMに入れられEチケット、パスポート、先生はドライバーライセンスを調べられて、今年中ライセンスは今日限り使えないとのことでした。

警察が言うのはここで二日間留置されて二六日に戻るか、それとも、罰金二人分の二万ペソを支払って、今晩か遅くとも明日に日本に帰るかを選びなさいと言われました。

一瞬ですがここで、二日間過ごすのも良い経験かな？　とも思ったが、ワルの警察に何をされるか解らなかったので罰金をその場で支払いました。受け取りをくれと言ったら、後で渡すと嘘ばっかり……。現金を渡したら急に警察官が喜んで握手を求めて来ました。完全にこれは権力を盾にした恐喝ですわ。

しっかりと彼の顔とタトゥーを確認しときました。警察から無事に解放されて、日本までのAIRチケットを買いにSMモールにインして、フィリピン航空八時とセブ航空五時の二つを検討、朝めちゃ早いが安いセブのチケットをゲット出来てホッとしました。

先生にガソリン代、車の借り入れ代、本人のチケット代、ペナルティー代を支払い最後のディナーです。僕は気に入ったチャプスイとビールを頂き、先生の従姉妹にドーナツのオミヤゲまで支払い、一人寂しくコンドに帰りました。

滅茶苦茶に気分が悪く、最後の夜なので飲みに行こうか？　とも思ったが、明日はAM二時に出発だし、それまで荷造りをしないといけないし、今晩に何かトラブルがあると取り返しがつかないので今晩は全て我慢をしてパッキングしていました。

眠いけど、タイマーをかけて眠らないように気をつけていました。

今日は最低、最悪の日だ！

死んでももうフィリピンには来ないぞ、と心に決めました。

◎旅の思い出　一一月一四日（金）

昨晩は一睡もせずにパッキングしてスタンバイ、真夜中の一時四五分にスーツケースを持ちリュックを背負い外へ、まずはガードマンに二〇ペソ、チップを渡してタクシーを依頼する。

もう一人のガードマンにはDVD三枚をチップ代わりに手渡した。

コンドから国際ターミナル3まで、夜中だから二〇〇ペソだって。OKと言いすぐに出発。

空港で残ったペソを日本円に両替です。一〇〇〇ペソ残して両替したら六万三〇〇〇円戻って来ました。税関で出国税五五〇ペソ支払い、やれやれこれで一安心ですわ。

空港では残ったペソでオミヤゲ、バナナチップやラーメン他を買い、出発ゲートでタイマーをかけて眠ってスタンバイしていました。

五時二五分、セブパシフィックの飛行機に乗りました。

航空運賃が安いので機内の食事は有料でした。吉野家の牛丼が千円で、ビールを頼んだら千円で、お釣りがまたペソで戻って来ちゃった。これじゃなかなか縁が切れないねえ〜。

成田に一〇時三五分に無事ついてほっとしました。

今回の旅はいろんなことがありました。

大きな収穫もあり、その倍の痛みも味わいました。

来年の行動一〇項目の一つに私小説を書く予定で小説の舞台は、フィリピンと日本です。

この作品を公募に出して批評を待ちたいと思います。

二〇一四年一二月　個人海外旅行 №28《タイ・パタヤ》

◎旅の思い出　一二月四日（木）
自宅をＰＭ七時二五分に出かけました。

出発場所が羽田なのでもうそれだけで気分が軽いです。行きだけに二時間もあれば楽勝です。

羽田空港に着いたらクリスマスのイルミネーションがとても綺麗でした。

早めにチェックインしてスタンバイし持参した詰め将棋の本をずっと時間までお勉強していました。

今回の旅行は、一一月のフィリピン旅行が最悪でしたので、ゲン直しみたいなものです。

真夜中の二三時五五分にやっと機内に入りました。

席は、ビジネスクラスの壁の一番前なので前の席の人からリクライニングを倒されないので最高の席ですわ。残念ながら、帰りの席も同じような席をリクエストしたのですがダメでした。帰りのチェックイン時に再リクエストしようっと。

◎旅の思い出　一二月五日（金）

早朝、いや真夜中の二四時二五分に羽田を出発して、現地時間五時四五分着予定が五時二〇分にバンコクに無事に到着しました。

一六度の日本から、いきなり三二度のバンコクなのでめちゃくちゃに暑いです。

トイレに寄って、荷物を待ったがなかなか出て来ずイライラ。やっと出てきて出口に出たら、めちゃ痩せたおじさんスタッフがいてくれて、まずはホッとしました。

今回も一人きりで直ぐに車に乗って二時間弱離れたパタヤまで。

今日はタイ国のプミポン王の誕生日だって、知らなかった〜。今年二度目なので流れる風景もまだしっかりと覚えていました。

八時頃にサンシティーホテルに到着したが、チェックインは一二時頃だって、オイオイ！　なんとか直ぐに部屋に入れてやっと落ち着きましたよ。

八時半に持参した日清の小カップ麵を頂き、まずは腹ごしらえです。

前回泊まったホテルはバスタブ付だったが今回は満室で取れず、ここのホテルにしました。本音、シャワーだけじゃ疲れが取れないね。

四〇分にシャワーを浴びて髭剃りをして、ピーナツをおつまみにして朝から日本酒を飲んで、まさに小原庄助さんみたいでしょう。

AM一〇時に外出、両替屋さんが至る所にあるので、まずは率の良いお店を探しながら近くのマーケットを覗きに出かけました。

とにかく人が多くて歩道の道がデコボコで超危なくて注意していないとコケそうです。

市場で果物をゲットして来ました。りんご二個、カキ二個、ミカン四個、ナシ二個で、一三〇バーツと安いです。

マックに寄ってランチです。サムライバーガーを頼んで店内で頂きました。

一番率の良かった両替店で両替です。二万円で五五〇〇バーツでした。先月手持ちのドルを全部使ってしまったので今回は日本円の両替で円安を実感しました。やっぱりアベノミクスは大失敗でしょう。

帰りにセブンイレブンにも寄って、ビールもゲットして来ました。

午後一時にホテルに戻り、お洗濯とシャワーです。

PM三時に、現地のカップラーメンを食べたら超辛くて咳き込んじゃった〜。

その後、遅い昼寝をして四時から詰め将棋をしてお勉強です。

六時半に、さあ二度目の散策ですわ。

ジープニーに乗り二号線を北上する途中のサバイ付近で下車し、マッサージ店を三軒ほど見学しながら南の方へ、いろんなお店を覗きながら、お散歩してから以前習った英語教室へＩＮ。今晩の先生は二四歳のジェーン先生です。

一時間勉強してからまたジープニーに乗り、ビーチロードを走ってウォーキングストリートで下車し、またお散歩です。

物凄い観光客が集まっていました。中国人をはじめ、インド人、アラブ人、ロシア人と様々でラッシュアワーみたいです。

お店の強引な客引きＧＯＧＯバーに入店したら、めちゃくちゃ混んでいて座れず残念です。めちゃ疲れたのでホテルに戻ることにしました。帰りにファミリーマートに寄ってブロッコリー入りのご飯をチンしてもらい、一一時にホテルに戻り、一〇〇九号室の部屋でビールと一緒に頂きました。

いやあ〜快い疲れがドバーっと、シャワーを浴び真夜中の一時にベッドインしました。

今日は最高でしたよ。

◎旅の思い出　一二月六日（土）
六時に起床し紅茶を飲み、ＴＶでファッション専門チャンネルを見て過ごしていました。

七時半にホテル地下一階のレストランへ行き、遅いブレックファーストですわ。メインはチャーハン、パスタ、野菜炒め、お粥、目玉焼き、ソーセージと品種は少なめで、果物はスイカ、パイン、プチトマト、野菜はレタス、きゅうり、タマネギのスライスなどでパンが三種類、飲み物はコーヒーと紅茶とジュース三種類位でした。一番美味しかったのはお粥でした。ただ、全てのプレートの火力が殆んど消えかけていて最悪でした。

七時五〇分に部屋に戻り、詰め将棋をして九時から朝寝、一〇時にまた詰め将棋をして、一一時にプールで一泳ぎ、プールは深くて足が立たないほどで幅が八メートル、長さが一六メートル位でまあまあ遊べます。

ランチは昨日セブンイレブンで購入してきたパン二個とコーヒーで頂きました。

BBCニュースを見るとフィリピンを襲った台風Hagupitのニュースを流していました。

インプラントの歯が少し動いているのでめちゃ気になる。

夕方六時まで詰め将棋をやって、一六〇問中七六問までお勉強です。

六時半に外へ、まずは両替です。一万円で二七一〇バーツでした。

今日の英会話の先生は二五歳のユイ先生でなかなかの美人でした。チップをもっと頂戴とねだられて、写真を撮るのを忘れちゃった～。

一時間お勉強してまた海岸通りを通っていたらヒルトンホテルのクリスマスツリーがめちゃ綺麗で写真を撮ろうとしたらあらあら残念、車が通り過ぎちゃった～。

次のマックのお店もクリスマスのイルミネーションがめちゃ綺麗だったので写しておきました。今日もウォーキングストリートを散策です。

画廊が一軒あって、気になる絵を一枚発見しました。

昨晩も見て気になっていたので、とりあえず値段を聞いてみました。値段交渉をトライしたがなかなか応じてくれず、しょうがないのでお店の言う値段で購入することにしました。前回ここ

二〇一四年一二月　個人海外旅行 No.28
《タイ・パタヤ》

に来たときに別のペインターに絵を一枚描いてもらったことを思い出しましたよ。前回は僕のポートレートで油絵でしたが、今回購入した女優さんの絵はパステル画でこれもなかなか良いものです。

実は僕もアクリル画に挑戦しているのですが、クロッキー段階までは自信があるのですがいざ色を塗ると途端にイマイチの作品になるのです。だから今回パステル画一枚を購入してそれを参考にして同じパステルで描いてみたいのです。今日はお金を支払い、気に入った額縁を購入し交換してもらい、明日の夜に受け取る約束です。

ホテルに戻る途中、露天でパイプを購入。実は僕、ストレスで鼻を啜る癖があっていつも他人から風邪をひいているの？　と良く聞かれます。だから口にパイプを噛んでいるとその癖も大分軽減されると思い購入して来ました。

今晩もセブンイレブンに寄ってタイのお弁当をチンしてもらい、ホテルの部屋に戻ってビールと一緒に頂きました。めちゃ、辛くてタイでの長期ステイは無理ですわ。と言って毎回お粥だけじゃねえ〜。

今日は大好きな絵をゲット出来て満足、満足です。

一一時にベッドインしました。

◎旅の思い出　一二月七日（日）

朝五時に起床し、紅茶を飲みながら詰め将棋をして、珍しくグラノーアをミルクに浸して頂きました。バンコクはいま三三度。

七時四〇分にレストランへ、火を止めているので温かくないので料理の味もイマイチでした。信じられないレストランのサービスです。

相変わらずTVのニュースは、フィリピンの台風で、去年の台風の教訓のお陰で今回は百万人が早めに近くの体育館などに逃げ出したので死亡者は僅か二一名でした。

九時半から一〇時半まで朝寝、その後は詰め将棋をして過ごし、一二時にパン二個とコーヒーでのランチでした。

一時五〇分から二時二〇分までプールで一泳ぎし、それからずっと六時近くまで詰め将棋をしていました。

PM六時四五分に外へ、今日の英語の先生はカンヤさんでした。

一時間後にまたウォーキングストリートでお散歩です。

額縁に入れた絵を貰いホテルまで。途中でセブンイレブンに寄ってお買い物、ディナーはラーメンで、一一時にベッドインしました。

三日連荘《れんちゃん》の英会話でめちゃ疲れました。

明日はホテルでじっとして過ごすつもりです。

◎旅の思い出　一二月八日（月）
一二月八日と言えば、今から七三年前に我が日本軍がハワイを奇襲して日米戦争が始まった日です。軍部の知識層や国際派の文民などは、アメリカに勝てないと知っていながら軍部の勢いに押されて渋々承知してしまいました。四年後の壊滅的な被害も予想されたのにもかかわらず、戦争に踏み切った罪は軍部同様に重いです。戦争反対と勇気を持って反対したメンバーは当時、憲兵にしょっ引かれ、留置場で殴る蹴るの乱暴をされて殺されてしまいました。当時の日本社会は、今の中国や北朝鮮と同じ状態だったのです。戦争反対を唱えるのは、それこそ自殺行為だったのです。変な動きを見せるだけで周囲の人から非国民と言われる始末でした。軍部が力を得ると碌なことにならないのです。政治も一党だけが力を持つと最悪なのです。

あのマララさんも、百年前に起きた第一次世界大戦の教訓を人間は活かしていないと言っています。本当に私もそう思いますよ。

その後三〇年弱で第二次世界大戦があり、今でもアラブ諸国周辺、アフリカ内部、ロシアとウクライナなどなど紛争が絶えません。

今朝は三時五〇分に起床して、前述のことを一人、ホテルの一室で考えていました。

流石に五、六、七日と三日三連荘で遊んだせいかエネルギーが枯渇しちゃった～。

そう言えば昨日のカンヤ先生、僕が着ているトライアスロンのシャツを見て、貴方はストロングマンだねとお褒めの言葉を頂戴したが、流石に今日は大人しくホテルの一室で詰め将棋の勉強をするつもりです。

食事が温かくないのはレストランに行くのが遅い為かもと思って、今朝は、六時半レストランが開いたと同時に行きました。あらあら今日も料理が冷たいのです。信じられません。怒りがふつふつと……。

食後、八時半から九時一五分まで一眠りしていました。

一二時にパンと、コーヒーでランチです。

持参した将棋の本も一応終了して、ＰＭ一時にホテルのプールで一泳ぎしていたらドヤドヤとインド人がプールに入って来て気がつきました。異様に臭いのです。彼らの体臭が普段風呂に入っていないのかワキガか、最悪で呼吸が出来ません。とうとう我慢が出来ず三〇分で退散しました。

再度、詰め将棋の本を最初からやり直しです。

ＰＭ五時にタイ・ニッシンのシーフード・カップラーメンを頂きました。案の定これもスパイスが効き過ぎて僕には辛過ぎです。

一日何もしないでいたが流石に六時四〇分、やっぱり少しだけでもお散歩しようとウォーキングストリートへ繰り出しました。

二軒ほどお店でショーダンスを見てドリンクはシンハービールで充分楽しみました。

僕はこの地で流れるＧＯＧＯダンスミュージックが大好きでＣＤを探したが何処にも売っていなかった。

次回来た時に再度ＣＤを探して見ますわ。

今晩も充分楽しんだのでホテルに戻ることに。

セブンイレブンに寄って、めちゃ美味しいタイ米のお粥をチンしてもらいホテルの部屋で頂きました。

その後、日本酒を飲み一一時三〇分にベッドインしました。

今日も命の洗濯が出来て最高に幸せです。

二〇一四年一二月　個人海外旅行№28
《タイ・パタヤ》

◎旅の思い出　一二月九日（火）

今朝は四時に起床しました。

六時半にレストランへ。実は昨日の晩にフロントへ厳重にクレームをつけました。その結果お粥も熱くて美味しかった。やっぱりもっと早めにクレームをつけるべきだった。反省です。

でも六時半に中国人のグループと一緒になって、僕は目玉焼きが出来るのを五分も前から待っているのに、僕の前に割り込んで来てそれ頂戴とレストランのスタッフに頼み、出来上がった目玉焼きを持って行っちゃった〜。信じられます？　その後に中国人がどやどやと数人が私の周りを囲み次々と持って行っちゃった〜。本当に中国人はマナー最低の国民です。もう人間じゃない、お猿さんみたいですわ。いやいやお猿さんの方がまだマシかも？

ＴＶではフィリピンの台風被害は僅かに死亡者が二三名と去年の巨大台風の教訓が生きたみたいです。

またインドでは、タクシードラバーがお客さんをレイプして殺害しました。どこの国でもタクシードライバーは最悪ですね。何故、どこの国の政府も強力に取り締まらないのか理解に苦しみます。僕は海外旅行が大好きだが、一番の悩みは、悪徳タクシードライバーが何処の国でも大勢いることなのです。ワルを取り締まる警察までワルがいっぱいでどうしようもありません。それもこれも、国の政治家の責任だよね。

早朝からアラブ人だかインド人だか知らないが他の部屋のドアをバンバン叩いてぎゃあぎゃあ言って五月蝿《うるさ》いったらありゃしない。全く人の迷惑も考えない輩で最悪ですわ。

七時半にビオフェルミンを念の為に服用しときました。

八時から九時半まで朝寝です。

一〇時になったので外へ。前回、絵を描いてもらった絵の先生のお店までお散歩です。外は三四度とめちゃ暑いです。暫し絵の先生とお喋りしてから海岸通りを歩いてホテルに戻りました。二時間の散歩でも汗がびっしょりです。

部屋でお洗濯、髭剃り、シャワーを浴びてさっぱりしました。

ここパタヤはマッサージ店、両替店、レストラン、屋台、タトゥー店、バイクレンタル、タクシー、バイクタクシー、雑貨店、オミヤゲ屋さん、ツアー案内、ホテル、GOGOバー、酒場などなど街全部が歓楽街です。街の看板に「グッド ガイ ゴー ツー ヘブン、バッド ガイ ゴー ツー パタヤ」だって、笑えます。

TVで一人乗りのヘリコプターが開発されたニュースを流していました。ちなみに開発した会社は、ニュージランドのジェット・パック・インベンターです。日本に帰ったら調べてみようっと。

六時四〇分、今日はタイ最後の夜なので外へ。今日の先生はDADA先生、二八歳で珍しくタトゥーをしていない。聞いてみたらタトゥーは大嫌いだって、僕と同じだ。タトゥーはめちゃ気になるが彫る気は全く無いです。若い女の子はファッションで簡単に彫っているけど、彫った場所は鮫肌になってしまいます。

一〇時半にはホテルに戻って、またセブンイレブンで購入したお粥を頂きました。

いやあ～今回の旅は、一一月にフィリピンで受けた痛手を癒す旅になって、殆んど癒されて元気になりました。旅の痛手は旅で、解消しなくちゃねえ～。

ＰＭ一一時半にベッドインしたが、我々の一階フロアーでアラブ人かインド人かわからないが、今度は男と女が大喧嘩を始めて最悪で眠れずに、超、超、超、最悪でしたよ！

◎旅の思い出　一二月一〇日（水）

いやあ～昨晩は参りましたよ、一階フロアーでアラブ人かインド人かは知らないが真夜中に延々と三時間も大喧嘩していて、お陰で一睡も出来ませんでした。もう最悪でした。

三時に起きちゃいました。

なんか目がおかしいのです。またまた視野が欠けちゃってダブルで最悪。

インプラントも取れそうなのでトリプルで最悪でした。

三時半になっても目が回復せず治るのに四時半までかかっちゃった～。

気分は悪いし今日が最後なので日本酒を飲み、果物も……。そのうちに眠くなって六時二〇分まで寝ていました。

六時半に朝食、八時にドーナツを食べながら日本酒を頂いていました。

ランチはカップ麺と果物で頂きました。

パッキングも朝早くからやってやっと終了しました。

一二時にチェックアウトを一時間延ばしてもらいロビーで延々と旅行会社のスタッフが迎えに来るまで待っていました。

長椅子に座っていたら痒くなってダニかしら、椅子をシングルに変えて待っていたら中年の小母様が僕の横の長椅子に座り、日本人ですか？　と質問されて、お話をしていました。彼女は旅行代理店のスタッフで、タイのいろんな事情を教えてくれました。彼女のタトゥーは、あのアンジェリーナ・ジョリーさんと同じタトゥーだと自慢していました。ファッションで彫っているのではなく宗教の為だって、背中の一部も見せてくれました。

僕、コレステロールが高いと言ったら、ココナッツミルクにオリーブオイルを垂らしレモンを少し垂らして飲んだら一週間もせずに直ぐに下るから試して見てと勧められました。日本に帰ったら試してみようっと。

旅行会社のスタッフが、六時の約束だったのに四時半に現れて、直ぐ車に乗り込んでバンコク国際空港へ。

帰りしなに小母様がフェイスブックとメールアドレスまで教えてくれちゃって、気に入られてどうしましょう。彼女はスレンダーじゃないのでパスします。

空港で窓口が開くまで待機していました。

カウンターで席を取ってスタンバイ、最後のお買い物を、オミヤゲはお米の胡麻入りクラッカーをゲットしときました。

二二時二五分に飛行機に乗り、五五分にテイクオフです。

明日の六時四〇分に羽田に着く予定です。

今日も考えてみたら一日、詰め将棋を延々と解いていました。

楽しかった旅も今日でお終いだと思うと、少し残念です。

2014 年 12 月　タイ・バンコクの空港で

◎旅の思い出　一二月一一日（木）

今朝の六時二分、無事にバンコクから羽田に到着しました。

飛行機の中では、行きの飛行機で全部見ることができなかった『最後の忠臣蔵』を見て、次に『百歳の華麗なる冒険』も見ていたが、昨日までの疲れで途中から眠ってしまい一時間経過しました。途中から見出したのですが、またまた映画の途中で羽田に着陸して残念でした。久しぶりに滅茶苦茶に笑った映画だったので、皆様もチャンスがあれば是非お勧めです。

映画に夢中だったのでドスンと着陸して超びっくりしましたよ。

僕のスーツケースは最後の方で、やっと出て来たのでホッとしました。

税関を無事に通り過ぎて京急の金沢文庫行きの電車に乗ったが超、超、眠くて横浜駅を通り過ぎてから気がつき、ヤバイです。上大岡から特急に乗って引き返し、東海道線に乗り換えて九時一五分に無事自宅に到着しました。

直ぐにお風呂へ、今朝の体重は六六・八キロで体脂肪は二〇・六％でした。

現地は毎日三四度近くもあって、余計な水分が奪い取られた結果かもね？

二〇一五年二月　個人海外旅行No.29《タイ・チェンマイ、ラオス》

◎旅の思い出　二月一日
真夜中の一時半に目覚め、二時に起床、三時にお風呂へ、今朝の体重は六六・八キロで体脂肪は二六・五％でした。

四時一〇分に自宅を出発、一番電車に乗り大船駅から成田エクスプレスで第二ターミナルまで。七時一〇分集合だったが、七時一五分に着き、すぐキャセイ・パシフィックのエコノミーの列に並びました。

早朝だって言うのにめちゃ長い列、希望していたアイルシートが取れずにがっくりです。席は49A席、お陰様で富士山が見えて、暫く後にふと外の下を覗いたらちょうど九州、鹿児島県の桜島が煙を出していて、それを見られただけでもラッキーでしたよ。

ドリンクタイムにビールを飲み、朝食は中国の飲茶セットで美味しかった。お陰でビールを二本も飲んじゃった。

暫くしてC席の人がトイレに立ったのでついでに僕も……。

二〇一五年二月　個人海外旅行No.29
《タイ・チェンマイ、ラオス》

五時間かけて到着し、ここ香港で乗り換えです。

機内では『蜩ノ記』の映画を見ていました。

珍しくもトイレに一回行ったきりで、結構な長時間を我慢が出来てマルでした。

次の便は、三時一〇分発が三〇分も遅れての出発です。

タイのチェンマイに四時間かけて一七時四〇分に到着、スムースなランディングにほっ！

小さな空港で税関の担当者は外国人の列に僅か四名で、物凄い長蛇の列で外に出るだけで一時間以上もかかっちゃった。

一八時四〇分に外へ出たら現地のスタッフが僕のネームプレートを掲げていたのですぐに合流出来てほっ！　聞いてみたら僕一人だって。出かける前に日本旅行の人に聞いたら、三名と言っていたが後の二名はどこに消えたのでしょうか？

空港から市内を通り過ぎ郊外へ、え？　一番賑やかな場所から結構離れていてヤバイです。

七時一〇分頃にホテルに到着。荷物を部屋に入れ、すぐにマヤショッピングモールへ、ここで二万円を両替です。五四二〇バーツでした。

ホテルに帰る途中ビールとお粥を購入し、八時一〇分にホテルに到着し、直ぐにお風呂へ、バスタブがあって嬉しい。

八時四〇分に夕食、お粥、ヤキソバ、ビールと日本酒で頂きました。

その後めちゃ疲れていたのでＴＶを見ながら一〇時三〇分ころ眠りに、お休みなさい……。

◎旅の思い出　二月二日

昨晩は本来なら夜の街に繰り出したかったが、なにしろ遅くホテルに着いたし、晩飯も遅く食べたし、滅茶苦茶に疲れていたので、今晩は泣く泣く遠出は諦めて、近くのショッピングモールと、セブンイレブンで終わりにしました。

今朝は早朝の三時半に起床しました。

早速持参した『ロックフェラー回顧録』上巻を読む、結構面白いです。

ホテルのバスルームは雑な作りでタイルが所々欠けていて、足を少しだけ切った。ヤバイです。欠けた場所にホテルのタオルを敷いて怪我防止ですわ。このまま放置しているホテルのやり方が全く理解出来ないです。

六時に朝食、あんまり熱くなくて不満です。目玉焼きも六時頃には用意されておらず、これもプチ不満です。美味しかったのはスイカとパインとプチトマトだけでした。いやあ〜、タイの辛さと香りにはまだ慣れないです。

持参したｉＰａｄでネットに繋げようとしたがあえなく失敗、ホテルのフリーゾーンなのに何がいけないのかしら？

七時からまた読書です。

八時五〇分にホテルを出発し、旧市内の城壁へ向かいました。

城壁のファリンコーナーを通りチャンプアック門まで、徒歩でジャスト一時間、門から市内の中心へ入って行きました。

三人の王様像を見てから、一三九一年に建立された美しい木造建築のペンタオを見学していたら、左の奥に大きな岩の先が見える。あれは何だ？　と、お隣のワットチェディルアンに入って行った。金ぴかの寺院の奥を歩いて行ったらなんと高さが八〇メートル、一辺が六〇メートルの超素晴らしい仏塔があり、タイのピラミッドと呼んで相応しい建造物でした。これも一三九一年に建立され、チェンマイでは一番大きな仏塔で、これを見られただけで今回のチェンマイ旅行はハナマルです。

一〇時半に寺院の入り口のトイレに寄って、途中で一万円を両替、二七四〇バーツでした。ターペー門を通りワットナファワンに。

一一時にピン・リバーのナワラット橋を渡り、二軒の高級マッサージスパの場所を確認して大通りに出て、一一時五〇分にトゥクトゥクに乗りホテルまで、一五〇バーツでした。

一二時三〇分にホテルのロビーのトラベルデスクで明日のオプショナルツアーを予約、行き先はチェンライ、首長カレン族村、ミャンマー、ラオス、タイの交わったゴールデントライアングルまでの一日ツアーで一四〇〇バーツでした。ラオスに入国するのでパスポートを持参するように言われました。

その後バスタブに入って午前中の疲れを取り、一時に持参したカップ麺を頂きました。

午後からまた読書三昧でした。

途中二時半からルームクリーニングです。チップは二〇バーツでした。

二時四五分から日本酒を飲みながらつまみはグラノーラを頂く。

三時一五分にＴＶをつけたら、昨晩から延々と、イスラム国に囚われた後藤さんが処刑されたニュースを流していました。やっぱり日本政府は日本人一人の人質を助けることが出来なかったのですねえ〜。

五時まで遅い昼寝を。

五時半にまた市内へ。ホテルを出発、トゥクトゥクで一五〇バーツ。

六時半に高級マッサージスパにインしました。

一時間、タイマッサージを受けて最高でした。

帰りはタクシーでホテルそばのセブンイレブンへ二〇〇バーツでした。

八時一〇分に部屋の中で夕食です。パンと牛乳、テリヤキチキン・ライスをビールとお酒で頂きました。

快い疲れで今日は本当にチェンマイに来て良かったと実感しました。

◎旅の思い出　二月三日
真夜中の一時一五分に起床です。

六時に朝食、食べ過ぎなのか七時にお腹が緩くなってストッパとビオフェルミン下痢止めを服用しておきました。

七時半に予定した手配の車がなかなか来ず、その時間を利用して明日のオプショナルツアー、ワット・プラ・タート・ドイ・ステープ半日観光を五百バーツで申し込む。

八時にやっと車が来て乗り込む。今日の参加者は、イタリア人、タイ人、台湾人、マレーシア人、中国人と日本人でした。

一〇時一五分頃にホット・スプリングス（温泉）に到着、タイにも温泉があるだなんて知りませんでした。間欠泉が二つ温泉を噴出していました。

ちなみにトイレは五バーツでしたよ。

一〇時半に出発。

お次はホワイト・テンプルでした。地獄を再現したのか生首、池から多数の手が出ていて気持ちが悪いですわ。異様な建物の白さにびっくりですわ！

一一時四〇分に両替、三〇〇〇円で八一二バーツでした。

一二時半にロングネック首長カレン族の村へ、綺麗な少女も何人かいて写真を撮らせてもらいました。村では沢山の人たちが機織《はた》りをして、自分たちが織った布を販売していました。

一時一五分ころ遅いランチです。レストランでヴァイキングでした。相変わらず食べられるものが無いです。果物とパンだけです。スパイシーなものを体内に入れると、またお腹の調子が悪くなるのでねえ〜。

レストランにいたネコちゃんがめちゃ可愛くて何枚も写真を撮ってきました。

二時に出発し、ゴールデントライアングルでパスポートを渡し、ボートに乗り込む。

タイ側には金色に輝く仏像が、メコン川を上って左側のミャンマー側にはカジノホテルが見える。

今回はミャンマーには入れず右側のラオスに上陸です。ラオスの方にも巨大なカジノホテルが見えました。いよいよラオスに上陸です。

これで訪問国七一ヵ所、七九地域、六〇回目の旅が達成出来てめちゃ嬉しいです。

ラオスでコインを両替しようとしたら無くて、紙幣を一〇〇バーツで購入し、その他三ヵ国のマグネットも購入し、ラオスに三〇バーツの寄付まで……。

四時過ぎにまたボートでタイに戻る。

途中にメーサイに寄ってお買い物、中国から輸入したくるみが売っていたので思わず購入、一〇〇バーツでした。

五時四五分に出発、七時と八時にガソリンスタンドでトイレ休憩し、八時ホテル着の予定が九時四〇分にやっと到着しました。

滅茶疲れたので、お風呂に入り、持参したヤキソバにビールと日本酒で頂きました。めちゃ美味しい。

一〇時三〇分に帳簿をつけて、枕銭チップを二〇バーツ置いてベッドイン。

今日もめちゃくちゃに疲れましたよ。

◎旅の思い出　二月四日
早朝の四時半に起きてすぐに読書です。

六時に朝食、今朝もお粥と目玉焼き二個と果物とレタス、ミニトマト位にしときました。

六時半に一五バーツ支払い一五分だけＷｉＦｉを、やっと繋がってほっとしました。折角ｉＰａｄを持参したのに使えず持ち帰るのは悔しいからね。

また部屋に戻り本を読んでいたら、八時四五分にけたたましく電話が鳴ってびっくり。電話に出たら九時予定のワットプラ・タート・ドイ・ステープ行きの車が来たとの連絡でした。オイオイ早過ぎるだろう……。でも体調も良かったので直ぐに着替えて車に乗り込みました。

2015年2月　ラオスにて

今日の同乗者はマレーシア、ペナンのご夫婦、韓国人の四人グループ、カナダ人、タイ人他、計一三名でした。

ワット・ドイ・ステープは山道を延々と登る。フラワーガーデン前で皆が降りて見学するらしい。

僕だけモン族の村まで更に山道を進む。一五分ほど経過して、やっとモン族の村に到着。

三〇分お一人でどうぞと言われ、早速に村内を散策する。お店はみんな似たり寄ったりで、モン族衣装のお姉さんがいたので、一緒に写真を一枚記念に写させてもらいました。

一〇時一五分にまたみんながガーデン前で集合し、三〇分後にドイ・ステープ博物館の前に到着。

ここで全員が降りて急な階段を登り、ワットまで説明を聞きながらひたすら登る。やっと金ぴかのお寺が見えてきました。仏塔の周りを祈りながら一周しました。エメラルドで作った仏像もあって一見の価値ありです。

一二時に下の博物館の前に集合して、また三〇分かけてホテルに戻りました。

一二時三〇分、ランチはパンと持参した紅茶で頂きました。

三時に外へ行く予定を一時間繰り上げて二時に町へ。トゥクトゥクに乗ってナイトバザール付近までGO。銀行で二〇〇〇円両替、五四〇バーツ。三時まで散歩して近くの寺院でビールを飲みながら一時間ほど休憩。

四時にまたお散歩し、五時にマッサージスパへ、一時間揉んでもらいました。過去最高のマッサージで、癒されました〜。

マッサージスパを出て、歩きで市内の城壁内に入ったら、八日から始まるフラワー・フェスティバルの準備風景を見れました。電飾で飾られて滅茶苦茶綺麗でした。ふと自転車に乗っているおじさんを見たら、あらあら昨日一緒にゴールデントライアングルに、行ったイタリアのおじさんでした。

途中、道を聞きながらマヤショッピングセンター前を通り、途中セブンイレブンに寄ってビールとチャーハンを購入し、ホテルの部屋で最後のディナーです。

九時一五分頃、快い疲れでベットインです。

お休みなさい……。

◎旅の思い出　二月五日
今朝は三時に起床しました。

三時三五分に朝食です。持参したタンメンを頂きました。またひたすら読書です。もう少しで上巻を読破しそうです。

八時にレストランで最後の朝食を、今朝もお粥と卵とサラダと果物とパンでした。

午後からホテルのプールで泳ぐ予定だったが、スイムパンツに着替えて九時二〇分に一階まで階段で降りて行く。このホテルは実はエレベーターが無くて我が部屋の一三一六号室までの上り下りがめちゃくちゃ疲れます。プールでは中国人の小学一年生位の男の子が犬掻きで泳いでいました。僕も一緒に、長さは多分二〇メートルくらいかな？　早朝からバカンス気分で泳げましたよ。中国人の子供を見ているとあまりにも雑な泳ぎ方をしているので、どうせ暇だし、少し手と足の動かし方を教えて僕の真似をしてごらんと言ったら、最初は犬掻きで二～三メートルしか泳げなかったが、暫く指導していたら八メートルほど泳げるようになった。さらにクロールと背泳ぎまで教えて、最後に平泳ぎで二〇メートル、端から端まで一緒に泳ごうと言ったら頑張って付いて来て、とうとう泳ぎ切った。彼は滅茶苦茶に喜んでいました。教えた僕も滅茶苦茶に嬉しいですわ。二〇メートル泳げたので、暫くプールの縁に掴まっていたが、またスタート地点まで帰ろうと指示したらびっくりです。とうとう再度泳ぎ切って、思わず拍手を。プール脇の両親もびっくりしていました。

彼と拙い中国語と英語のちゃんぽんで話したら、長春から来たのだって……良い汗をかきました。一人黙々と泳いでもつまらないし、今日は相棒がいただけでも良かったです。

プールから上がって一一時に早めのランチでカップヌードルを頂き、一二時にチェックアウトしました。

スーツケースとリュックサックをロビーに預け、一〇〇バーツ支払って、ホテルのロビーでiPad三昧でした。

時間があったのでトラベル企画案内のケンジーラさんとお喋りを……彼女の英語は結構聞き取り難く、かえって勉強になります。

夕方四時五〇分に現地案内人のアートさんが迎えに来てくれて、ケンジーラさんともお別れです。

ヘビー・トラフィックだったが四〇分後に空港に到着、ドラゴン航空窓口で香港までと成田まで、両方アイルシートを取れてほっとしました。かなり混んでいたが、やっと荷物検査を終了しほっ！

売店でソフトドリアンをオミヤゲに……。

香港行きのシートに座って待っていたらあらあら不思議、今朝プールで一緒に泳いだ子供に遭遇、お互いに目をあわせてびっくり！

七時四〇分、飛行機の中へ。香港までは、リクライニングを倒されないように前の席が空席の後部座席に移動出来てラッキーでした。

食事はナシゴレンでこれはインドネシアのチャーハンなので美味しかった〜。

香港に着いたら結構寒くてびっくりです。

真夜中一時五分に成田行きの飛行機で早朝の六時一五分に成田に到着しました。

成田は超寒くてびっくり、真夏の国から真冬の国へ。

今回の旅はめちゃくちゃ最高でしたよ。

今までの旅の中では、一番か二番目に相当しますわ。

今年もう一度訪れて英語でタイ語を習おうかな？　とも思いました。

◎旅の思い出　二月六日

ただいま帰りました。私にとって今回の海外旅行は記念すべき六〇回目の旅行で、今までの中でも一番か二番目くらいに楽しめた旅行でした。

今回の行き先はタイのチェンマイで、三〇度以上もあったチェンマイから香港を経由した時は寒く感じて、成田では超寒かった。

今朝六時五分に成田に無事到着して成田エクスプレスに乗ろうとしたら、次の出発時間が七時五〇分頃で、エクスプレスは諦めて六時五五分の快速で帰って来ました。架線が凍結して三〇分も遅れて戸塚に到着、ここで東海道線に乗り換えて一〇時三〇分に鴨宮駅に着き四〇分には自宅に到着です。

疲れたので途中居眠りをしながらグリーン車を利用してリッチな気分も味わえました。

帰宅して直ぐにお風呂へ。

気になる体重は六六・六キロで体脂肪は一八・二％でした。

今晩のディナーは、お鍋の予定です。

やっぱり日本食が最高ですね！

二〇一五年四月　個人海外旅行№30《タイ・バンコク》

◎旅の思い出　四月一〇日（金）
早朝？　いや真夜中の二時半に起きて来ちゃいました。

三時半に朝食、四時にお風呂に入り、五時半に自宅を出発。

五時四九分の電車で大船駅まで、そこで成田エクスプレスの切符を購入、窓口の女性がめちゃ手際よくてびっくり、聞いてみたらまだ一年のキャリアだって。

成田空港に九時前に到着、一一時三〇分にアジアアトランテックエアラインズで出発。

現地タイ、バンコクに一七時一〇分頃に到着。

HISのチャーター機で一五一名がぞろぞろ出口に集合。ロイヤルオーキッドホテルとモンティエンホテルに分散集合。モンティエンは、三名の現地案内ガイドが自分の担当客を各自で集めていたが、あまりの段取りの悪さで、超、超びっくりでした。一人目のガイドからも名前を呼ばれず、二人目もダメで、やっと三人目の終り頃に名前を呼ばれて超疲れましたよ。

現地ガイドも、参加人数が多過ぎてパニック状態でした。

中国人のお客が一人、なかなか見つからず、どんどんと時間が経過して最悪ですわ。

ガイドさんが中国人の一人を探したが見つからず会社に電話して、その後七時にやっとホテルに出発です。

移動のバスの中でいろいろ注意点を……。

現地の水は飲むな、スリや置き引きに気をつけて、八〇％のタクシーは悪だからメーターを使わないドライバーだったらすぐ降りてとか、ホテルの前のタクシーはほぼ悪だから道路まで出てタクシーを止めてメーターを使うか？　と聞いてから乗り込めとか、アドバイスがいっぱいでした。どこの国でもタクシードライバーは最悪ですよね。

ホテルに八時半にやっと到着、荷物を部屋に入れて、早速街に繰り出しました。

ホテルの傍はバンコクでも超繁華街の場所でパッポン通りとタニヤ通りを早速探検です。過去に二度も訪れたことがあるのですが、相変わらず観光客でごった返していました。

タニヤ通りで早速両替です。三軒目でようやく見つけた高率のお店では、二万円で五四四〇バーツでした。

もう遅いし超疲れていたので、セブンイレブンでビールを購入し、ケンタでチキンピースを食べてから、ホテルの傍のセブンイレブンにも寄ってエビ入りのお粥を購入して、ホテルで、お風呂上りに頂きました。

食後に日本酒も頂いて夜の二三時にベッドイン、今日はめちゃくちゃに疲れました〜。

栄養ドリンクを忘れてヤバイです。でもまあ良いや、二〇バーツのチップを隣のベッドに置いて、それではお休みなさい。ｚｚｚ。

◎旅の思い出　四月一一日（土）

早朝の四時に起床しコンセントを見たら三叉でヤバイ。持参した差込を見たら三叉のプラグが無い。ガビーン！　これじゃお茶も飲めないよう、とガックリ。

街に出たら電気屋さんを見つけてタイのプラグを買わなくちゃ。出かける前に差込の写真を撮り、再度部屋のプラグを外してみたら、あらあら、穴が三ヵ所でも二ヵ所を差し込んで使っていました。試しに今あるプラグを差し込んでみたら通電してラッキーでした。ほっ！

六時に朝食、目玉焼き二個、サニーサイドアップで、あとはハム、ポテト、ポーク、チキン、お寿司、お粥、果物はスイカとパインで美味しかった。タイのお粥とスイカが一番気に入りました。

朝風呂の後、九時にホテルを出発です。

過去二回バンコクに来ていたが、スカイトレインにはまだ乗ったことが無かったのでトライすることにしました。ホテルから一番近いサラデーン駅でワンデーパスを一三〇バーツで購入し、西の終点駅バンワーまで、途中サパーンタクシン駅からチャオプラヤー川を見て、越えて終点バンワーで引き返して北側の終点駅のナショナルスタジアム駅でまたサラデーン駅に戻って来ました。

モノレールでバンコクの一部を空からのお散歩みたいです。景色が良く見えて最高です。

サラデーン駅を降りてから地下鉄のシーロム駅を探す。なかなか見つからず外は超暑いです。気温は三八度だって、汗だくです。何人にも聞いてようやく見っけ！

シーロム駅でスリーデーパスを購入し北側のスティサン駅へGO、スティサン駅周辺を散策しファイクワーン駅までお散歩です。

ファイクワーン駅からまた地下鉄で南下しラマ九世駅で下車、またまた散策。

一二時も過ぎたのでランチはマックバリューイートコーナーで、おにぎりとビールを頂き暫し休憩、ランチ後にまたお散歩してからサムヤーン駅まで戻りホテルを目指したら超びっくり、

2015年4月　タイ・バンコクにて

ホテルにめちゃ近かった。サムヤーン駅近くのマンションが売られていて日本円で約二八〇〇万円でした。僕も若かったら買うのになあ〜と思いつつホテルに到着。

疲れたし暑いのでホテルのプールで一泳ぎ、三〇分位楽しんで部屋に戻り、ベッドの上で読書です。

文庫本『評伝・渡辺淳一』を昨日の移動中に全部読み終わってあと一冊しかないです。

昼寝したり、持参した味噌汁を飲んだりして過ごしていました。

ホテルはAクラスで部屋も広くゆったりしてバスタブがあるのが嬉しいです。シャワーだけだと疲れも取れないしねえ〜。

五時半にまたまた地下鉄に乗りスティサン駅へ。

英会話のお勉強をしながら、マッサージ店で一時間揉んでもらって疲れがようやく取れました。

ホテルに戻ったのが八時、九時まで読書してからTVをつけたらNHKが映っていました。電気をつけながら就寝です。

今日は快い疲れでタイに来られて最高です。

◎旅の思い出　四月一二日（日）

早朝の三時に起床して、持参したコーンスープを飲んで今日もスタートです。

六時に朝食を、今日も目玉焼きとお粥とお寿司一個、ハム一枚、果物のスイカと紅茶でフィニッシュしました。

九時四五分まで一眠りしてから、外へGO！

サラデーン駅からサパーン・タクシンまでモノレールで行き、チャオプラヤー川を北上するつもりです。

船乗り場に行って、あるおじさんに聞いてみると船賃が二時間二〇〇〇バーツで、一時間一〇〇〇バーツだって、めちゃ高いじゃないの？　ずんずん進んで行って切符売り場に到着すると、ブースではワンデーパスが一五〇バーツだって、安い！　危ない、危ない、汚いおじさんに騙されるところでしたよ。

大きな川で一時間、川を北上しながら暁の寺、中華街の入り口、有名な高級ホテルなどを見学しながら、帰りも一時間、充分に景色を楽しんで戻って来ました。いやあ気分は最高！　帰りにタニヤ通りで二度目の両替です。

ホテルに戻ってバスタブに浸かってからランチです。パンとソーセージと日本酒で頂きました。

食後は、ベッドの上で昼寝をしたり読書をしたりして過ごしていました。

夕方四時半にホテルを出発し、ベップリー駅に五時に到着したらいきなり強烈なスコールでした。カミナリはゴロゴロと、雨は土砂降りで、一時間経過しても止む気配なし。駅の階段にビニールを敷いて座りながら雨宿りしていました。六時三〇分にやっと雨が上がってほっとしました。駅前を散歩してからファイクワーン駅にまた地下鉄で移動です。

七時に近くの高級マッサージ店へインしました。昨日はオイルさんで、今日は二六歳のバーナンさん。技術は今日のバーナンさんの方がめちゃ上手かったのでチップを奮発！

八時四五分に身体も疲れが取れて、我がホテル近くのサンブーンシーフードレストランへ行ったら、今日はもうお終いだって……同じ店舗で別の場所のお店を紹介されて移動しました。

このお店は蟹が有名で、あの秋篠宮様とか小泉純一郎さんが訪れたお店だと言うので、僕も試しに空芯菜とごはんとシンハービールを注文したが、蟹とビールが出てからなかなかご飯が出てこない。クレームをつけるとやっとご飯が出てきたが、また再度お預け。またクレームをつけるとやっと空芯菜が来ました。蟹の親指が割れていなかったので歯で割ろうと齧った瞬間にボキっと犬歯が壊れちゃった。大泣きです。ヤバイです。最悪です。気分が悪いのでお勘定と言ったら、またまた待たされて怒り絶頂です。気分がめちゃ悪かったのでチップは勿論ナシでした。八五五バーツ支払って泣く泣くホテルへ戻りました。

やっぱり良いことの次は悪いことがあります。

これが人生だ、セラビー。

一一時にホテルに到着し、バスタブに入り一一時一〇分、お休みなさい。ｚｚｚ。

◎旅の思い出　四月一三日（月）

五時頃に起床し、六時に朝食です。今朝も目玉焼きと雑炊とスイカと紅茶だけでフィニッシュしました。

六時二五分からまた一眠り……。

その後、読書、バスタイム、髭剃りを終えて午前一〇時一五分に外へ、最初はホテルのそばの地下鉄サムヤーン駅からスクンビット駅まで行き駅周辺を散策です。

今日はタイのお正月初日で、ソンクラン水かけ祭りです。昨晩に購入した水鉄砲を持参してのお散歩です。注意していないと、あらゆる所から水をかけられます。タイの人たちはもちろん、海外の観光客からも強力で超巨大な水鉄砲で、酷いときはバケツで水をかけられます。特に駅の周辺や繁華街では強烈でしたよ。近くのソイカウボーイでは若い女性たちから水の洗礼を受けTシャツがびしょ濡れです。外の気温は三八度もあるので気持が良いです。でもジーパンが濡れるとなかなか、乾かないので冷たいです。

その後、ナナプラザを見学です。

ランチは昨日早仕舞いしたソンブーンの五号店へイン。昨日ここで食べていたら歯も欠けなかったのに、ここでは蟹はやめてエビにしました。春雨とエビと豚肉をシンハービールで頂きました。昨日の二号店とは真逆で、スタッフは親切でめちゃ良い感じで、料理も美味しくて最高でした。

帰りはタニヤ通りとパッポン通りと一番賑やかなシーロム通りを見学、シーロムの道路は満杯で水かけ合戦みたいでした。

一度ホテルに戻って休憩です。

四時にサムヤーン駅からペッブリー駅周辺からマッカリン駅周辺を見学してファイクワーン駅へ。

とあるマッサージ店に入ったらスタッフがほとんど居らず超びっくりです。今日はお正月だからどこでも混んでいるのだってさ。知らなかった〜。

昨日のお店に行って見たらスタッフがいてくれてラッキーでした。メャオウさん三一歳が揉んでくれて、話も弾み五時半から約一時間、気分良く過ごせました。

帰り道は、水鉄砲で水をかけかけホテルに戻りました。

ついでにホテルのショップで、綺麗な音が気に入ったキーホルダー付きの呼び鈴を自分用のオミヤゲに購入しときました。

これで三日間大いにバンコクを楽しみました。

ディナーは持参したヤキソバとビールで、タイ最後の晩餐ですわ。

九時にロビーに集合したら現地ガイドのブンチャンがいて、モンティエンからロイヤルオーキッドシェラトンホテルを経由して空港へGO。行きも帰りもアイルシートを四千円支払って確保していたので、前席のリクライニングにも悩まされることも無く壁の前席を確保出来ていたので快適でした。ホテルもレイトチェックアウトが六千円で出来たので、これもまたラッキーでした。

ちなみに今回の予算は五日間の旅行を、一三万円でめちゃ楽しめました。

二〇一五年六月　個人海外旅行No.31《タイ・バンコク》

◎旅の思い出　六月二五日（木）

午前三時五五分に自宅を出発です。

駅の前で、あれメガネを入れたかな？　と急に思い出し、道端でリュックを下ろして確認したが無くてヤバイです。自宅に取りに戻ろうと思ったが、一応スーツケースの中も見ようと開けたら赤いバッグの中にきちんと入っていてほっとしました。

四時三四分の一番電車で大船駅まで、ここで眠って乗り越すとおじゃんになるので気を張って注意をしながら数独をしていました。滅茶苦茶に難しくてイライラしていました。

無事に大船駅に到着、列車から降りてほっ！

五時二五分の成田エクスプレスで第二ターミナルまで。早速、文庫本『日本のいちばん長い日』を読んでいました。

七時一五分に到着、早速エアアジアのブースへ、チケットを貰いゲートまで。

九時一五分発の飛行機でドンムアン空港へＧＯ！　飛行機に乗っていたら急に眠気が、四時間もぐっすり眠れてラッキーでした。

食事はテリヤキチキンとお水だけ、超シンプル。まあＬＣＣだからしょうがないですわ。

食後、トイレに行った時に偶然トイレ近くの窓から下を見たらあらあら、今噂の南沙諸島が真下にくっきりと見えて超ラッキーでした。間違いないか、エアアジアの成田からバンコク迄の飛行ルートと時間の経過を計算すると、ぴったりで超嬉しいですわ。

六時間後、現地時間一時五〇分に到着です。

スワンナム空港と比較して超ローカルのドンムアン空港でびっくりでした。ここで間違いないだろうな？　とちと心配です。

直ぐにホテルへ直行です。

一〇名位のメンバーでした。カードを渡してデポジットを払って鍵を渡されカードが二枚でラッキーです。

直ぐにお風呂に入り疲れを取ってから、明日七時半に集合する、隣の駅のアソークまでチェックしに、早速ＢＴＳの切符を購入。

アソークに到着、その付近をぶらぶらしプロンポン駅に戻る途中で両替を、一〇〇ドルで三三六〇バーツでした。

デパートに寄り、一度ホテルに戻ってまたバスタブに入り、カップラーメンを頂き、暫し休憩をしながら読書タイムです。

五時ころＢＴＳでアソーク駅へ、地下鉄のスクンビット駅で三日間有効の切符を二三〇バーツで買い、お釣りの二七〇バーツを一緒に右ポケットへ。

電車の中は滅茶苦茶に混んでいてやっと乗れたが、どんどん押されて電車の中へ。僕の前には白人がいて、僕のジーパンのポケット付近に手が触れてヤバイなあと思いつつ左のポケットから財布が落ちそうでした。右のポケットにはカメラがあったので大丈夫だと思い、目的地の駅の改札口を出ようとしたら先ほど入れた切符とお釣りの紙幣が無い。おかしいな？　と全部のポケットをチェックしたが無くて、あっ、さっきのアイツが犯人だ……と思いました。僕が降りる前の駅でなぜか逃げるように電車から降りて行ったのを僕は見ていました。その時は掏《す》られたとは思わず、完全にやられちゃいました。めちゃ気分悪し！　駅員に知らせたが、四二バーツ支払いなさい、とけんもほろろでした。

めちゃ気分が悪かったので、マッサージでもしてもらってから帰ろうとEマッサージ店へ。

一時間ほど、グイファンさんに揉んでもらってやっと最悪気分から良い気分に回復しました。めちゃマッサージが巧かったので忘れずにチップを奮発して、これでマイナス・プラス・ゼロでした。万事塞翁が馬とはこのようなことを言うのですね。

駅で帰りに切符を買おうとしたら、シニアですか？　と聞かれ、そうです、と答えたら四二バーツが一三バーツでした。

帰りにセブンイレブンに寄ってビールとカツレツのお弁当とパンを購入してホテルへ戻りました。

ディナーはカツレツ弁当とビールで、お風呂あがりに頂きました。

今日は僕にとって、タイに於ける一番長い日でした。

◎旅の思い出　六月二六日（金）

昨晩は一〇時三〇分にベッドインしました。ヒルトンホテルの豪華な部屋に一人寂しく睡眠……。

翌朝四時に目覚め早速のコーヒータイムです。

二〇一五年六月　個人海外旅行 №.31
《タイ・バンコク》

六時にヴァイキングスタイルの朝食を定番のお粥とハム、チーズ、ソーセージ、ゆで卵、野菜、果物とお腹がいっぱいです。

六時五五分ホテルを出発、BTS（高架鉄道）で隣駅の集合場所まで、今日はエレファント・ビレッジへ、七時半に集合、四五分にバスで出発。

途中ココナッツファームに寄ってから九時四五分にビレッジに到着。

すぐに六百バーツ支払って切符を購入し、早速一人で象さんの背中の椅子に座ってジャングルの中へGO！

象使いのお兄さんが途中で写真を撮ってくれた。写真を撮ってから直ぐに象使いのお兄さんがバッグから象の牙で作ったアクセサリーを出して、買え買えと、僕はそんな趣味は無いからいらないと言うと今度は、それじゃチップを奮発して、と言うのでわかったと言って相場の倍を支払ってフィニッシュ。

一人で囲いの中にいる象さんを写真で撮ろうとしていたら、若い象さんが僕に興味を示して鼻が僕の鼻とぶつかりそうな位に接近して超びっくり。同じツアーの千葉県柏の大学生二人組と暫しお話を、彼女たちはめちゃ若くて高校生かと思いました。

一〇時三〇分にビレッジを出発して集合場所へ。

一二時三〇分に戻り、その足で、世界で一番大きいモーチット駅側のウイークエンド・マーケットへ。

ランチは持参したパンとお水で簡単に済ませ市場をぐるりとお散歩です。

明日の土曜日は滅茶苦茶に混むらしい。今日来て正解でした。

帰りはBTSなのでシニア特典はなく、四二バーツ支払ってホテルに戻り、バスタブに入って疲れを取り、持参したヤキソバとビールでお三時を。読書しながらお昼寝も、テレビもNHKが見られるので日本みたいです。

四時半にまた夜の街へGO！　以前に行ったマッサージP2店へ。途中迷って六時半にやっと見つけました。ふぅ！　今日はプパエさんでマッサージがめちゃ巧かった。

帰りにスーパーでオミヤゲを買いデパートに寄ったら、何か？　目がおかしい！　物がはっきり見えない。ガビーン！　また緑内障の症状だ。目を伏せて一五分ほど大人しくしていたら、あらあら不思議、元に戻ってラッキーでした。

気を取り直してお寿司を購入してホテルに戻り、遅いディナータイムでした。

今日も満足！

◎旅の思い出　六月二七日（土）

昨晩は一〇時三〇分にベッドインして、今朝は四時五五分に起きて来ました。

六時に朝食、定番のお粥とケールの炒め物、ソーセージとゆで卵とスイカと質素に、だって食べ過ぎるとすぐに調子を悪くするからねえ。

九時にホテルを出発し、プロンポン駅からアソーク駅に行き、そこから歩いてナナ駅、ブルンシットをお散歩です。

帰りもプロンポン駅まで、たっぷりと三時間のお散歩でした。

ホテルの傍で最後の両替を、一二時にホテルに到着。

2015年6月　タイ・バンコクで象に乗る

ランチはヤキソバとビールでした。読書をしながらお昼寝タイムで優雅なひと時を過ごしホテル二六階のプールへ、三〇分ほど泳いで気分良し！

スイムを終えてフィットネスルームで鍛えている人を見て、僕も少しだけ真似を……。一〇キロのバーベルを、右手で肩まで一気に上げて、なんだ、僕にも出来る、と。次は左手で試そうと思ったが流石に左手でいきなり一〇キロはヤバイと八キロでトライしたら結構いけていたので一〇キロにもトライ、簡単に成功しました。一二キロのバーベルもあったが、無理して肩を痛めても拙いので、そのまま一五〇五号室に戻りバスタブへ。

暫くベッドの上でまたまた読書タイムです。この調子で読んでいたら自宅に戻る前に読み終わりそうです。

五時になったので、また市内見物へ……。

プロンポン、アソーク、スクンビット、ス

ティサンと、今日は道を間違うことも無かった。

午前中に市内を歩き回ったので、今晩は最後のタイ古式マッサージのP店へ。

タングクワさんで約一時間揉んでもらいました。彼女は超美人で、マッサージも上手で全ての疲れが取れました〜。

帰りにシンハービールを購入、デパートでお寿司を購入し、最後の晩餐をホテルの部屋で一人寂しくTVを見ながらのディナーでした。

SUSHI龍というお店だったので日本人がマネージメントをしているのかなあ？　お寿司も滅茶苦茶に美味しく、ビールも美味しくて最高ですわ。

今日で三日目、お陰様で命の洗濯が出来ました。

明日の夜にはもう日本に帰ります。

◎旅の思い出　六月二八日（日）
今朝も六時にホテルのレストランでお粥、ゆで卵、お魚のフライ、スイカで簡単に済ませました。

九時にプロンポン駅からサパーンタクシン駅まで、前回も来たことがあるチャオプラヤー川のボートクルーズです。一五〇バーツで一日乗り放題です。

この企画はめちゃくちゃ人気があっていつも満席です。とにかくこの茶色い大きな川を見ると、タイだなあといつも感じます。僕は川から見る風景が大好きで、リバーシティ・ワットアルン（暁の寺）ワットポー（大きな黄金の涅槃仏）を遡ってロイヤルバージミュージアムに行こうと、N10番乗り場で降りた。

二〇一五年六月　個人海外旅行 №.31
《タイ・バンコク》

人気が無いのかボートから降りたのは僕を入れて三人だけ、外の気温は三七度近くあり肌がヒリヒリ焼けて痛い位でした。途中の市場まで訪ねながら歩いたがまだまだ遠い。あっさり諦めてまたボート乗り場へ引き返す。

運よく数分後に次のボートが来て乗り込む。バックパッカーの聖地のカオサン通り付近から折り返して、N3番のリバーシティーでまた降りて付近を見学。リバーシティー内の広場で軽いランチをとり、デパートに寄って空芯菜を購入してからまたホテルに戻り、バスタブに入り、たぬきそばを頂き最終パッキングを。

その後、暫く読書しながらお昼寝を……。

五時五〇分まで読書と居眠りを……。

六時に荷物を持ってロビーフロントでチェックアウトし、頼んであったアフタヌーンティーを頼んだらPM六時迄だって。五分過ぎているのでダメだって、おやおや、お役所みたい、でもさっきヤキソバとビールを飲んだのでまあいいや。

約二時間iPadでネットサーフィンして過ごし、八時二〇分に現地案内人が来て一緒に空港へ。

三〇分後に到着、さっそくカウンターに行ってアイルシートをゲット出来て嬉しいです。

空港内でゲート案内板をチェックしていたら、あるおじさんが一五番だよと教えてくれた。その気さくなおじさんと搭乗時間までの二時間、お話をしていました。彼のお陰で退屈せず過ごせましたよ。

一一時一五分に搭乗し、四五分にフライトしました。

中身の濃い四日間でした。

次回は七月に二六回目の家族海外旅行を予定しています。

◎旅の思い出　六月二九日（月）

昨晩八時二〇分に現地スタッフと一緒にドンムアン空港へ。

五〇分にはもう着き、エアアジアで一一時五〇分に出発、六時間後に成田に、現地時間で八時に無事に到着しました。

五三分の成田エクスプレスで横浜まで、東海道線に乗り換えて一一時半に自宅に着きました。

お風呂に入って計量したら六八・二キロで体脂肪は二〇・一％でした。

ランチはヤキソバとビールで、少し荷物を解いてからお昼寝です。三〇分ぐっすり眠れて疲れもほとんど解消されました。

溜まった朝ドラを四本見終わって、やっと我がブログ「定年バンザイ」の書き込みです。

今回の旅行もいきなり初日にヤバイことが起きて心底がっくり、めちゃ嫌になったが、世の中、万事塞翁が馬で良いこともありました。

二〇一五年七月　家族海外旅行 No.26《スリランカ》

◎旅の思い出　七月二七日（月）

早朝の三時半に起床し、直ぐにお風呂へ。今朝の体重は六八・六キロで体脂肪は二六・八％でした。

二〇一五年七月　家族海外旅行 №26
《スリランカ》

七時半に自宅を出て、大船駅九時一一分の成田エクスプレスに乗り一一時ころに到着。その後ランチをとり、一三時二〇分のスリランカ航空で直行、首都コロンボへ……。

飛行機の内部は窓側二席、真ん中四席、窓側二席の並びで、我々家族は真ん中の四席に座りスタンバイ、我々の前席にスリランカの二人組が座った瞬間、異様で強烈なワキガ臭があたりに漂って来て気分が悪くなり、全席、五席位前の空席に移動出来てほっ！

九時二〇分にシンデレラ、マダカスカル・ペンギン、ゲームでは数独をやって時間を潰し、時差三時間半戻して一九時一五分頃に到着。

キャリーバッグの車輪を見たら、引っ張る方の一輪が壊れていてガビーン！

もう最初からついていないです。涙がポロリ。

空港からバスの乗り場までキャリーバッグをゴトゴト引いて行ったが周りは暗くてびっくりです。

八時五〇分にネゴンボのペガサスリーフ・ホテルに一泊です。夕食は機内食だったのでシャワーを浴びて疲れを取って栄養ドリンクと日本酒を飲んで一〇時半にベッドインしました。

いやあ～滅茶苦茶に疲れました～。

◎旅の思い出　七月二八日（火）

ネゴンボのペガサスホテルの辺りは何も無くて超寂しい場所にありました。

昨晩は一〇時半にベッドインしました。

今朝は、いや真夜中の一時半に目覚めて直ぐに読書です。また眠って四時に起床、お湯を沸かしてティータイム、六時にモーニングコール、七時にキャリーバッグをドアの外へ出し一階のレストランへ。

八時にホテルを出発、アヌラーダブラへ、一七四キロを約五時間バスの移動です。

ここアヌラーダブラはスリランカ、いや、セイロンの最初の首都で、移動途中にランチです。

現地の添乗員さんは男性で五〇歳のミハーレさんでした。参加者は夫婦六組で一二名、女性の二人組、若い女性の二人組、一人参加の七三歳の男性一人と五〇代？の女性が一人、我々家族が四名で総計二二名のツアーでした。

ランチ後に、アヌラーダブラの市内観光です。

イスルムニア精舎、スリー・マハー菩提樹とルワンウエリ・サーヤ大塔を観光です。

ミハーレさんはメラニン色素不足の病気にかかっていて、特に手と足が白と黒の斑になっていてちょっと気になる。以前、アメリカ・ニューヨークに語学留学した時に喉が渇いて車でのアイスクリーム屋さんからアイスを購入した時、売り子の女性がミハーレさんと同じ病気で、うつるといけないと思って、購入したアイスを人知れずに捨てたことを思い出しました。

菩提樹はお釈迦様の定位置で、菩提樹の木から木の気が漂っているらしいです。ガンの患者や病気の人が菩提樹の木から木の気を身体に感じてガンが治った事例もあるのだって。

ルワンウエリ・サーヤ大塔はめちゃ高く大きくて圧倒されます。

ここスリランカはインドの南東に位置してインドの涙とも言われているそうです。

宗教はヒンズー教が大半かな？　と思いきや仏教の国でした。それも小乗仏教だって。

お猿さんが、あちこちにいて我々の眼を楽しませてくれます。僕は中年なのでお猿さんが大好きなのです。

観光を終えてシギリヤロックへ七二キロ、約一時間半のバス移動です。

夕方の六時にシギリヤロックの最高級ホテルであるシギリヤビレッジに到着です。ホテルまでの途中にシギリヤロックが見えて感動です。

今回の旅行の目的はこのシギリヤロックを見て登りたかったから決めたのです。

ホテルの部屋は二百室もあるロッジでした。

早速、蚊取りエアゾールを部屋に散布してデング熱の蚊を防止していました。デング熱は一番怖いからねえ〜。

疲れたので直ぐにシャワーを浴びて七時半にレストランへ、ディナーはみんな美味しくて最高でした。ドリンクのビールは六〇〇ルピーで約六〇〇円。コーラやスプライトはそれぞれ三〇〇スリランカルピーで三〇〇円でした。

ここスリランカのホテルにはバスタブが無くて殆んどシャワーのみで、これじゃ疲れが取れません。

晩飯後、一〇時半まで読書してから眠りに……。

◎旅の思い出　七月二九日（水）
真夜中の一時半に目覚め完全に時差ボケです。

三時に紅茶を沸かして頂きながら読書していました。

四時半にまた眠り、五時半に目覚ましで起きてシャワー、トイレへ、六時にホテルからモーニングコール、六時半に朝食です。

七時四五分にホテルを出発。世界遺産のシギリヤロックへGO。

ここでは七〇歳以上の人が頼むとサポーターが付いてくれる。僕は意地でも一人で登る為にサポーターは依頼せず、いざ出発です。てっぺんまで一二〇〇段くらいあるそうで、サポーターを頼んだ人は参加者の二名だけで、添乗員さんが間違えて三名を用意していました。

早速階段を登り始めたが坂が急でめちゃ疲れる。サポーターの一人が、急な上り坂で皆をサポートしていた。現地の添乗員さんが誰かサポートしてもらったらと言うので、じゃ僕がサポートしてもらいます、と宣言しておきました。サポーターは僕の左手の肘を支えて僕の身体を支えてくれるので、楽に安全に登ることが出来ました。

本当は妻の方がサポートを必要なのに次女が妻のサポートをして、運動が大嫌いな長女がめちゃ頑張って急な階段にも挑戦していました。僕は家族の中で先頭を切ってずんずん進む。自分で登るよりは数倍も身体が楽でした。やっぱり六〇代の体力は維持出来ず、階段の登りは滅茶苦茶にキツイです。

シギリヤロックの途中には金網で囲われた鉄の狭い階段があって下を覗くと足が竦みます。途中に鏡の塀があり、シギリヤレディーの壁画も見てきました。このシギリヤロックには王様と側室が五百名もいて、まさにスリランカの大奥でしたよ。

サポーターは僕のカメラを持ち散々写してくれました。

やっとの思いで頂上に到着し、ビデオを回して録画撮影をしていました。暫し頂上でお散歩です。王様の椅子の前には三面の舞台があり、沐浴する池があり、二百メートルの高い場所から四方を眺めると、それはそれは壮観です。風も心地よく、一瞬、王様になった気分を感じました。

今回スリランカに来て良かったと思える瞬間でした。

シギリヤロックの頂上は風が吹いていて心地良い。サポーターさんは僕のカメラを持ってあらゆる場所で写してくれ、そろそろ下山です。登りも怖かったが下りも結構怖いです。何故って？　石の階段の上には細かい砂が被っていて、足元が滅茶苦茶に滑るのです。僕は超、怖がりなので、必ず横のバーや岩石に手をかけて一歩一歩降りて来ました。

やっと平地まで来たらサポーターさんがチップをくれと言うのでOKと言い紙幣二枚、二〇〇ルピアを渡すと、僕は貧しく家族がいっぱいいるのでもっとくれと言う。もう貴方には先ほど我々の添乗員さんがチップも含めて支払っているじゃない……と言うと了解した、と握手を求めて来ました。

シギリヤロックの登山道には、スリランカ人のサポーターが無言で背中を押してくれて、最後に過大なチップを要求する悪徳なサポーターも沢山おりました。単なる好意じゃなくてチップ欲しさの行動なので、あらかじめ額を決めないとトラブルになるって……我が添乗員さんも、もう既にお金を支払っているのでまたチップを要求されても支払わないで下さいと言っていました。

シギリヤロックを降りたところに博物館があって、ここでは写真撮影が禁止だって。本物のシギリヤロックでは写真OKで、レプリカの博物館ではNOだなんて笑っちゃいます。

ちなみにこの博物館は日本の援助で建てられ、元総理のFさんの名前まで記されていました。

ここスリランカ・コロンボには日本の援助で建てられた豪華な国会議事堂や病院などがありました。病院は理解できるが何故国会議事堂や博物館まで？　援助をするならもっと、スリランカ国民の必要優先度を考えなくちゃねえ〜。

その後、六五キロ、二時間かけてポロンナルワへ。途中バティック店でろうけつ染めを見学したりランチをとったりして過ごす。

相変わらずレストランでの食事はカレー類は殆んどパスして、ドリンクはライオンビールと果物のスイカを、カレーのお肉も一切れか二切れでフィニッシュです。旅行中に食べ物でお腹を下すのが恐ろしいからなのです。予防の為、食事前にはビオフェルミンを服用していました。

午後に古都ポロンナルワ遺跡の観光です。

クエアドラングル、ランカティカラ、石のお寺のガルヴィハーラを見学、その後シギリヤロックへ戻りシギリヤビレッジに連泊です。

娘たちと若い女性二人組と一人参加の女性、五名がスリランカ名物のアーユルヴェーダオイルマッサージを経験する為に、途中バスを降りました。日本だったら三万円だが、ここでは一万円だって、一万円だって高いと思うが何事も経験だしね……。

ホテル到着後、妻とホテルを出てシギリヤロックの裏側のビューポイントまで歩いてビデオを撮ってきました。

夕方七時半からホテルの一階レストランで、シギリヤロックを眺めながらの食事でした。ここの食事だけは内容も豊富で超、超、美味かった。

足がまだガクガクして滅茶苦茶に疲れました。夜の九時にはもうベッドインです。

2015年7月　スリランカ・シギリヤロック前で家族と

◎旅の思い出　七月三〇日（木）

真夜中の二時に目覚め早速、読書です。宮尾登美子さんの『朱夏』下巻を読んでいます。四時頃にコーヒータイム、また読書三昧。六時半に朝食、八時にホテルを出発です。シギリヤロックから三〇キロのダンブッラへ、四五分バスで移動。ここも世界遺産の黄金寺院を一時間ほど見てから、その後、第三の首都、キャンディへ七二キロ、二時間半、途中でスパイスガーデンに寄りました。

ここでは脱毛クリーム、ハーバルバーム、赤いオイル、キングココナッツオイルなどを購入したら、なんと三品で二万円でした。脱毛クリームは植物の木々の説明を受けていた時に足の脛毛に塗られて、その後に赤いオイルでのマッサージで、足の毛が何の痛みも無くつるりと抜けていてお肌もすべすべで超びっくり。赤いオイルで首、肩を五分位マッサージしてもらったら、何故か身体がぽかぽかして来て効きそうでした。妻は最近、腕の筋肉やふくらはぎに痛みを感じていて、僕も右肩に痛みを感じて良く肩が回らないのでついつい衝動買いしちゃった。キングココナッツオイルは毛髪の成長を促進するのだって、ホンマかいな？　でも物は試しとこれも衝動買いしちゃいました。化学物質じゃなく自然の植物から抽出しているので一〇〇％副作用はないと言うので購入理由にもなりました。脱毛効果は、自分も体験したのでついつい信用しちゃった。ＰＯＴＥＮＴＳというバイアグラ効果があるレッドバナナ、レッドパイナップル、レッドココナッツ三種の強壮ドリンク剤も勧められたが、まだ必要を感じていないので購入はしませんでした。

ランチはこのスパイスガーデンで頂きました。食べたのはスイカと紅茶位でした。何故か食べ物は、殆んど身体に合わずいつも空腹状態です。

ランチ後に第三の首都キャンディへ。

途中に民芸品店へ寄ってサリーの試着です。インドサリーはお腹を出さない着方で、スリランカサリーはお腹が見える着方をします。我が妻も、娘たちも良い経験なので試着させてもらい写真を数枚パチリ。僕は記念にＴシャツを購入して来ました。

その後にキャンディ湖畔を散策し、マーケットを見学して仏歯寺の境内に入った所で添乗員さんが、誰かがトイレに行きたいと言ったので仏歯寺にはトイレが無いので近くのホテルのトイレに連れて行く為に我々は分かれて寺院へ……誰かなと思いきや我が長女でやっぱりと思いました。我が長女はいつも旅行時に、お腹を壊してトイレ探しにパニ食っているのです。

我々が現地の案内人と仏歯寺の中を見学中にやっと長女と合流出来てほっ！　説明を聞いているうちにまた長女が腹痛の為に床に座りだしてめちゃ我慢しているのです。僕は次のトイレまでどの位かかるか聞いたところ一〇分だと言うので、現地案内人にすぐ行きたいと要求し、娘に後一〇分でトイレに行けるよと言ったが一〇分もたないと苦渋の顔で見つめられ、再度、案内人にもう無理みたいだから何とかならないとお願いしたら、仏歯寺の、関係者だけが利用出来るトイレに連れて行ってもらいました。そこで案内人と添乗員さんが交代して、我々はシンハラ王朝の伝統舞踊を見る為にシアターに入りました。

席は一番目の特等席でした。

開演ちょっと前に長女が戻ってきてほっ！　僕もいつもお腹を壊すので、長女のヤバイ気持ちが良く解ります。

舞踊の最後は火を口から吹き出し、熾火《おきび》の上を裸足で歩くパフォーマンスまであって超、超、びっくりです。

六時半にキャンディのホテル、シナモンシタデルに到着です。

妻はシギリヤロックに登った後に体調を崩してお腹もヤバイ、シギリヤのホテルのロッジでも何度もトイレに行っていた。僕は体調が崩れる前に薬を飲むようにアドバイスしたが、妻は食後に飲むと頑なに譲らなかった。お腹を壊しちゃうとそんな悠長なことなんて言っていられないのにねえ〜。今日は最悪、どうなるかと思いきやなんとか乗り切ってメデタシ、メデタシ。

七時五〇分にホテルのレストランで、美味しかったのはラム肉とオクラの天ぷらとスイカだけでした。

◎旅の思い出　七月三一日（金）

六時モーニングコール、六時半に荷物出し、朝食です。

八時予定が七時四五分にホテルを出発です。

予定を少し変更して朝から明日予定の宝石屋さんへ……。このお店も宝石に値段がついておらず、値決めも適当な感じがして購入する気分にはならなかった。でも大阪のご夫婦が購入、現地のガイドさんも後でキックバックがあるのか？　喜んでいました。

その後、ピンナラワの象の孤児院へ、外は強烈に暑いです。体感温度が四〇度近くあり眩暈がしそうです。

お客さんにお金を支払わせてミルクを小象に飲ませるシーンを家族が写真に撮る形式でした。

その後に紅茶の工場見学です。ココナッツシュガーを齧りながらブラックティーを飲み、妻は家のオミヤゲとして購入していました。

その後、途中カシューナッツのお店に寄りながら二七〇キロ離れたゴールへバス移動です。

コロンボ近くから高速道路に乗った所で、なあんだ、スリランカにも高速道路があったのね、鉄道の線路は何度か見えたが列車は確認出来ず、今まで超狭い道路をひた走って来ていたのでスリランカには、高速道路が無いのかと思っていましたよ。

そのまま今晩泊まるヒッカドゥアのチャーヤ・トランズ・ヒッカドゥアに到着です。

昨日は長女が体調を崩して、今日は妻が調子悪そうです。

今日は満月の夜なのでホテルではアルコールは飲めないのだそうです。

食後、九時半にはもうベッドインしました。

二〇一五年七月　家族海外旅行 №26
《スリランカ》

◎旅の思い出　八月一日（土）

昨日ホテルに着いたのが六時で、晩飯まで時間があるので僕は至急、スイムパンツに着替えてプールへ、綺麗な若い子が泳いでいた。

暫くいたら、アラブの女性が二人黒服を身に纏い黒スカーフを被って泳いでいました。

ちょうど夕日がインド洋に沈む瞬間を目撃し、気分良く三〇分後に部屋に戻る。

いやあ～晩飯の時に食べたアメリカンドッグがめちゃ美味しくて、小皿に二本よそいレストランを出たらレストランの受付嬢に見つかって、すみません、お皿のままでは部屋にお持ち出来ません、後で係りの者がお持ちします、と譲らない。いま部屋に持ち帰りたいのだ、と僕も頑張ったが、とうとう折れて部屋に戻りました。二〇分後に先ほどのソーセージ二本がお皿に、その他ナイフとフォークとナプキンを、ボーイさんが持って来てくれました。でももう、すっかり冷めていて残念でした。熱いのを食べたかったのに……泣きです。

今日でこの旅も終わりです。

ホテル出発は七時半予定が一〇時に変更。

ママの調子が最悪で可哀想です。

最初はゴール要塞からの観光でした。要塞の時計台が見えてきて散策しながら海岸の方まで移動。

崖には柵もないので超危ない。途中に案の定、キャップを飛ばされてどこに飛んで行ったのだろう？　後ろから次女が見つけてくれた。ありがとう。階段から五〇センチ下の崖の小路に戻ろうとしたら、着地の時にスニーカーが滑って危うく崖下に落っこちそうでした。ふぅ、ヤバイヤバイ。ここで落ちたら確実にあの世行きでしたよ。

その後、バスに戻るときに小猿を連れている現地の人がいて見ていると、そばのおじさんが籠からコブラを出して見せてくれました。怖いです。

その後に海亀保護センターへ。

孵化一日目、二日目の亀には手を触れるのは禁止で、三日目の海亀を手にのせて撮影です。大きな海亀も持たせてもらい写真を撮ってもらいました。長女が亀を持った瞬間キャアーキャアー言って、亀さんを落っことしそうでハラハラドキドキでしたよ。

ランチはスリランカ料理で、食べる物はありませんでした。

その後、コロンボ市内観光でペター地区、フォート地区、ゴールフェース・グリーンを回り最後に海岸に行ったら、スリランカの人たちが海岸で凧を飛ばしていました。実に良く高く空に舞い上がっていて最高です。僕もオミヤゲで一つ購入しようと聞いたら四〇〇ルピアだって。財布の中身は残念、三〇〇ルピアしかない。おばちゃんも負けてくれず、しょうがないのでバスの方まで戻ってママから一〇〇ルピアを借りて凧を購入出来ました。大好きな凧をゲット出来てめちゃ嬉しいです。

市内観光の最後はショッピングセンターに入りオミヤゲを購入、ルピアは使い果たしたのでカードで決済です。ライオンビール五〇〇ミリリットルを二本、ココナッツオイル、地元のチョコレート、ココナッツシュガー、スリランカの絵を描いたグラスなどを購入して、お買い物もフィニッシュです。

二〇一五年七月　家族海外旅行№26
《スリランカ》

夕食は中華料理でした。エアコンがあんまり効いておらず、レストランの中は暑かった。大好きな空芯菜もあったが味はイマイチ、その他はまあまあの味で、一番美味しかったのはビールだけでした。

八時に空港へ、ここでハプニングが……。

添乗員さんが空港の係の人から目がおかしいので医者に行くように言われ、搭乗券を発券してくれず最悪です。まあ最悪、添乗員さんがいないだけで、成田まで帰れると思えばそれはそれで仕方ないが、でも可哀想。僕も係官に彼の目は全く問題ないとアピールし続けて、やっとＯＫが出ました。

途中に長女が、ト、トイレとまたトイレに走って行っちゃった〜。

我々も搭乗券を発券してもらったが、四人の席が並んでおらず、グループの中でシートをチェンジすることに決定。

身体検査が滅茶苦茶に厳しかった！

二二時四〇分には搭乗待合室に入っちゃうともうトイレに行けず、ひたすら搭乗待ちで出発三〇分前に飛行機に乗って二三時三〇分にやっと出発です。

相変わらず、機内食の味はイマイチでした。

九時間後の二日一一時五〇分に成田に無事に到着、スーツケースを取り込んでケースのキャスター修理の書類を書いてもらっていたら次女がトイレに。安心したのかとうとう次女にまでスリランカの洗礼か？

スリランカの気候、食べ物は、インドと変わらないです。違うのは宗教だけです。インドはヒンズー教が多くて、スリランカは仏教国です。

スリランカ語で綺麗はラッサナイですが、旅行中に使ったのはわずか象の水浴びを見に行った時に出会った少女だけ。使ったら喜んでいましたよ。それだけインドでもスリランカでも美人は皆無でした。でも、でも、シギリヤロックは美しいです。

◎スリランカ旅行　後記

今回の旅行は旅行前に最初二つの案を家族に提案した。モンゴルの草原を馬で散歩しゲルに一泊する案は瞬時に却下されてスリランカに決まりました。

僕がスリランカを選んだ理由はまだ僕が訪れていない国で、あのシギリヤロックにも登りたかったので選んだのです。

いざ行ってみると気候はめちゃ暑く、湿度も高くて眩暈がしそうでした。

仏教寺院の見学は入り口からじゃなく敷地に入る所から靴厳禁で、靴下か裸足でお参りしなければなりませんでした。地表の砂や石は超、暑くて火傷しそうでした。

スリランカ料理も超スパイシーで、お腹の腸もびっくりで色々なカレーも受け付けずに、食べられたのは、パンと果物と紅茶位でした。

長女はサリーをお腹を出して試着した際に試着室が寒過ぎたので急にお腹を壊して、観光どころじゃありませんでした。ギリギリ、トイレに間に合ったので良かったのですが。今度は妻がシギリヤロックの上り下りで疲れ果て、とうとうその晩から体調を崩して、最後まで調子が戻らず見ていても可哀想でした。そう言う僕も、初日のスリランカ航空の機内食から食事が合わず毎食前に薬を服用して食べ過ぎにも注意していました。お陰でヤバイ時間は無かったが、今度は次女が成田に着いてから体調がヤバそうで、僕は帰宅翌日からお腹が痛くなって最悪でした。帰りの飛行機の中で旅行中滅茶苦茶元気だった大阪のおばちゃんも何度もトイレに……。大丈夫？　と声をかけたら案の定、お腹を壊したと言っていました。スリランカも宗教はインドと別だが食事他は殆んど同じでした。僕がインドに行った時はグループの八〇％がお腹を壊し、僕は一切カレーには手を付けずナンだけ食べていましたが、スリランカでも、カレーのお肉を一切れか二切れだけで、あとは果物位でした。飲み物はビールだけでした。

帰ってから妻から、今度の旅は最悪、最低、と。もう海外旅行はよそうかな？　とか四日から五日が限度かも？　とか。

来年はスイスを予定しているが果たして実現するか、イエローカードが表示されました。

妻は滝が大好きなので南米のイグアスも候補地なのですが八日間位はかかるしどうしましょう？　最悪、妻が参加しなければ娘と行くかも？　年一回の家族海外旅行だけは僕の最低のノルマだと思っているので、どうしても死ぬまでは継続したいのです。

二〇一五年九月　個人海外旅行 №32《ルーマニア、ブルガリア》

◎旅の思い出　九月二二日（火）
ランチはヤキソバとビールで頂きました。

昼寝して午後一時の電車で大船駅へ、成田エクスプレスで成田に四時頃に到着、忘れてきたムヒ軟膏を買い、ディナーとしてオニギリを二個、パン一個とお水を購入し、ついでにおせんべいも……。

集合時間はまだまだ、たっぷりあるのでまずは腹ごしらえを、集合場所の近くのベンチで早めの夕食です。

遠くからヴァイオリンとピアノの音が聞こえて来たので、食事を終えてから僕も聞きに……。和服を着た男性がピアノとベースを弾いていて、着物を着た女性がヴァイオリンを弾き演奏していました。暫しライブを楽しみ、七時半に集合場所へ、添乗員さんは男性だった。

今回のメンバーはご夫婦が四組、お一人参加の小母様が二名、若い女性が二名、若い男性が一名、僕たちおじさんが五名と総計で一八名でした。

成田発二二時三〇分のターキッシュエアラインの飛行機で、まずはトルコのイスタンブールまで、約一二時間のフライトです。

旅行前に頼んであった通路側の席をゲット出来てまずは一安心です。

飛行機の中で映画を鑑賞し知らず知らずのうちに眠りに……肩をポンポン叩かれて、注意をされちゃった。鼻を啜る音で眠れない、とグループの若者からクレームがあった。確かに僕は花粉症で、症状が酷い時には呼吸困難に陥り鼻を頻繁に啜る癖がある。他人の視線を感じて気をつけていたのですが、最初から注意を受けて超落ち込んじゃった～。面と向かって注意をされたので、一気にどん底まで落ち込んでしまいましたよ。

これからの一〇日間もう前途憂鬱ですわ。

珍しくも飛行中の一〇時間、トイレにも行かず、ただひたすら機内で映画を見ていました。

座席一個隣のクレーマーの彼は大口を開いてガーゴーと大きな鼾を出して眠っていました。

◎旅の思い出　九月二三日（水）
イスタンブールに午前四時四〇分に着きました。

空港の中では、トルコ菓子のロクムが沢山売られていました。待ち時間があったので僕も、自分の為にトルコ土産にお猪口に丁度良い小皿をゲット、あとはトルコ模様のタイルのマグネットも買いました。

三時間後、イスタンブールからルーマニアの首都ブカレストまで一時間二〇分と、近いです。

ここでも通路側が取れてラッキーでした。

ブカレストに九時に着き、直ぐにスナゴウまで、バスで一時間走って山道を登ったり引き返したりしてやっと湖に浮かぶスナゴウ修道院からの観光です。湖の右湖畔には、あのチャウシェスク大統領の別荘まで見えました。

ここの修道院はドラキュラのモデルのワラキア公ゆかりの修道院だって……。

ランチは牛とブタと羊肉のトルコ風ハンバーグでこれはめちゃ美味しかった。見学後にシナイア市内観光へ。

シナイア僧院に入りその後、徒歩でペレシュ城へ、なかなか素敵なお城でした。

新婚さんが三組ほど専門のカメラマンに撮影されていました。

僕も新婚さんに刺激されて、現地添乗員のボイカさんとツーショットを……一緒に並んだらあらあら彼女の方が少し高かった。一瞬爪先立ちしようと考えたがそのまま写してもらいました。

彼女は静岡大学に留学されている二七歳の才媛で素敵な女性でした。

観光後、一時間かけてブラショフへ。

時間の都合で聖ニコライ教会は後回しにしてゴシック様式の黒の教会へ。

観光後、ボイアナブラショフのリナビスタ・ホテルでのディナーはスズキのフライでした。

ビールはウルススビールで一〇レイでした。

今日は滅茶苦茶に疲れました〜でも快い疲れです。

そうそうルーマニアでの両替は、二〇ユーロで八〇レイでした。

◎旅の思い出　九月二四日（木）
モーニングコールが六時半で、外は雨だが僕はもう既に二時半には起床しティータイムです。

七時半に朝食で少し食べ過ぎたかも？

朝食後、サスキズへ、バスで二時間の移動です。昨日はバスの前方から二番目の席に座ったので今日は後部座席の前付近に座っていました。

朝食を食べ過ぎたのか、途中にトイレに行きたくなって汚いトイレに寄ってもらった。

サスキズへ着いてトランシルバ要塞教会の一つであるサスキズ修道院へ入って見学しました。

そばの売店で珍しい柔らかいくるみ入りの蜂蜜がめちゃ美味しくて速攻で買い求めました。お陰で在庫はすべて売れて買えなかった方も何名かいらっしゃいました。

その後、シギショアラへ三〇分のバス移動です。

下車して学生階段を見てから時計塔へ。時計塔へ登って市内を見学していたら、鹿児島県出身の美女Mさんをみっけ……。お互いに写真を撮り合って、これでお宝がまた増えました。

ランチはドラキュラの生家のレストランで血のスープ（トマト味）とかドラキュラの心臓（赤ピーマンの肉詰め）でした。

食後、ビエルタンへバスで三〇分。

ビエルタン要塞教会へ入場見学です。ここの要塞は三重の防壁に守られ、離婚を求めている夫婦を改心させる監獄部屋もありました。部屋には一つのベッド、一つの食器しか無く、協調しないとお互いに生活を続けられないようにしている仕組みが、ある意味笑えます。

見学後ポイアナ・ブラショフへバスで三時間三〇分の移動でした。

ここブラショフでは交通手段のバスが少なく、車を持たない住民は、ヒッチハイクが当たり前だって。乗せてくれたドライバーさんにはガソリン代としてお金を支払っているのだって。

ディナーはリナビスタ・ホテル連泊でポークカツレツでした。

ここでルーマニア語のお勉強です。

　ブーナジワ　＝こんにちは
　ムルツメスク＝ありがとう
夕食時に東京から参加されているIさんから、川島なお美さんが亡くなられたと聞いて超びっくりでした。

九時二〇分にベッドインしました。

◎旅の思い出　九月二五日（金）

昨晩も良く眠れずに、今朝は、いや真夜中の一時半に起きて来ました。

七時に朝食です。今日は昨日の反省からほんの少しだけお皿によそって来ました。対面の美女お二人の食欲には完敗しました。

朝食後ブランへ、バスで三〇分。

到着していよいよ吸血鬼ドラキュラさんの居城のモデルと言われているブラン城へ入場見学です。お城の作りが非常に良く考えられていて、城内巡りが滅茶苦茶に楽しかった。

ランチはレストラン・アイリスでスズキのフリッターで、滅茶苦茶美味しかった。何故って？それは美女お二人が相席だったから尚更でしょう。

午後は四時間もかけてブカレスト近くのモゴショアヤへ。モゴショアヤ宮殿へ入場見学です。

自由時間には、Mさんと一緒に過ごさせてもらいました。宮殿の入り口の上ではルーマニアの綺麗なモデルさんが大胆なポーズで写真を撮っていて目の保養になりました。

泣く泣く宮殿を後に、四〇分かけてブカレストへ……。

ホテルに着いてからブカレスト駅の北口まで行ってのショッピングです。ビールとチョコを購入して、ホテルへの帰りに薬局にも寄って、ジェロビタール・スキンアップ・クリームを、お土産にゲットして来ました。

ブカレスト・イビスホテルのディナーは質素なヴァイキングでした。

二〇一五年九月　個人海外旅行№32
《ルーマニア、ブルガリア》

◎旅の思い出　九月二十六日（土）

昨晩は九時にベッドインし、今朝は二時半に起床しました。
三時半に小腹がすきカップ麺を頂きました。正味五時間は寝ているはずなのだがどうも寝不足です。

朝食は六時半に、今日も軽食にしておきました。

朝食後はブカレストの市内観光です。

最初は、宇宙からも見えると言われる、世界で二番目の建物である国民の館からの見学です。いやあ〜でかい、でかい、噂どおりでした。写真一枚に写そうとしたら相当離れなきゃ。五〇メートル近くも離れて写していたら、川崎のTさんが館をバックに飛んだところを写して！　と頼まれ、何度もトライしてやっと成功してほっとしました。この巨大な建物には本当にびっくりしましたよ。デザインが女子大生の作品だと聞いて二度びっくりです。

館の後は、凱旋門を車窓から眺め、旧共産党本部で下車観光、カロル一世騎馬像、アテネ音楽堂前で美女三人と写真も撮れて満足です。

その後にドナウ川の国境越えです。

ブルガリアに入り、両替とバスと現地添乗員さんを総取替えです。ここでボイカさんとは、お別れです。気に入っていたので残念です。彼女に、女性はルーマニアとブルガリアどちらが美人多いの？　との質問すると、勿論ルーマニアだと即答して笑った。ボイカさんにムルツメスクと言って別れました。

バスはベンツに代わったが何故か体調に変化が……多分バスの空調に問題があったのでは？

今まで元気だったのに急に体調が悪化したのです。

ブルガリアの現地添乗員さんは小柄で元気なペティヤさんでした。

ランチはひき肉とポテトのオーブン焼きでした。

食後に早速向かった先はイワノヴォ岩窟教会へ、ひたすら細い山道をバスで走った。着いてみると山の崖の途中に穴が見える。どうもそこが岩窟教会らしい。わき道を通って岩窟教会に到着し中を見学しました。よくもまあ、こんなところに作ったものだと感心しましたよ。

見学後ヴェリコ・タルノヴォへ約二時間の移動です。ここはあの琴欧州関の故郷だって。遠くにお城が見えるツアラベツの丘で下車し市内観光を、雨がポツポツと降ってきた……。

ホテルはメリディアンホテルでした。

夕食はビーフの煮込みでドリンクはビール、六レヴァで、なんとディナーはヴァイオリンの演奏付きで優雅な気分を味わいました。

今日の両替は三〇ユーロ＝五七・五レヴァでした。

今晩も九時にベッドインしました。

◎旅の思い出　九月二七日（日）
昨晩一一時にいきなり花火が打ち上げられて超びっくりです。真夜中の一時半に目覚め起きちゃった〜。

早朝の三時に、りんごと栄養ドリンクの後に風邪薬も服用しておきました。

折角持ってきたｉＰａｄを立ち上げてネットサーフィンしながら何気なくＴＶも見ていたら四

2015年9月　ルーマニア・国民の館前で

チャンネルでギョギョギョ、エロチックな映像で超びっくりしましたよ。

昨日の午後から心配してきたのですが、まず間違いなく風邪にやられちゃいました〜情けないですわ、短期の旅行中に風邪だなんて記憶がありません。

七時に朝食、朝食後にエタルへ一時間のバス移動です。

エタルに着いてエタル野外民族博物館に入場し散策です。ここで真鍮の針金で作った指輪を悪戯で購入し、右小指にはめていました。プラムで作ったブラック・チョコレートと言われるものも試食の為にゲットしました。見るからに不味そうでした。

小雨降る中、見学後一時間かけてカザンラクへ。

ランチはブルガリアの煮込み料理でした。豚のモツや野菜がたっぷりの、このスープはめちゃ味が濃くて美味しいです。昼間だというのにビールを二レヴァ支払って頂きました。濃いスープにビールがぴったりで美味しかったです。

ランチ後はトラキア人のお墓のレプリカがあって入場見学をしました。

見学後、バラ博物館へインし、ここでは毎年行われるバラ美人コンテストがあり、歴代の美女の写真がずらり、一八歳限定との決まりがあってみんな美しかった。

観光後、プロディフへ二時間かけてバス移動です。

ディナー後にホテルの別会場で結婚式が行われていて、我々も庭から覗きに行ったら式場の参加者の一部が我々の所まで来てくれて写真の撮り合いで楽しかった。Mさんと I さんが撮った写真の中にどさくさに紛れて僕の顔が僅かにちらりと写っていて美女のお二人からコレコレと叱られちゃった。御免なさい。旅の恥は掻き捨てとも言うでしょう……。

そうそう今朝の朝食時に東京のご夫妻の I さんと名刺交換をさせてもらいました。I さんとの会話はめちゃ面白くて最高です。

お陰でこの旅も正解でした。

◎旅の思い出　九月二八日（月）

昨日から、モーニングコールの依頼はやめました。

真夜中の一一時半に目覚め、四時半まで起きていました。また眠くなって二度目は六時半に起床。外は雨で鬱陶しい。

七時に朝食、パン一切れとコーヒー、ゆで卵、桃、ぶどう、ヨーグルト少々、きゅうり、だけの朝食でした。

九時半に出発です。朝がゆっくりだから嬉しい。

まずはブロディフ市内徒歩観光から。

ローマの円形劇場跡、自由公園ではなんと桃太朗の銅像もあって皆で記念写真を撮る。中年の人が四人もいて、中年チームで写真を撮った。

その後、四〇分かけてバチゴヴォへ。

ランチでのメンバーは一人参加の小母様二人と個人参加のおじさんと四人だったが、会話が遺書の話や、病気の話で、ほとんど会話に入って行けず一人寂しい食事でした。体調が悪いのに、話題がめちゃ暗くどんどん落ち込んじゃった。お陰でジャンパーと赤いナップサックを忘れるところでした。

バチゴヴォ僧院を見学後、三時間かけて首都ソフィアへ。

ホテルは綺麗だったが、バスタブが無くてシャワーだけで、シャワーを浴びた後は寒くてブルブル震えていました。最悪です。お湯を沸かして飲み、ようやく寒気が止まりました。このシャワーで一気に風邪が酷くなっちゃった。

夕食後、直ぐに部屋に戻りベッドインしました。

◎旅の思い出　九月二九日（火）
今朝は六時半に食事で、九時に出発です。

まずはブルガリア首都のソフィアからです。

車窓から戦没慰霊碑、国会議事堂を眺めた後、アレクサンドル・ネフスキー寺院へ入場見学です。その後は徒歩観光で、聖ソフィア教会、ロシア教会、国立美術館、国立銀行の前を通って旧共産党本部、セルディカの遺跡、大統領官邸前では一糸乱れぬ儀仗兵を見て聖ベトカ地下教会も訪れました。

ここでトイレ休憩とデパートでお買い物を。トイレはルーマニアでもブルガリアでも行くのに一苦労なのです。観光地もレストランもガソリンスタンドでも、トイレの数がめちゃ少ないのです。ここのデパートでも少なくて信じられません。

ここで大好きな胡桃をゲットしました。

途中でMさんとツーショットまで撮れて幸せ。これでお宝写真がまた一枚増えました♪

観光後、バスでリラの町まで二時間半の移動です。

途中リラ僧院の手前のレストランでランチです。メインはマス一匹のグリルでした。僕も生ビールを注文、二レヴァでした。Mさんがマスの中身だけを綺麗に食べたあと、皮を元に戻したらあら不思議、食べる前の姿に逆戻り……これじゃウェーターさんが次のお客さんへ持って行っちゃうよ。

午後はリラの僧院から見学です。一番びっくりしたのが三二人の聖遺物の爪や骨なども展示していました。これはびっくりポンや！

帰りに、蜂蜜直売所では皆が一斉にお買い物。

その後ホテルに戻りポークステーキを頂きました。

ちなみにソフィアは一一度と寒いです。流石に僕もTシャツ、長袖、ジャンパーまで着ての観光でした。やっぱりシャワーだけのホテルは、NO　GOODですわ。

◎旅の思い出　九月三〇日（水）

いよいよ今日が最終日です。

六時半に朝食です。そうそう昨日の朝は長袖で朝食後にコンビニと近くの一番大きなスーパーに行ってブルガリア・ビール二缶、他を購入して来ました。

ブルガリア人の服装はもう冬支度みたいに分厚い服を着ていました。どうりで長袖一枚じゃ寒い訳だ。

今日は、午前の観光後に約七時間のフリータイムがある。

この旅行前にこの七時間を使って、最小一〇名から催行するコプリフシティツアーのオプショナルがあったが、生憎人数が集まらず中止になっていた。が一部の人たちがタクシーかバンをチャーターしてでも行きたい、と添乗員さんに言ったら、地元の業者と掛け合うとのことで、昨晩のディナーの時、最終の人数確認を取っていました。結局は五名がオプショナルツアーに参加するみたいです。

そう言う僕は、午前中に、ガイドのペティヤさんが考古学博物館を案内してくれ、有名な黄金のお面などを約二時間かけて説明してくれると言うので、それじゃこちらの方が良いともう決めていました。その後の予定ではランチはマックで頂いて残りの時間は映画でも見て過ごそうと思い、まずは足りないレヴァを補充にホテル前の両替所に行き、一五ユーロ＝二九レヴァと交換しておきました。

九時にバスに乗り小さなボヤナ教会から観光です。

教会前で、ペティヤさんが走って行って、我々の前にいたドイツ人観光グループの男性添乗員と何か言い争いを、良く意味は摑めなかったがペティヤさんは一番の、入場予約を既に取っているので我々チームの入場が先だと言っていました。男性添乗員さんもさかんに反論していたが、ペティヤさんは一歩も引かず前の席に入った。日本の添乗員さんは、我々日本チームの印象が悪くなると危惧してペティヤさんにあれこれ言っていたが、ペティヤさんは聞く耳持たず、僕もペティヤさんに加勢しちゃった。ペティヤさんは超頑固で強情ではあるが、可愛いところもあるのでついつい加勢しちゃったのです。だって僕は男だよ、男性添乗員と女性添乗員だったらどちらに加勢しますか？　もちろん女性でしょう。結局、ドイツ観光客の前に教会に入り説明を受けていました。珍しくもこの教会にあの巨木のセコイヤがあって、Mさんと写真を撮り合ってこれも良い記念です。

ボヤナ教会を見学後、ソフィア市内に戻りアレクサンドル寺院前で解散です。

六時半にこの寺院前で集合と言うことで我々自由行動組はペティヤさんと、まずはソフィア教会の中を見学し美術館の前を通り考古博物館にインしました。

この博物館もトイレがわずか一個です。入って説明を受けていたら一番のお目当ての黄金のマスクが今日、日本に移送するので展示されている二階には入れないとのことでした。折角この仮面を見に来たのにこれじゃ意味ないよ。でもペティヤさんの交渉が良かったのか、急遽見せてくれるって、超ラッキーです。ペティヤさんの粘り勝ちかな？　博物館では念願の黄金のマスクや金の装飾品・コインなどなどを見学し写真にも収めて来ました。ちなみに入場料は一〇レヴァでした。

博物館を出て儀仗兵の交代儀式を見学しようとした瞬間、警察の護送車に銃を持った護衛者がバラバラと博物館の前に集まり、人が近寄らないように警備し始めた。金庫の箱を車から何個も出して博物館内に移動した。多分これからお宝をあの箱に入れるのだなあ～と思いました。

その後に儀仗兵の交代式を見学。

ここで何人かは別れ、僕以外のメンバーはブルガリアの地元のレストランへ行くと言うので、僕はお店の前まで同行した後別れて、一人地元のマックへ入店しました。注文したらフィッシュバーガーとポテトと、でかいコーラとナゲットで一一・三八レヴァでした。ナゲットを頼んだ覚えはないが、英語で良く通じなかったのでまあ仕方ないです。

最初はランチ後に映画館に行くつもりでしたが体調が悪くてそのままマックにいました。気がついたら少し眠っていました。

四時半頃、ソフィアの繁華街を往復観光する前にマックのトイレに入ろうとしたら鍵がかかっていて入れず、マックの店員に鍵を開けてもらいました。ふぅ。

約二時間往復し、約一キロの繁華街をぶらぶらとお散歩です。一軒ストリップ小屋をみっけ。夜だったらお勉強の為に入店したのにめちゃ残念でした。

六時一〇分になったので寺院へ、途中ロシア教会にも入って見学し二五分に集合場所へ。

その後、ソフィア空港へ。ここで残ったレヴァでスイスのチョコを買っちゃった～だってブルガリアのチョコが売っていなかったのでねえ～。

ソフィアを二一時二〇分発でトルコのイスタンブールへ、イスタンブール二二時四五分発で成田空港へGO！

◎旅の思い出　一〇月一日（木）

イスタンブールを真夜中の一時一五分に出発し、一一時間一五分飛んで、成田空港に一八時三〇分に無事到着しました。

今回の旅行時に飛行機の墜落事故に遭遇せずに良かった。

荷物を受け取る前にトイレに行き戻ってくると旅のお仲間は全て帰った様子でした。添乗員の杉浦さんだけが僕のスーツケースを持って待っていてくれました。旅のお仲間の誰一人とも会わず御礼も伝えることが出来ずに失礼いたしました。この場を借りて旅行中にお世話になった方々に御礼を申し上げたいと思います。

そうそう、ソフィアからイスタンブールに移動中、我がチームの一人参加の若い男性がイスタンブールに着いた時に、急にぶっつん切れて、後ろの席に座っていた外国人にお前たちの話し声が五月蝿《うるさ》いと文句を喧嘩腰でわめきだした。言われた女性は何なの、この人は？　ときょとんとしていました。連れの男性もただ黙ったままでした。注意された男性が言い返すと、もう喧嘩になりそうで静観しているのが賢明な処置でした。我が添乗員も若い男性に加勢して君たちの話し声が途切れなく五月蝿かったのだと説明、飛行機の中で暴力沙汰にならずホッとしました。彼は一風変わった若者ですぐ切れるのが難点かな？　そう言えば僕も成田を飛んでイスタンブールに行く途中に鼻を啜る音が五月蝿くて眠れないとクレームを受けました。でも彼は長い時間、口を開けっ放しで熟睡していました。彼は音に敏感なクレーマーだったのです。

二〇一五年九月　個人海外旅行№32
《ルーマニア、ブルガリア》

イスタンブールに着き成田行きのゲートに皆が集まっていたら、例の彼がカメラを座席の下に忘れてきたとしょんぼりして放心状態でした。空港の係官に忘れ物を取りに行きたいから添乗員さんからも再度、空港の係官と交渉して欲しいと言いながらも、添乗員さんがゲートに現れるまでじっと待っていました。僕だったら何度も時間のある限り空港側と交渉するよ。案の定、添乗員さんは絶対カメラは出てこないと思うが、一応空港ホームページから問い合わせてみるよと滅茶苦茶に生ぬるい対応でした。彼は、自分がクレームを言っている時に添乗員さんが割って入って来たのでお陰で自分はカメラを忘れた、とハチャメチャなことを言ったら、今度は添乗員さんが、カメラを忘れたのは僕のせいだと言うの？　と逆切れ。カメラは一〇万円位だと言っていたが、それよりも一〇日間撮り溜めたSDカードの紛失の方が可哀想でならない。人間って怒ってばかりいると、しっぺ返しが来るという見本みたいなものでした。人に注意をするということは、他人をも不愉快にさせ、そして自分にも不愉快なことが返って来るという良いケースだと自分も自戒しています。

まあ海外旅行は楽しいことだけじゃなくて、色んなトラブルもあります。
海外に出て知らなかった外国の文化、食事、お国事情に触れて改めて我が国の良さも痛感します。

願いは、国同士がお互いの文化、宗教、経済、環境の違いを認め合い、仲良く国を超えて、地球人というスタンスで付き合って行きたいとつくづく思います。

今回の参加者のみなさん、ドーバルデン＝こんにちは、ブラゴダリャ＝ありがとう。
さてさて次は何処に行こうかな？

◎ルーマニア・ブルガリア　後記

新聞を読んでいたら、「ヨーロッパの原風景ルーマニア・ブルガリア一〇日間」の広告が目に入った。

基本料金が二〇万九〇〇〇円で一人参加料が一万九八〇〇円と格安だった。ルーマニアと言えば体操のコマネチさん、銃殺されたチャウシェスク大統領、ブルガリアと言えば相撲の琴欧州関とヨーグルトとバラ位の知識しかなく、全く期待をしないでの参加でした。クラブツーリズムの窓口に聞いてみると、いま九名が参加予定で一〇名から催行しますと言うので申し込んだのです。

出発一週間前に個人参加者の人数を聞いたら、なんと個人参加者の方が多いです、と聞いてまたまたびっくりでした。

両国とも農業国らしく、都市を一時間も走るともう農作地が広がっていました。都市が大好きな僕には退屈な風景の連続でした。でも果てしない農地を見ていると心が穏やかになります。どちらの国も教会、僧院、お城と定番です。両国はソ連の影響を受けて同じような環境ですが、女性はルーマニアの方が綺麗な人が多かった。

現地添乗員のボイカさんもなかなかの美人で二七歳、日本の大学に留学していて結婚は三〇歳までにしたいと語っていたが、もう自宅で同棲中だって、結構進んでいるね！

一方、食事はブルガリアの方が美味しかった。特に豚のモツと野菜スープの味は、滅茶苦茶に濃厚だったが味は絶品でした。

両国ともトイレ事情は貧弱で、綺麗じゃないと言われていたトイレもしっかり見学したが、ただ木の板に穴を開けたようなトイレでした。

今回の旅では、最初に同じグループの若者から注意され最悪な旅になると思いきや、Mさん、Tさんと美女がお二人とも個人参加でしたので、沢山お話が出来ました。

四組のご夫婦もみなさん気さくで、特にIさんご夫婦はめちゃウィットに富んでいて話が超面白かった。実際参加するメンバーによって旅が楽しくなるかつまらなくなるか、ですが今回は正解でしたよ。

僕もMさん同様、百ヵ国・地域を目指して頑張ります。

最後に我が旅行記『YOのワールドジャーニー』がアマゾン通販、丸善&ジュンク堂で発売中なので宜しければお読み頂けると嬉しいです。

さてさて今年もあと三ヵ月、年末までにもう一回位何処かの国に行きたいです。

二〇一六年二月　個人海外旅行 №33《タイ・バンコク》

◎旅の思い出　二月九日（火）
朝早く起きて、直ぐにバスタブにお湯を入れて、洗顔、洗髪、髭剃りと気分は最高！

朝食は、昨日購入したコッペパンに日本茶を四杯も。

七時にホテルのバスで第二ターミナルまで。あらあら、エアアジアのカウンターは人の群れでいっぱい。四五分もかけてやっと航空券をゲット、アイルシートだったのでラッキーでした。安い航空会社なのでお客さんがいっぱい。機内食は超辛いチキン弁当とお水だけでした。搭乗時間は六時間四五分、現地時間二時五分頃にドンムアン空港に到着して、ほっ！

ＨＩＳの現地添乗員さんは去年もお世話になった、あだ名がブンチャンだった。

集合場所に若者の男子三人組がなかなか現れず、やっと皆が揃ったのが四時一五分、その後バスでホテルまで。

ホテルは空港線のラムカムヒン駅傍にあり、交通の便はよさそう。

デポジットを一〇〇〇バーツ支払い、キーと朝食券を三枚渡され、そのまま二〇三五号室へ。あれ？　エレベーターのボタンは一九階までしかない。まあいいやと一九階で降りたらもう一つ階段が、オイオイ一九階の上は階段かよ〜とびっくり、エコノミーホテルだからまあいいか……。部屋に入ったら超薄暗くて部屋には照明が天井に一つだけ、これじゃ本も読めないよう、大泣きですわ。

ＢＴＳでマッカサンへ行き、ペッチャブリまで歩き、ステッサンまで地下鉄で行き、イケネー両替を忘れた。でもこの駅付近にはなくて、一つ手前の駅である、ホイクワンまで歩きやっと見つけて両替を、一〇〇ドルで三五一五バーツだった。

前に知ったマッサージ店にイン、旅の疲れをイビさん二〇歳に取ってもらいました。お互いの英語がなかなか伝わらず四苦八苦、タイ語は数語しか知らずもっと勉強しなくちゃね。ちなみにタイ語は文字が模様みたいで未だにアルファベットも覚えていません。

その後、スクンビットからアソークを経てナナ駅へ、そこから数分のナナプラザを見学。

あるお店の前である女性から、我が背中を鞭で思いっきり叩かれて超びっくり……。見学を終えて歩いてアソークまで、屋台、夜店が歩道に隙間無くいっぱいあって、歩行者がすれ違うのも一苦労でした。

ソイカウボーイで沢山のお店をチェックして、とあるお店にイン。歩き疲れたのでカウンターに座りシンハービールで喉を潤してあたりをキョロキョロしていました。

そうそう九時ごろお腹が空いたのでマックに入りブラックバーガーとフライドポテトとコカコーラを頼み、バーガーを齧った瞬間に、辛い！　タイは何でも唐辛子を入れる、勘弁して。

今日は滅茶苦茶に疲れたけど最高でした。

帰り道は各駅で迷いながらも、やっとホテルに到着。真夜中の二四時一〇分でした。

直ぐにお風呂に入り、ファミリーマートで買ったラム酒を飲みお粥を食べ、日本から持参したカップ麺も食べて最後には日本酒もぐびっと。部屋があまりにも暗すぎるので、TVをつけてバスルームも全開にして明りとりをして、やっと本が読める程度の明るさに、これだけは大いに不満ですわ。プンプン！

前回の旅行代金は一〇万円だったが、今回は七万円なのでしょうがないのかな。

◎旅の思い出　二月一〇日（水）

昨晩遅かったので、今朝は七時三〇分とゆっくりでした。

直ぐに一階のレストランに地図を持ち込み朝食です。ヴァイキングスタイルで、白いお粥、白菜のスープ、空芯菜の唐辛子入りの炒め物、目玉焼きと果物はスイカでした。タイ料理は辛くて香辛料や香野菜がふんだんに使われているので僕は殆んど苦手です。美味しいと思えるのは、タイのお粥と辛くない空芯菜の炒め物と蟹の料理と果物はスイカだけです。

食事の間に今日の行き先をメモしていました。

食後にお風呂に入り髭を剃ってから、着替えて九時四五分にラムカムヘン駅へ。

プラットフォームで電車を待っていたら同じグループのおじさんHさんとばったり。少しお話をしていたら、彼が、今日付いて行って良いですか？　と言われて、午前中だけHさんと一緒に行動することにしました。

マッカサンで乗り換えペッチャブリからスクンビットで降りてアソークへ、シットロムで降りり、先日タイでテロが発生して多数の犠牲者が亡くなったエラワン廟から見学スタートです。

その後、シットロムからナショナルスタジアムまで行き徒歩でワットサケットまで、外は滅茶苦茶暑くて眩暈がしそう。

三〇分も歩き通しでやっとワットサケットの屋根が見えてきた。ほっ！　ここで二〇バーツ支払い、お山のてっぺんまで登ると風が超気持ち良い。

トイレに寄って次はジャイアント・スイングまで、近くのワットスタット寺院にも二〇バーツで入場する。

完全にグロッキー状態だったのでタクシーで、スタジアム経由でホテル近くのコンビニで冷たいビールを購入、午後の三時にホテル到着、直ぐにお風呂に入りビールを飲み、カップ麺を頂いてベッドインしました。

夕方の六時にホテルを出発、またまた別口の馴染みのお店でまた身体をほぐしてもらいまし

2016年2月　タイ・バンコクにて

た。昨日のイビさんは、以前は蝶が大好きでしたが今は鳥が大好きと言っていました。今晩のアンさんはマッサージが上手で、チップを倍以上も支払って、お互いが満足、満足。午前中の疲れも吹き飛びました。

　帰りにナナプラザに寄りお店を覗き、次はアソーク近くのお店で飲んで、めでたし、めでたし。

　ホテルに着いたのが今晩も二四時を過ぎていました。もう体内にはエネルギーが全く残っていません。

◎旅の思い出　二月一一日（木）
五時五〇分に起床しました。外はスコールで物凄かった。

七時までTVでCNN他のニュースライブ番組を見ていました。

　イスラエルがガザを攻撃、北朝鮮では参謀長が処刑された。アメリカのニューハンプシャー投票結果、重力波を確認したニュースなどを延々と流していました。

七時四五分に朝食です。今朝もお粥とスープと目玉焼きとキャベツの炒め物、果物はスイカだけ、キャベツが大きくカットされて口に入れて齧った瞬間に右頬の内側を思いっきりかじって血がヤバイです。急に元気が無くなった。

部屋に戻りお風呂、髭剃りと、少し読書してから昨日も遅かったので仮眠を……。

一二時半まで眠って、午後一時半頃から持参したおつまみと日本酒を飲みながらのランチでした。

もう外はカンカン照りで夕方まで、まったりとベッドの上で読書です。

元気が戻ったので夕方の五時に外へ。今日はシーロム、サラデーンまで行きタニヤ通りで両替、パッポンでナイトバザール見学。時間が早過ぎたのでちょうど屋台を組み立て中でした。あやしげな何人ものおじさんたちから、良い店があるよ、と声をかけられた。ノーサンキューと完全無視。

二時間くらい散歩してアソークへ、疲れたのでまたビールを飲みながらダンスを見て大好きなGOGOミュージックを聞いていました。

これで三日三連荘《れんちゃん》の夜遊びは残念ながら終わりです。

一一時一五分頃、名残惜しいがホテルに戻りました。途中ホテル前のファミリーマートにも寄ってオミヤゲをゲット、部屋に戻り、超遅い夜食はヤキソバと日本酒でした。

真夜中に収支計算して、一時三〇分にベッドイン。ｚｚｚ。

二〇一六年二月　個人海外旅行 No.33
《タイ・バンコク》

◎旅の思い出　二月一二日（金）

五時の目覚ましで一度起きたが又眠り八時半に起床する。お風呂に髭剃り、九時に朝食、今日は何処に行くか思案していました。

九時四〇分に部屋に戻り、スーツケースと手荷物を整理して、残った時間は世界史の本を読んでいました。

一一時四五分にホテルをチェックアウトして、スーツケースだけホテルのボーイさんに預けて一一時五五分に外へ。

今朝いろいろ考えたが、やっぱりバンコクに来てチャオプラヤー川を見ない手はないとサバーンタクシンからワンディーツアーボートに乗船して、まず向かったのは中華街でした。

舟を降りて町に出たら物凄い屋台と観光客の混雑、昼間なので太陽にギンギン照らされて暑い暑い。持参したボトルと栄養ドリンク二本はたちまち空に、コンビニでお水を五バーツでゲット。繁華街をどんどん歩く。

ここの目的はゴールデン仏陀を見る為です。

途中に金専門のショップを見たらなんとそこには中国人がいっぱい。金を買う人、手持ちの金を売る人でごった返していました。中国人の爆買いは日本だけじゃなくタイ・バンコクでも同じでしたよ。

ゴールデン仏陀は遥かに遠くて、どんどん歩く。やっとテンプルの屋根が見えてホッとする。中に入ろうとしたら拝観料が四〇バーツだって。お金を支払い、階段を登り入り口前でスニーカーを脱ぎゴールデン仏陀を見たら超びっくり。金ぴかでまぶしいほど。写真を撮って帰ろうとしたら、ぎゃあ〜、僕のスニーカーが無い。入り口で管理しているおばさんに聞いたら下にあるよと言われ見たが何処にもない。靴がないとヤバイよう。散々探し回って、ふと階段の陰を見たら無造作に捨てられていました。ふざけたおばさんだ！　絶対近いうちに彼女には天罰、いや仏様の罰が当たるだろうと思います。

中華街の帰り道に、昨日の午前中に一緒だったHさんをみつけ、びっくりしました。彼はこれから仏陀を見に行く途中だったので敢えて声をかけずにいました。

船着場に到着し、またボートに乗って、お次はカオサン通りを歩こうと予定していました。ここは以前に家族と一緒に歩いた通りで懐かしいです。

ここも観光客でいっぱいでした。アフリカンヘアにしてもらっている観光客、胸にタトゥーを彫ってもらっている少女。CDショップで一枚自分にオミヤゲを買い、マックでフライドチキンを注文し一服。通りの端まで歩き切ったので帰ることに、夕方五時でした。

途中デモクラシー・モニュメントを見学しようとしたが、ホテルのロビーに八時に集合しないといけないし、遅れるとヤバイので泣く泣く途中で引き返し、ボート乗り場に。五時三〇分にボートに乗れて、出発点のサバーンタクシン駅に戻ることにしました。意外に川下りに時間がかかり少しハラハラドキドキでした。

七時三〇分過ぎにラムカムヘンでブンチャンに偶然会って一緒にホテルへ、ホテルに着いたらいるのはHさんお一人で、オイオイ大丈夫かと心配です。集合時間の八時になっても集まったのは僕とHさん二人で、気を揉む、気を揉む。五分後に女性の四人組が現れて、その後におじさん二人組が現れ、あとは男性三人組と女性が一人だけです。一五分過ぎに男性グループがやっと現れ、あとは女性お一人です。もし二〇分まで待って来なかったら空港に向かうと、ブンチャンは言っていました。二五分まで女性は現れず、やむなく出発です。

空港で最後のオミヤゲを購入し二三時四五分の飛行機で出発。

座席は真ん中、三席の丁度真ん中でヤバかった〜。でも一回トイレに行っただけで済みました。ほっ！

これで僅か四泊五日の海外旅行も終わりです。

でも充分に楽しめた旅で、余は満足、満足でした。

◎タイ・バンコク旅行　後記

いやあ〜今年初めてのこの旅行は、個人海外旅行では三三回目、家族と会社の海外旅行も含めると六五回目の旅行でした。

寒い日本を飛び出してわずか五日間の旅行でしたが大いに満足出来ましたよ。

嫌なことと言ったら、中華街のゴールデン仏陀の入り口で超意地悪な小母さんから脱いだスニーカーを隠され捨てられたことです。タイの国は、タクシードライバー以外にはあんまりワルは見当たらないのだが、どこの国でも意地悪な人はいるよねえ〜。多分ですがあの小母さんは、近いうちに碌でもないことが起きかねないと思いますよ。何故って？　僕の長い人生の中で、僕とトラぶった人で何人も最悪で死亡まで行っちゃった人がいるからね。勿論僕は何の手も打っていませんが多分、神様か仏様が罰を与えているのではないかと推察しています。単なる偶然かも知れませんが不思議です。

旅行先で一番大事なのが治安の問題です。

僕はフィリピンが大好きで何回も行ったが、ドライバーだけじゃなく警官さえワルがいます。貧しい国だからこそ、最低、治安だけでも良くすれば観光客も増え、多少は経済にも良いのにねえ〜。政治の貧困だね。国民も含めて自業自得で凄く残念ですわ。

それに引き換えタイは仏教国でプミポン国王が国民から慕われているのが良いです。ただ英語がなかなか伝わらず、ここで長期に暮らすのは大変だと思います。

バンコクはモノレールのＢＴＳ（高架鉄道）と地下鉄を使うだけで殆んど何処にでも行けます。ワルなタクシーはなるべく使わなくても困りません。

タイと言えばマッサージですが、これは揉んでくれる人のレベル差がとても大きいです。綺麗で巧い人を選ぶとラッキーです。

お寺も沢山あって気に入ったお寺を発見するのも大きな喜びです。

食事では毎回苦労しています。僕が一番気に入っているのがホテルでサーブされるタイ米のお粥です。これを食べたくてタイに行っているのだと言っても過言じゃありません。お粥は塩味で、少々チキンのミンチが入っていて、超、超、シンプルなのです。お腹に優しく、少し食べ過ぎても殆んど水分なので水分補給としても最高でしょう。果物はスイカが一番美味しいです。

次回の海外旅行はヨーロッパに決めていますが、もうそろそろ次の次を決めなくちゃね。

二〇一六年四月　家族海外旅行 No.27《スイス・マッターホルン》

◎旅の思い出　四月一一日（月）

四時四五分、早朝にガラガラ音をさせて、僕だけ先に自宅を出発し、切符を購入スタンバイ、五五分に合流し、始発二番目の列車で出かけました。

八時に成田に到着、今回は四〇名のグループなので、もう既に半数近くのメンバーがJTB旅物語の団体窓口に集合していました。時間がかかりそうなので、妻と次女はスイスフランを両替に、ついでに僕の分も。行ったのは良いが、なかなか戻らずヤキモキ。結局、家族が再集合したのがメンバー最後の方でした。ふぅ！　途中あんまり両替が遅かったので様子を見に行ったら、なんと次女が今まで海外旅行で貯まった八ヵ国の外貨を両替中でした。ふぅ！　ちなみに両替は約二万円で＝一六〇スイスフランでした。

急いで航空券を貰いに行って出国審査を。ゲートに行く途中にお寿司をゲットして腹ごしらえ。一〇時二五分のスイス航空でスイスのチューリッヒまで一二時間二五分の、長い長い旅です。日本人スッチーはなんと小母さんでゲェ！

時差七時間でチューリッヒに四時半頃に到着、チューリッヒはスイスで一番人口が多くて三六万人だって。

全員が揃ってバスでグリンデルワルトに移動です。

七時頃に駅傍のダービー・ホテルに到着。直ぐにチェックインしてお部屋に入ったら、あらあらエキストラベッドが超大きくてラッキー、すかさず僕はエキストラベッドをゲット。

スーツケースを置いて小さな町を散歩です。流石に寒い！　駅左のすぐ目の前の山、ヴェッターホルンは三六九二メートルで、めちゃ山の姿が格好良くて、綺麗でグーでした。

右側のホテルの前には、あのアイガーが見える。残念ながらてっぺんは、雲がかかっていて見えずがっくりでした。

小さな町でお店は殆んど六時半に閉まっていましたが、僅かに開いているお店にＩＮ。

早速に次女がスイスのピンバッジをゲット。

帰り道アイガーてっぺんの左側と右側の中腹に山小屋の明かりが点灯していて、めちゃ幻想的でした。

約一時間、町を散策、ホテルに戻り、バスタブにお湯を張り僕だけが入浴。

その後、持参したヤキソバとお酒でのディナーです。

三人部屋なのにグラスが二人分しかなくて、プンプン（怒り）

ＷｉＦｉのＩＤとパスワードを聞き妻はｉＰａｄを……。

僕は疲れたのでもう寝ます。

◎旅の思い出　四月一二日（火）
五時頃にシャワーを浴びていたので、僕がロビーのトイレを利用しようとしたら、ロビーのレストランは鍵がかかっており入れず、コンコンとノックしてスタッフを呼んだら部屋のトイレを使って下さいとレストランのトイレを使わせてくれず、超ヤバかった。

急いで部屋に戻って暫くしてシャワーが終わったのでトイレにＩＮ、滑り込みセーフで、超、

二〇一六年四月　家族海外旅行No.27
《スイス・マッターホルン》

超、ホテル側の態度には頭に来た。まだ風邪気味で喉が痛くてお腹の調子も、イマイチで、泣く泣くお薬も服用しておきました。最低のホテルじゃ！　チップを置く気も無かったが家族の意見に押されて渋々チップを置く。

七時に朝食、レストランにGO。四〇人が押しかけたので小さなレストランのビュッフェ・テーブルのハムや果物などは大皿に少しだけしか残っておらず、コーヒーは超、生温くて最低で超不味かった。

気を取り直し八時半にホテルを徒歩で出発し、四七分の列車に乗車して、ユングフラウへ。ユングフラウ鉄道に乗り、中継点で乗り換えて展望台まで。途中に二度、五分間だけ、アイガー北壁の二つの駅で下車して、アイガー北壁に開けられたテラスの窓から下界を覗き込む。

展望台の上まで高速エレベーターで昇り外へ。天気はめちゃ晴れていて最高です。

この場所は、僕は二度目だったが素晴らしかった。

一二時にランチ、従業員は陽気なスペイン人でした。でも味はイマイチで泣きです。

スフィンクス・アイスパレス・チョコレートのお店も見学して一時三〇分、帰りの電車へ。

小母ちゃん添乗員さんは点呼をとらず、小冊子を四〇枚渡し終わったので全員いると思い出発しました。おじ様一人がアイスパレス？　を見学後、集合場所に戻ったがもうみんなが出発した後で、びっくりしてすぐに後を追いかけ、電車が出発前にぎりぎり滑り込みセーフでした。危ない、危ない。点呼も取らずに出発する小母ちゃん添乗員にはもうびっくりポンでしたよ。これじゃ添乗員の意味がない。集合時間に少し遅れただけで出発するなんて、彼がまだ旅慣れていたからまだ間に合って良かったが、ずぶのど素人さんだったら最悪ですよ！　彼も置いて行かれるのだね……と呟いていました。

ユングフラウ鉄道は実に良く作られていて、なだれ防止のトンネルを抜けると一面の銀世界、スキーヤーが雄大なゲレンデを滑っている。サングラスを買うのを忘れたので、眩しい眩しい。

いやあ～今回は家族で来られて良かったですわ。

ホテルに着いたのが午後三時半で、その後、町を散策。チョコレート、ビール、ワインもゲット！

晩飯はラクレットをビールで、超不味かった。

疲れたので栄養ドリンクを飲んでベッドインです。

そうそう今回の記念に、新田次郎さんの『アイガー北壁』を日本に帰ったら購入するつもりです。

◎旅の思い出　四月一三日（水）
真夜中に眠れず、一時に目覚めちゃった。

ベッドの上でまんじりともせず過ごしていました。二時頃から眠ろうと、ぐだぐだと……やっと三時半から一時間眠れて、ほっ！

四時半に目覚め、紅茶とサンドイッチを頬張る。

五時半にトイレ、今朝は体調が悪いので、薬を服用する。

六時半、朝食も食べ過ぎるとすぐに調子を落とすので果物だけにしておきました。

七時五分にロビーに集合で七時七分頃にロビーに行ったら、あらあら、僕のスーツケースがロビーに一個ポツンと残されていてもう全員出かけた後でした。オイオイ出発は七時一五分だぞ。

急いでホテルを出て、駅方面に向かう。バスが一台止まっているのが見えて急いでバスに向かう。バスの中から何人か手を振ってくれてホッ、バスの中に、ちゃっかり添乗員さんが座っていて我々の席が無い。まったく今回の添乗員さんは何なのだ。怒！　普通なら最後までロビーで待っていてくれるよね。もしも我々が一五分過ぎてロビーに行かないと我々を残して出発しちゃうのかね？　まったく、ふざけた添乗員だ！　結局バスの中では僕が前の方に、妻は真ん中へ、次女は後ろの方にバラバラに座った。バスの席も決めずに、なんにもやらない添乗員に怒り爆発！

約一時間乗って、最初は首都ベルンの旧市街散策でバラ公園から、生憎雨が降ってきてカッパを被って外へ……四月なのでバラは咲いておらず、僅かにチューリップがちらほらと……バラ園の高台から旧市街を眺め、次は熊公園に。熊がわずか三頭だけ檻の中に見えました。

その後、歩いて時計台、大聖堂の外側だけを見て、一〇時にバスに戻りフランスのシャモニーへ出発です。

レマン湖を右に見て一二時半にレストランへ、ランチは肉料理でした。

外は大雨で一時一五分に出発です。二時半にモンブランのケーブルカーの駐車場に着く。すぐにケーブルカーでモンブランの展望台へ、途中で一回乗り換えです。外は吹雪いていて、四～五メートル先が見えない。ケーブルを乗り換えてエギーユ・デュ・ミディ展望台まで、高速で一気に高く昇ったので妻が体調を落として気分が超悪そうでした。

最後、てっぺんまでのエレベーターに乗ったのは良いが、外はストーム（嵐）状態で前が見えず、そのままエレベーターを降ろされた。

一応てっぺん付近の写真を撮ってケーブルに乗ろうとしたが、駅付近で妻がトイレに。その間に我々のグループは全員下まで降りて行っちゃった、あ～ヤバイ。

集合場所は一階のお店の中で四時に集合で、三時にケーブルで下に降りようとしたが今度はケーブルが動かず三〇分も待機させられてもう集合時間にギリギリだ。やっとケーブルが動いてくれて、ほっ！　四時ギリギリに、やっと間に合いました～。

折角のヨーロッパ最高峰のモンブランがまったく見られずに超、がっくりでした。

四時半にバスで出発、五時半にトイレ休憩、使用料は、一スイスフランでした。

五時五〇分にホテルに向かう。

七時半に、テーシュのエリートホテルに到着し、八時からホテルでディナー。

しょぼいディナーで、美味しかったのはカリフォルニア米のカレーとビールだけでした。

九時三〇分にベッドインです。

昨日のユングフラウ、アイガーでの天気が良過ぎた為の反動で、今日は最悪でしたよ。

◎旅の思い出　四月一四日（木）

早朝の二時四〇分に起床。サンドイッチをドリンクと水で頂きました。トイレに行ってから四時から五時までまた眠り、六時半にシャワーを浴び、七時に朝食です。

いやあ～ここのホテルの朝食は超プアーな食事で、しょうがないのでご飯に濃い味噌汁をぶっかけて三杯も頂きました。だって食べるものがチーズとハムしかないのです。

八時四〇分にロビーに集合、駅傍のエリートホテルを出発してツェルマットへ。

二〇一六年四月　家族海外旅行 №27
《スイス・マッターホルン》

九時一四分のゴルナーグラート鉄道で列車に乗り、途中で乗り換えて一〇時には山頂の展望台へ到着です。

昨日は天気が最悪で、今日は大丈夫かな？　と気を揉んだが、地上よりマッターホルンに近づくにつれて段々と天気が良くなって……、途中マッターホルンの山頂に雲がかかっていたが、展望台に着いたころには雲もなく、最高の景色でした。

妻にｉＰａｄを渡し、現地のスタッフさんに何枚も写真を撮ってもらいました。

一二時ころ手渡されたお弁当を頂上の駅のベンチで頂く。カラス（山鳥？）が近づいて来たので、パンくずやりんごを小さくしてあげました。

今回の旅行のテーマが、「マッターホルンを見に行こう！」なので、超綺麗に見られて文句ありません。本当に来て良かった。最高です。感激です。

一二時一〇分に集合して戻ることに。

途中で下車し約二時間のハイキングです。

ハイキングを終えて約四時間の自由行動でした。あるご夫婦がマッターホルンの途中駅で下車し、スキーをレンタルし滑って来たそうで凄いです。その代わり買い物の時間は取れなかったと言っていました。

長女にオミヤゲを、僕は自分にマウスパッドと携帯ハサミを購入。

夕食はレストランでスイスソーセージとビールで頂きました。

七時半にホテルに戻り八時にお風呂、九時にベッドイン。ｚｚｚ。

◎旅の思い出　四月一五日（金）

真夜中の三時頃、ＴＶで偶然ＮＨＫワールドニュースを見ていたら熊本県の益城町で震度７の強い地震があって、九名が死亡と報道されていて超びっくりでした。地震の発生が昨晩の九時二六分だって……もう寝ている場合じゃないよね。益城町と言えばお世話になったパートさんの郷里で、めちゃ心配です。

七時に今朝もレストランでご飯に味噌汁をぶっかけて雑炊風にして、ネコの大好きな食事にして頂きました。これがまた美味いのです。

八時二五分に集合、八時半に出発なので、もう一五分にはもうロビーでスタンバイですわ。また置いていかれるのは本当に嫌だからね。

一三五キロ離れたアンデルマットへＧＯ。

一一時二五分にアンデルマット駅に到着し、世界一遅い氷河特急に乗車、フィリズールへ。あの有名な石で作った、ランドヴァッサー橋の見学です。

途中の駅でお弁当を積んで約六時間楽しみました。今日も天気が良くて外の景色も最高です。出来ることなら今日の列車の旅をキャンセルして、モンブランに再度アタックしてもらいたかった。まあツアーだから無理だけどねえ〜。

スイスのグランドキャニオンを通り、途中、渓谷場所で最高のシャッターチャンスの所を通ったが、一瞬だったので写真を撮れずがっくり、でも目に焼き付けて来ました。

時々、列車内でドイツ語、英語、中国語、日本語のアナウンスがあって良かった。

列車内から橋を撮影したがガラスが反射して良く写らなかったかも？

2016年4月　スイス・マッターホルンで家族と

夕方に列車を降りてバスで橋の良く見える場所まで行って写真タイムを！

ここスイスでは午後の七時でも明るいです。その分、朝は暗いです。

ホテルに向かう途中、レストランに寄りディナー、娘はスイスのソフトドリンクのリヴェラを、妻はラガービールで、僕はスイスのヴァイスビールを頂きました。飲み物だけで約一八スイスフランでした。日本円で二一六〇円と物価はなんでも高いです。

泊まったホテルはヒルトンでチューリッヒ空港の傍で何もないところです。またまた三人部屋なのに全て二人分しか用意されておらずにプンプン。早速、電話をして頼んだが一時間半待っても来ず、再度、電話をしてやっと……ふぅ。三ヵ所とも二人分だけでホテルが悪いのか？　それとも旅行会社の連絡ミスか？　いずれにせよ、毎回毎回、最悪でしたよ。ホテル内でアンケート用紙を渡されて明日下さいと言われ、たっぷりとクレームを実名入りで書き込んでおきました。

もう明日は空港に行くだけ。

最後に、何処かのお金持ちのお客様がホテルのショップで、大きなカウベルを購入していました。太った奥様のカバンには可愛い子犬が入っていて、カバンはなんとヴィトンでしたよ。

このヒルトンのエキストラベッドはちょっと小さめで、悪いけど次女に寝てもらいました。

最近？　いつからだったか忘れたが旅行費の半分は家計費から、後の半分は個人持ちです。

◎旅の思い出　四月一六日（土）
朝七時、ヒルトンホテルでの朝食は、今までで一番良かったかな。新鮮な果物をたっぷりと頂いて満足、満足。

九時半にホテルを出発しすぐそこの空港まで、団体チェックインでした。

チューリッヒ一二時五五分の飛行機で、約一二時間のフライトです。

成田からチューリッヒまでは、映画、レヴェナントをはじめ、邦画を二本も見て飽きずに来たが、帰りはチリの落盤事故生還の映画を見て、あとはムヒカさんの本を読んでいました。

勿論エコノミー症候群防止の為に、何度か後方のトイレに行ったり、ストレッチしたりしていました。

スイス航空のアテンドさんは中年の女性が多くてイマイチ、美人皆無で残念でした。

前の席は同じツアーのメンバーだったので、リクライニングのシートもそんなに大きく倒して来なかったので本当に助かりました。

今回の旅行では、レストランでもホテルでも食事はイマイチでした。良かったのは機内食だけで美味しかった。

ただ一二時間のフライトはめちゃ疲れます。

ただひたすら我慢、我慢。

◎旅の思い出　四月一七日（日）
成田に朝七時五〇分に無事にランディングしてほっとしました。

荷物をターンテーブルから取り、目黒の社長さんに挨拶、添乗員さんにも挨拶、御礼を言ってJR空港駅へ。スーツケースは壊れていなかったのでセーフ、無料で荷物を配達してくれると言うので初めて利用しました。

次女だけが、明日オミヤゲを配る予定なので、スーツケースからオミヤゲだけを取り出して配送をお願いしました。身軽になって成田エクスプレスで帰宅しました。

我が駅に到着したら外は大雨で、カッパを着てコンビニで昼飯を購入してやっと帰宅出来てほっとしました。

今回の旅ではモンブランだけが嵐の為に見えず、残念でした。

ユングフラウヨッホ、アイガー北壁、マッターホルンも天気が最高で良く見えて良かった。ただ残念なことは、機内食を除いて、ホテルやレストランの食事がイマイチだったこと。ホテルではエキストラベッドを入れてもらったのは良いのですが、バスタオル、コップやコーヒー、砂糖なども二セットだけしか用意されておらず気分悪し。

最悪なのは今回の添乗員さん。出発時の点呼が雑で、ユングフラウヨッホの駅から目黒の社長さんを置いて出発。電車に乗る前ギリギリに彼が間に合ったから良いものの、もしも間に合っていなかったらヤバイことになっていた。バスの中で彼女は、過去に一人集合時間に遅れたため、列車に間に合わないといけないので現地のスタッフさんに電話一本入れて、お客さんを置いて出発、それも自分の連絡ミスを棚に上げてお客のミスとばかり、それも得意げに話していて、超、超、不愉快千万だった。ホテル出発時に僕のスーツケース一個をロビーにポツンと残して、しゃあしゃあとバスに乗っているし、バスの席も二日利用するので席順を公平に割り振りするのに、そんな最低の仕事さえやらずにお客におまかせで、お客さんの中にもマナーの悪い客が数組いて四〇名とバスの席に余裕が無いのに夫婦分かれて座り、我々も前、中、後ろとバラバラに。最低の配慮さえなかった添乗員には、もう勘弁してくれ〜と言いたい。僕も海外旅行六六回目ですが、こんな添乗員さんは初めてかも？　これだったら個人旅行と大差ないです。

最後のアンケート用紙に実名入りでクレームを書いて来ました、これからのお客様の為に。まあトラベルにはトラブルが付き物だし、まあ良いとしましょう。

来年の家族海外旅行は多分、英国に行くかも？

最後に綺麗なマッターホルンが見られて、最高の旅でした。

二〇一六年五月　個人海外旅行 №34 《モンゴル》

◎旅の思い出　五月一三日（魔の金曜日？）
四時頃に起床、四時半にお風呂へ、今朝の体重は六八・四キロで体脂肪は三三・八％でした。

四時二八分にピアノ練習です。五時一八分には課題曲を弾き終わり朝食を。

七時五〇分に自宅を出て駅に着いたら、電車が遅れていてヤバイです。遅れの影響なのか？ずっと徐行運転でした。少し早めに自宅を出てきて正解でした。

一〇時一〇分の成田エクスプレスで成田第一ターミナルまで。ランチは列車の中でオニギリとゆで卵でした。

早速、阪急の団体窓口に行くと一〇名の予定でしたが二名辞退して八名のグループでした。カウンターに行くと、物凄い列で超びっくりです。運良くアイルシートを取れてほっ！

二時一〇分に出発ゲートに行くと、ウランバートルの天候が不順で、風が強過ぎて着陸出来ないとのアナウンスが……。

出発二時四〇分が夕方の六時に変更です。ぎゃあ〜、ＰＭ三時にゲートも変更になってまた移動です。

六時一〇分に搭乗を始めたが、またまたアナウンスがあって、六時三〇分が八時三〇分にまた変更です。オイオイもうウランバートルに着いちゃうよ。

七時にミアットからお食事券千円を配布され、近くのサテライトでビーフカレーを千円で頂きました。

羽生さんの本『闘う頭脳』をじっくり読めました。時々数独もやって時間つぶしです。

更に遅れてやっと八時五五分に離陸してホッ！

飛行機の中で『クリード』『スターウォーズ』などの映画を見て少し居眠りも……。

真夜中の一時半頃にモンゴル・ウランバートルに到着、ランディングの時に、モンゴルの機長がドスンと荒っぽく着地して怖かった。

やっぱり魔の金曜日でしたよ。

実は五月の下旬に行く予定だったが、次女の誕生日とぶつかって、私の誕生日なのに旅行なの？　と言われ二週間早めましたが、一三日の金曜日なので気にしていました。

多分、遅れないで飛んでいたらバーストで飛行機が落ちていたかも？？

一四日に時間がずれてセーフだったと僕は思っています。

一時五五分にバスでホテルへ、二時一三分にホテルに到着。去年からサマータイムで時差はありませんでした。

添乗員なしで現地のガイドさんはブルガさん。

早朝の三時五〇分にお風呂に入り、疲れを取って飲酒、四時三〇分にベッドイン、でも眠れずに、やっと寝たのが五時でした。

今日は本当に滅茶苦茶に疲れました〜。

◎旅の思い出　五月一四日（土）
昨日は飛行機の我がシートはアイルシートをゲット出来てラッキーでした。

でも斜め前に座ったモンゴルの若者が目いっぱいリクライニングシートを倒して来て、後ろの女性二人組が気の毒で可哀想でした。本当にマナーが悪い奴は見ていても頭に来る。後ろの女性一人は隣のシートに移動、残った一人は横向きに座っていました。僕の前の人はほんの気持ちだけ倒していたので、そんなに気にはなりませんでした。

朝の六時半に目覚ましで起こされました。

一時間半だけの睡眠でしたが、少しだけでも眠れて良かった。

お風呂に入って、髭剃り、洗面、外は寒いが少しホテルの周りを散策。

このホテルはフラワーホテルと言い日本人向けと中国人向けに作られて、いま玄関が工事中で我々は横の入り口から入りました。どうりで殺風景なロビーだなと感じていました。ロビーには日本語を話せるスタッフが一人いてラッキー、彼女はウランバートルの大学で日本語を学んだって……優秀だね。

ここで両替を、三千円で四万八千トゥグリクでした。

七時に朝食、レストランの中は日本風で、TVの上に曙、貴乃花、他三名、五つの手形の額縁、歌舞伎の暖簾もあって気を使ってくれています。食事は豆入りのお粥、魚入りのスープ、ハム、目玉焼きなどで頂きました。

出発は昨晩めちゃ遅くホテルに入ったので、九時出発を一〇時に変更、九時四五分にロビーに集合、一〇時に出発しました。

最初はガンダン寺の観光からです。一八三八年に建てられたモンゴル仏教の総本山で、お寺の中には、二六メートルの素晴らしい立像が、金箔が眩しいほど。立派な仏像に度胆を抜かれちゃいました。こんなにも素晴らしい仏像だったら、お金を支払ってでもカメラに収めたかった。でももう遅い、ぐっすん。この像は開眼菩薩と言い、九六トンの銅に金箔塗りで超眩しかった。素晴らしさに感動ですわ。ここで記念撮影です。綺麗なガイドさんとツーショット。

モンゴルの平均寿命は男性が六五歳で女性は六八歳だって。何故かと言うと、夏の暑い時は四〇度で、冬の寒いときはマイナス四〇度、この大きな寒暖の差が原因かも？　と言っていました。僕がモンゴル人だったらもうこの世にはいない。

お寺の外で撮影を終えてから、七〇キロ離れたテレルジのキャンプ場へＧＯ。

道路は所々穴ボコがあり、車も右側通行でした。テレルジは草原の中に遊牧民のゲルが沢山あって大草原の中には巨大な奇岩も沢山あり、滅茶苦茶に気に入りましたよ。

ランチはモンゴル料理で、僕が食べられたものは、目玉焼きと蒸し餃子、濃厚なホットミルク、最後はアイスクリーム、沢山食べるとすぐにお腹を壊すので、腹七分でフィニッシュ。

ランチ後にテレルジ観光。最初は亀に良く似た巨大な亀石から。良く見ると、そっくりで笑えます。ここでも写真タイム。

次はアリアバル寺院へ、駐車場から徒歩で緩い坂道を登って行く。道の端には、お釈迦様の言葉がロシア文字で書かれて殆んど読めない。僕も一時、ロシア語を勉強してたまにロシア語講座も見ているが、ここモンゴルの言葉はアルファベットでは、ロシア文字だが読み方が全然違うのです。

つり橋を渡り一〇八個の石段を登ると、そこにはアリアバルの寺院が。入り口にはツバメが巣を作って鳴いていました。中にはダライ・ラマさんの写真も飾られていました。駐車場までの帰

2016年5月　モンゴルでゲルに泊まる

り道、モンゴルの学生たちとつり橋の麓で遭遇、我々のお仲間の荻窪の社長さん？　が彼等に白鵬ストロングと説明して笑いを取っていました。

そうそう我々の八名の内訳は、男性個人参加が三名で、女性の一人旅が一名、女性のお友達が一組で、母と娘の組が一組で、トータル八名のツアー参加メンバーです。

寺院を見学後、チラチラ雪が。三日前は雪が降って山は一面の雪景色だったそうです。今日は雪がほとんど消えていてラッキーでした。

その後に近くの遊牧民のゲルにお邪魔しました。ゲルの入り口は、かがんで入らないと頭をぶつけそう。入って右側には冷蔵庫が置かれ、木枠のベッドがひとつ妻用で、左側には男子用で主人が使う。真ん中の入り口近くにはストーブが置いてあり、ストーブの奥にはテーブルが置かれ、その奥には、お客様用のベッドが置かれていました。ゲルの中は支柱が二本立てられて、これには触れないようにだって……もしも支柱にぶつかるとゲルが倒れる恐れもあるのだって。だからぶつからないようにと注意がありました。ゲルの室内に案内され、お客様と主人のベッドに我々八人が座り、最初にバター茶が振舞われ、少し口をつけたが、うっ！ これ無理、でも僕以外のメンバー全員が飲み干して凄い。その後、ヨーグルトを乾燥させたもの、モンゴルの飴だけ一個、口に入れただけでした。

暫く、ゲルの持ち主の七二歳の小母さんから生活をどのように営んでいるかをいろいろ聞き、最後に家畜であるヤギや羊などを見てからキャンプへもどりました。

その後五時から乗馬体験でした。男性二名、女性二名が参加。僕と荻窪の社長さんと一人参加の小母ちゃんと娘さんの四名、現地のスタッフが馬二匹の手綱を持ってキャンプ場の周りを約一時間歩いただけで、僕は馬を走らせたかったが出来ずに物足りなかった。馬の首には大きなダニが沢山くっついていてヤバイです。案の定、馬から下りたら馬の毛がジャンパーに沢山くっ付いて往生しました。

七時ごろ民族衣装を着せられて写真タイム、ジンギスカンの衣装を着られて嬉しいねえ。

その後に男三名で酒盛りを楽しみました。

七時半からガイドさんとドライバーさんも含めてのディナータイムでした。

食後、我々のゲルのストーブに火を入れてくれた。燃料は木と石炭、二時間でストーブの火が燃え尽きるのでまたまた、木を入れて燃やさないと寒いのです。ストーブがついているうちは温かく消えると急に寒くなって、またベッドから出て燃やすのを二時間おきにやっていました。

真夜中の二四時に外へ出て星空観賞を、残念。北斗七星だけは確認出来たが、キャンプの周りの数個の電気が邪魔して綺麗には見えずガッカリ！

それではお休みなさい……ｚｚｚ。

◎旅の思い出　五月一五日（日）
昨晩は綺麗な天の川を見られると期待したが残念、キャンプ場の明かりのせいで無理でした。

朝六時に起床し、近くの建物にあるトイレと洗面所を利用して、七時に近くの巨大奇岩までお散歩です。家畜の糞を避けながら草原の丘まで、そこから見る風景は最高です。近くで牛が二〇頭ほど放牧されて、それを眺めているだけで気分が落ち着きます。

八時半に朝食、九時一〇分に希望者だけがガイドさんと朝のお散歩。僕の散歩コースから右寄りに丘のてっぺんまで。峰に立つと男性のシンボル岩が見えました。我々が立っている山頂の林が女性のシンボルだって。ちょうど、その間に僧侶が集まって読経をするらしい。グル（生き仏）発祥の地だそうです。

散歩を終えて一〇時一〇分、キャンプ場を出発しウランバートルのザイサン丘の展望台途中までバスで、そこから頂上まで徒歩で登りました。ウランバートルの四方が良く見渡せて素晴らしい。

昼にカシミヤのお店に寄ってトイレ休憩とお買い物を。

ランチは中華料理でした。ここの料理は美味しかった。

食後チンギスハーン広場に行き写真タイム。立派な国会議事堂の中央にはチンギスハーンの坐像が見える。傍まで行きたかったが時間がなくて残念！

その後四時四五分から五時一五分までノミンデパートでお買い物。

ここのデパート六階で、開眼菩薩の立像の絵葉書セット他を見つけて購入出来て嬉しかった。一階の食品売り場でアルコール、チョコ、モンゴルの塩もゲット出来てホッとしました。

五時一五分に出発し、次は、モンゴル伝統舞踊ショーの見学です。ダンス、馬頭琴他の演奏、ホーミー、アクロバットと一時間楽しめました。

ディナーはしゃぶしゃぶ、これも美味しかった。ただ期待していた羊のしゃぶしゃぶは、少し臭いが気になって少しだけ、殆んど牛肉だけ、野菜をちょっとだけ、もうお腹がいっぱいでした。

いやあ～今日も満喫した～。期待していなかった分、逆に喜びも大きいですわ。

そうそう二宮在住のSさんが我が旅行記を読みたいとお金を渡してくれました。埼玉、上尾のF小母様にも興味を持ってもらって嬉しいですわ。

八時四五分にホテルに戻りバスタブへ、ドボン……。

日本酒を飲みながら帰り支度です。

一〇時からまた、新田次郎の短編小説を読み、一一時にベッドイン、お休みなさい。

◎旅の思い出　五月一六日（月）

早朝の三時に起床し、三時半に持参したカップ麵を頂き、四時にはコーヒータイム、ベッドに横たわりながら新田次郎さんの小説を読みふけっていました。

今回は文庫本を二冊持参したのは正解でした。

六時一五分、ロビーに集合、レストランはやっていないので、朝食はお弁当でした。空港までのバスの中か空港か飛行機の中で頂くようにだって。

七時に航空券をゲットして荷物検査をしている最中に二宮のSさんが、パスポートが無いと我々にアピール。我々はもう既に荷物検査を終えていたので、さっき航空券を貰ったカウンターに行って聞いてみたらとアドバイス。彼もパニ食っていて、カウンターに行ったのかどうか解らなかったが、戻ってきたら、あったよ、と。彼は自分のバッグにしっかりと保管していたみたいでした。本当にパスポートが出てこなかったらヤバイところでした。いつも入れている場所じゃなくて、バッグの別の場所に入れていたらしい。とにかくパスポートが見つかってホッとしました。

出発までショップを覗いて、時間になったので飛行機の中に入ったら、あらあら僕の前の三席の両端にはめちゃ太ったご夫婦が、嫌な予感が……。お客さんが全て乗ったころ、僕の前の席に座っていた超おデブの奥さんが別の席に移動してくれてホッとしました。案の定、前の席のおデブの主人が三列の席に横たわり睡眠、リクライニングはそのままだったのでホッとしましたよ。

真ん中三席の両端は荻窪の社長さんと僕で暫く話し込んでから、またまた小説を読んでいました。モンゴルへ行く時はTVが装備されて映画を見て楽しめたが成田行きの飛行機は、古いのか、TVも無くて、あとは本でも読むしかないよね！

帰りは五時間弱なので少し気が楽ですわ。

以前メキシコ旅行で、添乗員さんだった貴田さんが、お友達とモンゴルに行きたいと聞いていたので本当に、彼女はモンゴル旅行を楽しんだのか気になります。後でメールでもして聞いてみようっと……。

去年の七月に家族旅行をモンゴルかスリランカのどっちに、行きたいか家族に聞いたら僕以外の全員、モンゴルは却下だって……さ。それでスリランカに決定し家族旅行に行ってきました。ただ僕一人、モンゴル行きが気になっていて、ようやく今回行けました。

家族の皆にダメ出しされた国だったので、あんまり期待しなかったことが逆に良かったです。モンゴルはまだ日本人には人気がイマイチだが、僕は皆さんにお勧めです。治安も良いし、食事もレストランだったらまあまあだし、何が一番良いかと？　言われれば、果てしない草原の景色が一番で、草原に点在する巨大な奇岩がまた良いのです。

景色以外に良かったのが今度の現地ガイドのブルガさん。四月に行った時の添乗員さんが超最悪だったので、余計に素晴らしく感じたのかも知れません。三二歳のモンゴル美人？　だしねえ〜。

成田空港に、またまたドスンと着陸してびっくりです。行きも帰りも手荒い操縦に、まあ無事に着陸したのでマルでした。

我々の飛行機にあの元横綱の朝青龍さんが乗っていました。残念、僕は見なかったが参加者の娘さんが目撃して教えてくれました。

そう言えば昨日のモンゴル舞踊ショーの馬頭琴を弾いている人が、あの朝青龍さんに、お顔がそっくりで笑っちゃいましたよ。朝青龍さんは我々が買い物したノミンデパートから、直ぐ傍にあるサーカス小屋を経営しているのだって、
今回のモンゴル旅行は、わずか四日間の超短い旅でしたが僕には、大満足でした。

さてさて、次の次を早く探さなくちゃねえ〜。

二〇一六年七月　個人海外旅行 No.35《ミャンマー》

◎旅の思い出　七月一四日（木）
早朝の四時三五分に自宅を出て五時一分の電車で大船駅へ、電車の中で数独をやっていました。

六時三八分のエクスプレスで成田エアポートに八時三七分に到着、そのまま集合場所へ。

今回の添乗員さんはめちゃ若い女性でした。

一一時に出発。

全日空のキャビンアテンダントさんは、めちゃ優しい人がいてお喋りしていました。

今回の旅は、あの崖から落ちそうで落ちないゴールデンロックを見たいと思って申し込んだのです。

搭乗時間に『バットマンVSスーパーマン』映画、ディズニーの『ズートピア』のアニメも見て時間を潰す。

ヤンゴンに一五時四〇分ころに到着、時差は二時間半でした。

四時に空港を出発しホテルへ、バスの中で両替、取りあえず、五千円＝五万チャットに両替です。

現地のガイドさんはアウン・サン・スーチー似のエイさんでした。エイさんは、政府から選ばれて日本で日本語を勉強しただけあって上手でした。最後に……の、と良く語尾に〝の〟を付けるので微笑ましい。

夕食は市内のレストランでミャンマーの麺料理でした。豚肉、唐辛子の利いた空芯菜、これは超辛くて折角の野菜が少ししか食べられずに残念。その後に、ラーメン、チャーハン、デザートは焼きバナナにハチミツを注いだものでした。ドリンクは瓶ビールが二三〇〇チャットで、日本円では二三〇円でめちゃ安い。

食後にヤンゴンで一番有名なゴールデンパゴダであるシェダゴン・パゴダに裸足で入る。眩いばかりのパゴダに驚いて口をあんぐり、記念に参加メンバー全員で写真を一枚撮る。

今回のメンバーは女性が一二名で男性が五名で計一七名。多くもなく少なくもなくて丁度良い。

九時にホテルに戻り二度目の風呂上りに読書。

九時半にベッドイン。

今日は滅茶苦茶に、疲れました〜。

◎旅の思い出　七月一五日（金）
昨晩は九時半にベッドイン、今朝は真夜中の一時一五分に目覚めてまた眠る。

二時半にまた目覚め起きて来ました。

昨日、右肩がダニに食われて痛い。二〜三日前には右の腰をダニに嚙まれて最悪です。左足の付け根もやられて怒り心頭、丁度ＴＶを見ていたらＮＨＫで相撲をやっていて、白鵬が敗れて拍手喝采、パチパチパチパチ。

四時、五時、七時と三回も停電です。部屋の電気が薄暗い上に、ベッドの上の照明が点灯せ

二〇一六年七月　個人海外旅行No.35
《ミャンマー》

ず、それでなくても暗くて陰気な部屋なのに、いきなりブラックアウトしてトホホ。トイレに入っていなかったのが幸いでした。

六時に朝食、空芯菜、お粥が美味しい、スイカはイマイチだった。

ホテルで朝食を頂いてからヤンゴンから七〇キロ離れたバゴーに、ここはあの『ビルマの竪琴』で有名です。ビルマで戦友を弔う為に現地に一人残る兵隊さんの物語で、僕も小さい頃に見て感動したことを思い出しました。

最初は四面が仏様でチャイプーンパゴダから。カメラで写すなら三〇〇チャットだって。

九時五五分にスコールが……ここのトイレは最悪で、超、超、超、汚いです。

お次はシュエターリャウン寝仏を見て、最後はシュエモード・パゴダを見学。

一九二〇年ころの地震でパゴダが崩落し、当時のパゴダのレンガがそのまま一部が残されて、その上にまた修理、建築されていました。

その後、レストランでランチです。最初にサーブされた春巻きが超、美味しい。豚肉、お魚、空芯菜、パラパラのご飯と……。

午後、ゴールデンロックのあるチャイテーヨーへ出発です。

三時にバスからトラックに乗り換えです。ゴールデンロックは山のてっぺん付近にあり山道なのでバスでは無理、馬力のあるトラックに、客がいっぱいになるまで客待ち。一時間ほど待ってやっと人数が揃ったので、いざ出発です。

横五人がけで超、狭い、もう家畜並みでしたよ。スリル満点の山道を、ぎゅうぎゅう詰め満載のトラックに揺られて約一時間、五時にゴールデンロック傍のチャイテーヨーホテルに到着。

ロッジに荷物を置いて、いよいよ今回の一番の目玉であるゴールデンロックを拝みに、いざ出発です。

山の上はスコール後の霧と靄で視界が悪く、二〇メートル先も良く見えず最悪ですわ。境内に入ってサンダルを脱がされ全員が裸足です。途中で一度霧が晴れて一瞬シャッターチャンスがあって全員で写真を撮りかなりラッキーでした。でももう霧で何も見えなくなって、滑りやすい大理石の上を恐る恐る歩いて進む。ゴールデンロックの前付近から猛烈な雨。一時お祈りの場所に避難、でも雨は止まず、ズボンの下はびしょ濡れ、風も強くてライトアップされたゴールデンロックに近づくのも至難の業でした。

それで塀の間から写真を数枚撮って、最後は皆が諦めてホテルに戻ることに……。

途中足を滑らせて超、超、ヤバかった。ここで転んだら確実に脳天が地面に激突して、ヘタしたら死ぬかも？　ヘルメットを持って来なかったので本当にヤバイです。

夕食はミャンマー料理でした。色々出たが、僕の一番は殻付きのエビでした。勿論のこと、ミャンマービールで頂きました。

晩飯後にロッジの部屋に戻ってシャワーを浴びて疲れを取る。昨日のミャンマーライフホテルよりは照明が明るくて良かった。

持参した世界史の本を読みながら八時半にベッドイン。

一〇時半に目覚め、一一時にカップ麺を頂き、ＴＶで相撲を見ていました。

夜の一一時半に再度、眠りに……。

今日のゴールデンロックは最悪のコンデションだったので、明朝のご来光観賞に期待です。

二〇一六年七月　個人海外旅行 №35
《ミャンマー》

◎旅の思い出　七月一六日（土）

三時に起床、外はゴーゴーと大雨みたいです。残念だ、昨日は霧と霞と大雨と大風で綺麗な写真が撮れなかったし今朝のご来光に、最後のチャンスを賭けているのにねえ〜。

六時にホテルの前に希望者だけが集まりました。

三時のゴーゴーの音は室内のエアコンの音で、なんとか天気になりそうな気配の空模様です。有り難い。スコールが来る前に見学を済ませなくちゃ。地面の大理石は相変わらず滑りそうで恐る恐る、一歩ずつ歩いてゴールデンロックの前へ。

まずは写真を撮りゴールデンロックに触ってきました。押してみてもびくともせず、一ミリも動かなかった。ゴールデンロックの下に行く為に、滅茶苦茶滑りそうな、手すりもない階段を慎重に降りて、やっと下の方からも眺められた。

昨日は現地のガイドさんとツーショットを撮ってもらったので、Ｋ添乗員さんともロックをバックに撮ってもらいました。良い記念写真が出来て満足、満足でした。

やっと今回の旅の目的が達成出来て大満足でした。

七時頃にホテルに戻り朝食です。期待していたお粥が冷たくなっていて最悪でしたが、もう食事はいいや。

八時に支度してトラックの乗り場へＧＯ。

またまたお客さんがいっぱいになるまで待機していました。昨日のお客さんで、多分お隣のタイ国から来たイケメン夫と美人妻とキュートな女の子の家族もトラック乗り場に来ていました。

僕の隣はスリルを味わいたいとスピード大好きな女子大学院生でした。

出発したのは結局一時間後の九時。サファリカーみたいで、ジェットコースター並みに山道を飛ばして下って行き、スリル満点でしたよ。

一〇時頃にバスに乗り換えて、昨日のバゴーで違うレストランでランチの予定です。ランチは中華料理とミャンマービールでした。

食後、レストランを出る寸前に強烈なスコールが……バスの置き傘を借りて、ふぅ……。

一時一五分、ヤンゴンへGO。

二時四五分頃にホテルへ、お風呂に入り四時に出発。

アウン・サン・スーチーさんの家の前で写真タイム、塀の間から少し覗いたら男性のガードマンと目が合ってちょっとびっくり。そうそう現地ガイドのエイさんは、アウン・サン・スーチーさんに良く似ているのです。そのことをエイさんに話したら私は妹なの……と話を合わせてくれました。

五時頃には、大きな池に浮かべられた巨大で綺麗な船のレストランへ到着、またまた凄いスコールが……雨季の旅行は大変です。スコールが治まった瞬間に長い通路を通って船の中のレストランにIN。ロビーで綺麗なお嬢さんに、ミャンマー人が良く顔に白く塗っている日焼け止めの白粉風のタナカを僕も悪戯で塗ってもらいました。あら不思議、顔の塗った部分が冷たくて気持ちが良い。

大きなレストラン内では、ミャンマーの伝統舞踊を見ながらアジアンビュッフェです。美味しかったのは豚肉とアイスクリームかな？　お隣と、お向かいの人たちとは話題が合わず、一人黙々と食事したり舞踊の写真を撮ったり、レストラン会場を散歩したりして過ごしていました。お腹もいっぱい、ホテルに戻り九時にはベッドインしました。今日は本当に疲れました〜。

◎旅の思い出　七月一七日（日）

昨晩は九時にベッドイン、今朝は三時に起きて来ました。

2016年7月
ミャンマー・ゴールデンロックを持ち上げてみた

早朝から持参したコーヒー、コーヒーミルクを楽しんでいました。実は昨晩九時四五分になったらウェブチェックインする予定だったが、疲れ果ててそのまま眠っちゃった〜。

その後ロビーに行ってワイファイに接続、部屋に戻り事前チェックインし、アイルシートをゲット出来てホッとしました。

出発まで荷物の整理と世界史のお勉強、六時にミャンマーライフホテルのレストランで朝食を頂きました。気に入ったものは、お粥とゆで卵だけで一人参加の広島のおじさんとお話しながら頂きました。

今回のツアーの参加者は女性が一二名で男性はわずか五名、計一七名で小母さんの友達二人連れ、若い女性で一人参加が二名、北海道のご夫婦と奥様のお姉さまの三人連れ、横浜のご夫婦、能代のご夫婦、母と娘が二組、男性一人参加が二名でした。

九時に出発です。今日の夕方にスーパーに寄ってくれる為に今日予定の観光である寝釈迦仏は昨日行ってしまったので、最初はダウンタウンにあるスーレパゴダから……。

ここで金箔を購入、三袋で一〇〇〇チャット。

ランチは飲茶で美味しかった。その後に民芸品店に寄ったが値段が高すぎ……。

その後にボージョーアウンサンマーケットへＩＮ。大きなマーケットの中は細かく仕切った小さなお店がいっぱい。宝石屋さん、衣料関係、オミヤゲ屋さんなどなど……ここで僕も家族にショルダーバッグ他を購入……。

途中でヤンゴン市庁舎、最高裁判所、中央郵便局、公園のオベリスクも写真に撮って、最後はスーパーにも寄ってくれて嬉しい。

スーパーでミャンマービール、ミャンマーラム酒、お菓子などを購入、ここでオミヤゲを購入できてホッとしました。

四時にスーパーを出てディナーの為にミャンマー伝統料理屋さんへ、レストランに到着する少し前から強烈なスコールが……。時間がまだ早かったので、バスの中で雨が小降りになるまで待機中……。

一向に止まず傘を借りてレストラン内へ。メニューはミャンマーポークしゃぶしゃぶで、めちゃ美味しかった。ミャンマービールも美味しくてハナマルでした。

一時間後に空港まで、空港に入るや否や全員がお土産をスーツケースに入れていた。

搭乗券をゲットして、時間が来るまで小さな空港をお散歩とオミヤゲ購入、喉が渇いたのでまたミャンマービールで喉を潤す。最後にK添乗員さんと名刺の交換をして飛行機内にＩＮ。

あとは成田空港まで、六時間半の辛抱です。

今回の添乗員さん、現地のガイドさん、ツアー参加の皆さん、みんな良い人ばかりで良い旅行が出来て最高。

一番の目的だったゴールデンロックも、一五日は大雨と霧と霞で超最悪でしたが、翌朝には一時間ほど満喫出来て最高でした。

さてさて次はどこの国を訪問するか今から楽しみですわ。

それまでみんな、チェースパ＝ありがとう。

◎ミャンマー旅行　後記
四泊五日の短い旅行でしたが、充実した旅でした。

旅行に出かける日に、もうお腹の調子が悪くてビオフェルミン他を服用して準備万端で出かけました。

ヨーロッパに行くことを考えると僅か七時間位で現地に着くので気分が楽です。

五月一五日から九月一五日の雨季シーズンを避けて、乾季のシーズンならもっと楽しめたかもね？

ベトナムやタイと違ってバイクは少ない。何が良いかと言われれば治安が良いことです。

ホテルや街中のレストランでの食事は、殆ど美味しく感じました。

物価は安いが仏教国なので男性が楽しめる酒場は何処にも見当たりませんでした。

一番気がついたことは野良犬が多いことです。見るからに狂犬病？ みたいな犬が沢山。ちなみにバスの窓から眺めて数えていたら、片側だけで僅か三〇分の間に二〇頭も……逆に僕が大好きな猫ちゃんは殆んど見かけず残念。

男性は一生に一度は仏門に入らないといけないそうです。僅か一週間でも一年でも良いそうです。女性の尼さんも沢山おりました。

小さな子供のお坊さんが沢山いてめちゃ可愛いです。

僕は将来、在宅出家を計画していて、出来るなら日本じゃなくタイのパゴダに寄宿出来ればと思っています。たとえ希望のパゴダに寄宿出来なくても、バンコクかチェンマイのホテルからパゴダ通いをして精神を清めたいです。

最悪でも一年に一回だけでも良いからタイでパゴダ参りを続けるつもりです。

ちなみに最近では二〇一四年には三回、二〇一五年に三回、二〇一六年には、まだ一回ですが、この計画は今後も続けるつもりです。

四国八八ヶ所ならぬ、タイ・パゴダ巡礼です。僕には、日本の大乗仏教と違い小乗仏教の方が良いのです。自分自ら仏教の修行をしたいのです。

世の中、段々と治安が悪化して日本だって今後は安泰とは言えません。各都市ではテロが横行しイスラム圏の旅行はヤバイです。

地球そのものも温暖化で、あのアラスカでも摂氏二九度を記録し、北極の氷もすべて消えるのも時間の問題なのです。

段々と海外旅行の行き先が狭まってきましたが、それでもなお百ヵ国・地域を目指して行くつもりです。百ヵ国・地域が達成出来れば僕の勝ち、その前に寿命が尽きたらそれはそれで良い。

いつ、寿命が尽きても、今までの自分の人生は、最高だったと言える。

二〇一六年一〇月　個人海外旅行 №36
《カリブ海クルーズ―グランドタークアイランド、セントマーチン島オランダ領フィリップスバーグ、セントマーチン島フランス領マリゴ、プエルトリコ》

◎旅の思い出　一〇月七日(金)
自宅を一一時一五分頃に出発、一一時三八分の電車で大船駅まで、大船駅を一時一〇分の成田エクスプレスで空港第二ビルまで、一四時五三分に成田に到着。

すぐその足で三階の出発ロビーの団体阪急カウンターへ。今回の添乗員さんは四〇代のミスターFさん。

一五時一五分にアメリカン航空の受付へ。

一七時四五分に出発だったが三〇分遅れで、シカゴまで約一二時間（時差一四時間）のフライトです。

長い、長い飛行時間に映画を、タイトルは『ファインディング・ドリー』『アリス・スルー・ザ・ルッキング』『アングリー・バード』『エルビスとニクソン』『HANTUMAN』などを見て、二時五〇分に到着。

第四カウンターテーブルで荷物を待っていたが、男性二名が集合場所に来ない。添乗員さんが必死に探していた。

二名が現れずやむを得ずマイアミ行きのターミナルへ移動。トレインに乗って第五ターミナルから第三ターミナルへ移動。車椅子の人に邪魔されて女性二名が降りられず次の駅まで……あらあら可哀想！　シカゴ発一八時四五分、全員無事に乗れてマイアミまで行けてホッとしました。

後で聞いたら行方不明の二名は税関の付近で写真を撮ったのがいけないと他の部屋に連れて行かれて色々聞かれたそうな、運が悪いね、そういう僕も成田でツーショット写真を撮っていたら、滅茶苦茶に注意をされた思い出があります。

シカゴ発一八時四五分にマイアミへGO。

途中にまた映画を……『デモリション』『フリーステートジョーンズ』を途中まで見て到着。

マイアミ着が真夜中の二二時五二分。

徒歩で空港内のホテルへイン。部屋は六〇九号室で広さは、まあまあでした。

今日は本当に疲れました～。シカゴ、マイアミ間は食事が出ず、ホテルの室内でお湯を沸かしてカップヤキソバをビールで頂きました。

真夜中の二五時にベッドイン。お休みなさい。

◎旅の思い出　一〇月八日（土）
昨晩は真夜中の一時にベッドインして早朝の四時には起きちゃった。正味三時間だけの、睡眠でした。

パンとコーヒーを頂き早々の朝食でした。眠れないので持参した本を取り出して読書です。『貧民窟の人道支援』インド編、流血のアフリカ編を貪るように読んでいました。自ら超危険な地域に飛び込んでNGO活動する主人公には頭が下ります。

一〇時半にホテル・ロビー集合を間違って一〇時に集合場所へ、あらあら誰もいない。仕方ないのでホテルの前を散歩する。

一〇時半に空港ホテルからバスで港まで約二〇分間。乗っていたら岸壁に四つの巨大な船が係留されていて物凄い迫力でした。

自分たちが今回乗船するのは、一番大きなMSCディビーナ（約一四万トン）。チェックインし、クレジットカードを提示してクルーズカード（船内専用身分証明書&クレジットカード）を作成する。乗客が四三〇〇人もいるので時間がかかる。

F添乗員さんの我々ブルーチームは二三名で、ご夫婦七組、お母さんと娘の二人組、女性のお友達とご夫婦組、あとは僕のひとり参加です。

S添乗員さんのオレンジチームは二七名のチームで、成田〜ダラス〜マイアミで合流しましたが、一名が成田でパスポートを忘れて直前にキャンセルだって、めちゃ可哀想です。

二時にやっと乗船、専属カメラマンに一枚写真を撮られた。その後僕の部屋へ。一四階後方の一三一三四号室でした。お金が無いので一人参加、内側の窓無し船室を一二万円プラスして支払いました。部屋には窓は無いが、結構広くてダブルベッド、トイレ、シャワー、TV、冷蔵庫、デスク。それでも、スーツケースを広げるともうスペースが無いほどでした。

まずは船内探検を。

三時に七階ジャズバーに集合し、船内生活の説明会を受けました。

四時三〇分に一四階から七階の指定場所へ、クローゼット内のライフジャケットを着て行き、避難訓練を受けました。

夕食は六時から前半の組がデッキ六階後方にあるレストラン・ヴィラロッサで、アラカルトメニューでした。頂いたのは、エビのサラダ、牛のステーキ、デザートはバニラアイスでした。

八時にレストランを出て八時四〇分まで少しだけショーを見て、七階、六階を見学後、一四階デッキに出てマイアミ出港を見る。夜景が滅茶苦茶に綺麗でした。

巨大な船がマイアミ港の岸壁を滑るように出港しました。約三〇分は、まったく揺れ一つ感じなかった。

そうそうディナー時に重大な発表が。今回のクルーズでは、明日バハマのナッソーに入港する予定がハリケーン・マシューの影響で、ハイチが壊滅的な被害を受けバハマのナッソーも酷く被害を受けて観光どころじゃないと、抜港が決まりがっくりです。

七日にシカゴからマイアミに到着した時、皆さんはラッキーでしたよ、と言われ、前日までマイアミの国際空港はクローズだったそうです。バハマのナッソーの代わりに、英国領のグランドタークアイランドに寄航することになりました。今回の旅行は、バハマに行きたかったのでこのクルーズを決めたのにねえ。

明日は一日中航海で、明後日にグランドタークアイランドに着岸するらしいです。

持参した日本酒を飲んで九時四五分に眠ったが一〇時四五分に目覚め、横揺れを感じた。やっぱり巨大な船でも揺れるのだと一人納得していました。

英語のCDを二枚も聴きながらまた眠ろうとしたが部屋の中でコトコト音が気になって眠れない。何が原因だろうと色々調べた結果、エアコンの機械が天井にきっちりと固定されていなくて、かすかに隙間があって揺れで音が発生、押したり、引いたりしてやっと音鳴りが解消されてホッと……。

真夜中の一時五〇分にやっと眠りに……。zzz。

◎旅の思い出　一〇月九日（日）
四時一五分に起床、今日も二時間半弱の睡眠で完全に時差ボケです。

早速読書からスタートです。

五時一〇分頃にシャワーを浴び、Tシャツとパンツの洗濯、六時からブログの為に情報整理。

七時に一四階ブラッククラブレストランで朝食。メニューは、パン、ソーセージ、目玉焼き、ヨーグルト、フルーツ、コーヒー、オレンジジュースで頂きました。

八時半にトイレ、一四階のプールデッキをお散歩。

今日はバハマのナッソー観光だったが、ハリケーンの影響でバハマは中止で一日航海になったので何をしようかな？

一三階の部屋に戻りスイムパンツを穿き、九時半に一四階のプールへGO。外はめちゃ暑くて体感温度が三五度くらいかも？　僅か三〇分でしたが超狭いプールでクロール、平泳ぎ、背泳はただ浮かんでいるだけで超気持ちが良い。乗客は殆んど外人さんで、太っている女性やタトゥーをしている女性がめちゃ多かった……。太っていても平気の平左で、堂々とデッキチェアーに寝そべっていて羨ましいです。

一泳ぎして一〇時に部屋に戻りCNNニュースを見ていました。

その後、持参した囲碁の本を読み、将棋盤を広げて棋譜並べ、一一時一五分からまた読書。

一時から一四階でビーフストロガノフと果物だけ食べて、午後一時二〇分から五階でアート・オークションに参加。

僕は絵画、彫刻が大好きで気に入った絵があったら記念に購入しようと思っていました。大好きなのは女性の人物画で風景画はちょっと……気に入った作品は数点あったがオークションで世界のお金持ちと競って買うほどの作品じゃなく、ただオークションの進行を眺めていただけでした。でも、参加していただけなのに美味しいシャンパンが振舞われ、昼のアルコールで一気に酔いと眠気が……部屋に戻り二時半から五時半までお昼寝、完全に時差ボケだ。

今晩は六時から六階のヴィラロッサ・レストランでフォーマルパーティーなので、背広にワイシャツ、ネクタイに着替える。七階集合場所でフリーシャンパンを頂き、会場へGO……メニューはエスカルゴ、牛ヒレステーキ、エビとアスパラガス、フライドポテト添え、アスパラガスのスープ、パン、デザートはチェリーとアイスクリームでした。お仲間の女子二人組とご夫婦二組と相席、談笑しながら八時に終了。

その足でカジノを見学、外人の二人組がコインゲームで百ドルを目の前でゲットする瞬間を目撃……。

八時四五分に六階のシアターに入場し一番前の席をゲット。僕の隣はテキサスから来たおばあちゃん八八歳、右隣はホンジュラスから来た一〇代のお嬢さんたち三人組でした。おばあちゃんからも話しかけられたが、殆んど右側の若い娘たちとお話していました。その中に綺麗な娘がいたので尚更ですわ。ついでに日本語でありがとうの言葉も教えた。

九時一五分にショータイムで一〇時まで。

その後、お散歩、カジノにも寄ってルーレットを見学。

一一時に部屋に戻ってシャワー、洗濯、お尻が痛い。

二四時にベッドインです。お休みなさい。ｚｚｚ。

◎旅の思い出　一〇月一〇日（月）

午前三時に起床、三時二〇分に持参した味噌汁とクラッカーで腹ごしらえし、三時四〇分から読書、四時二〇分から囲碁のお勉強を、四時五〇分から将棋、その後にシャワー、髭剃り。

七時に朝食の為に出かけたが、一四階デッキでオレンジ組の女性お二人に出会い、彼女たちの後を付いていったら迷っちゃった〜あらあら。でもお陰でターク島に接岸しようとしているところに偶然に出会ってラッキーでした。めちゃ小さい島で、ほぼ島の全部が見通せました。

一四階のレストランでヴァイキングの朝食です。二度目に牛乳とパン一個を、小皿に入れて席に戻ったが、もうそこには別の人が座っていて他に自分が座る場所がなく、あらあら。しょうがないので、そのまま部屋に持ち帰りました。

七時四〇分にトイレ。その後、添乗員さんからパスポートを持参するように電話がありました。

八時四五分に七階のジャズバーに集合、九時過ぎに船外へ。

外はくそ暑い。島は小さくて岸壁からすぐお店とビーチがあり、もうビーチでは沢山の人が泳いでいました。巨大な船をバックに何枚も自撮りしていました。ビーチは超、歩き難くて最悪、超、疲れました。

ここの島は英国領で、お店は宝石屋さんが多くて、あとはオミヤゲ屋さんばかりでした。オミヤゲ屋さんの多くがTシャツ、地元のバンブーで作ったコップ、置物などを売っていました。記念にバンブーのコップを五ドルでゲット、四ドルにしてねと値段交渉、僕の負けで売り場の彼女の言い値で購入、ほんのお遊びでした。

この島で超びっくりしたのが、島に一店あるアート店。店内に色んな絵画が。ふと他を見ると銀製の丸い球のカップが飾られていて目を奪われました。店主に聞くと、英国王室のジョージさんに贈った物と同じ作品だって、作者はヘンリー・ムーアさんで、見事な物で思わず写真をパチリ。

歩き疲れてお尻が超痛いし、喉も渇いてフルーツドリンクバーでビールを注文したが、生憎無くてスプライトを注文、ごくごく飲んで生き返りました。

一一時頃に、疲れ果てたので帰船する。

ランチは一四階レストランでサンドイッチ、マッシュポテト、果物、ターキー肉とコーヒーでマッシュポテトが超美味い。

一二時半から読書、その後に長時間の昼寝で完全な時差ボケだ。四時半にまたまた電話で起こされる。またまた読書、東チモール編を読んでいます。

何故？　旅をするのだろうと考えた。僕の答えは一人で考える時間が欲しいので一人旅に出るのだと一人、納得していました。

本を読んでいて本の主人公に共感する。

六時にディナー、長崎県と福島県のご夫婦、女性二人組とビールを飲みながら談笑する。ちなみにビールは、グラスで六・〇四ドルでした。

八時にショーシアターにイン。

九時から四五分までイタリア、カンツォーネを楽しむ。

その後にカジノ見学、一一時半にシャワー。

カジノでは多分スペインの男性が全てのチップをルーレットの約三分の二の数字にベットして毎回的中させて大金をゲットしていたシーンを目撃しました。凄いです！

二四時に日記を書いてその後、またマイアミで購入したマガジンを見ながら二四時四五分にベッドイン。ｚｚｚ。

◎旅の思い出　一〇月一一日（火）

早朝の四時に起床、喉が痛くて風邪薬のムコダインとフロモックスをグロモント栄養ドリンクで飲む。うがい薬のルゴールを忘れてヤバイです。失敗、失敗、次回の旅には忘れないようにしよう。

日記を書いたりTVを見たりして過ごす。四時四五分に読書しながら眠りに……六時の目覚ましでまた起きる。

七時に一四階レストランに。体調が思わしくないのでハンバーグと果物とコーヒーだけで済ます。

七時二〇分からまたまた読書、八時五〇分から一一時まで眠った。

一二時に五階のレストランで佐藤ご夫妻と三人でのランチです。メニューはエビと野菜のてんぷら、サンドイッチとフライドポテト、ティラピアのフライ、バニラのパンコッタでした。食事が終わったのが一時半で超遅い！

丁度セントマーチン島に入港です。

二時に七階のジャズバーに集合、出発が遅れに遅れて三時一〇分にやっと船外へ。外はくそ暑い。我々ブルー組はバスの停車場まで徒歩でテクテク、オレンジ組は近くのバスに乗っていいなあ～。

最初はコールベイヘルでシンプソン湾が見渡せる場所で、僅か一〇分の写真タイム。

その後にこの旅の目的であるマホビーチだ！ここマホビーチは飛行機が海面スレスレに飛んで来て着陸するというスリル満点の空港で待ち遠しい。

2016年10月　カリブ海クルーズ船の前で

バスで延々と進む。やっとビーチが近づいて四時一五分にマホビーチに到着。四時五五分までだって、少ないね、四〇分しかないじゃないの、怒、怒。

トイレに寄ってから危険地帯まで歩き、持参したiPadをビデオにしてスタンバイ。暫くして海の上にキラリ、あっ、飛行機が来た。早速ビデオ撮影、開始。いやあ～物凄い迫力でホンの一瞬でした。飛行機はジャンボじゃなくDC10かな？

ビデオ撮りしたので満足です。次を待っていたが、小さな飛行機がもう一機着陸しただけでもう時間切れで残念。なかには、貴重な着陸の瞬間を見逃したお客さんもいて、可哀想でした。

ドライバーさんと添乗員さんの好意で、オランダ領のフィリップスバーグからフランス領のマリゴに行ってくれると決まってラッキーでした。

オレンジの添乗員さんから連絡があって、自分たちより先に出たはずのバスが途中で故障、バスを乗り換えて向かったが、マホビーチでは小さな飛行機の着陸を一機見ただけと連絡があった。自分たちの組はまだ良かったが、これじゃ悲し過ぎるぜ！　オレンジの組のメンバーには、隣のフランス領まで行ったことは言わないでと、添乗員さんに釘を刺された。ついつい言いそうで怖い。

六時三〇分フィリップスバーグの繁華街で下車、若い女性二人組と僕一人がバスを降りて帰船することに……。

繁華街を歩いているのだが、お店の殆んどがもう閉まっていた。オイオイ早過ぎるでしょう。繁華街は暗くてビーチの方に曲がりデビーナ号を目指して歩く、歩く。

七時にやっと波止場に到着。港のお店を覗いている間にお二人と、はぐれちゃった。ここでお土産をゲットして船内に戻る。

シャワーを浴びて着替え、一四階のレストランで軽い食事を……今日も疲れちゃった〜。

マホビーチでのビデオを確認したが、生で感じたほど迫力を感じなかった。でもまあ良いや。

オレンジ組のことを考えると不満は言えないです。

疲れたので、もう寝ます。ｚｚｚ。

◎旅の思い出　一〇月一二日（水）

真夜中の一時四五分に起床、二時四〇分に持参した味噌汁を飲む。

二時四五分から囲碁・将棋のお勉強、三時四五分にまた眠り、七時に再度起床するも体調悪し。一四階レストランで、ヴァイキングの軽い食事を。

七時半にプエルトリコが見えて来た。

八時に部屋に戻りｉＰａｄを持って一四階から一八階まで移動しながら写真タイム。

九時にサンファンに入港する。隣にも大きな船が横付けに……。

九時一五分に船室に戻りシャワーを浴びる。お尻がまだ痛い。

九時半から読書。

一一時頃から船の従業員だけの避難訓練でマイクの大声が部屋にまで、届いて五月蝿い、五月蝿い。

一一時半に一四階でランチ、果物と牛乳とグレープフルーツジュースだけ、一二時にまた読書、本を一冊持って来て大正解でしたよ。

一時一五分に七階ジャズバーに集合、バスで市内観光へ、ここプエルトリコはあのコロンブスが二度目の航海の時に寄航しています。

最初にサンクリストバル要塞から観光です。

立派な要塞に超びっくり。至る所に工夫が施されていました。

その後、歩いてコロンブス広場へ移動、ここでコロンブスさんと、ツーショット、良い記念です。その後歩いて港まで、途中、お店でオミヤゲのお買い物。

船に入ろうとするとパスポートを見せろ、だって……見せて難なく夕方の五時に船内に。

ここでも手荷物検査です。

船内にはお酒持ち込みは禁止で、上陸前日に返してくれるそうです。何故って？　それは船内では船のレストランやバー内で飲み、お金を落としてもらいたいのだ。僕はラッキーにもお酒をお土産に持参していたが検査では運よくスルーでした。

六時に添乗員さんからバハマの抜港、マホビーチ観光出発の遅れ、オレンジグループのバス故障、飛行機の着陸シーンも時間が遅すぎた為に小型機の着陸しか見られなかったことなどでビール一杯のお詫びの奢りでした。我々ブルーチームは中型機一機と小型機一機、オレンジチームは小型機一機のみでバスが故障し、一時間立ち往生で本当に可哀想です。

ディナーはステーキを、八時にカジノを眺め、六階でピアノとヴァイオリン演奏を聴き、部屋に戻ったが風邪の為に喉が痛くて体調も悪いので八時一五分にはベッドインするも、真夜中の二四時に阪急の添乗員さんが、自分たちが発行している新聞を入れている音で目を覚ました。二四時に風邪薬を服用し二四時三〇分にまた眠りに。ｚｚｚ。

◎旅の思い出　一〇月一三日（木）
四時半に起床、直ぐに読書、六時半にシャワーを浴びてスッキリ。

七時に一四階レストランで朝食、ピザとオレンジジュース、グレープフルーツジュースで終わり、ピザが熱々じゃなかったのでプチ不満、家ならもう一度チンして頂くのにねえ～。

七時一〇分からＴＶでＣＮＮを見ながら将棋、棋譜並べ。

八時に血圧、コレステロールの薬を服用、ついでに牛乳も、その後に睡眠です。

九時五〇分、昨日から計画していたウォータースライダーに挑戦しようと、水着に着替え一四階、一五階、一六階へと……。

少女や大人たちも楽しんでいたので僕も……足を伸ばしたままスタートしたら超、物凄いスピードで、薄暗いチューブの中を左右に回転しながら落下して行く。スリル満点だった。

一六階から一四階のゴールに注意書きが……足は少し曲げて下さいと書かれていてもう遅い。どうりでめちゃ早いスピードで、少しだけ恐怖心も感じましたよ。怖かったが二度目に挑戦、足を少し立ててスライドすると、さっきよりもスピードが少し抑えられて気分良し！いつもお馬鹿な僕でした。でも楽しかったのでハナマル。

一〇時四五分に自室に戻ってシャワーと洗濯を……一一時にTVと読書を、一二時に五階のレストランへ、美味しかったのはアイスとフルーツだけでした。

一時二〇分から四時まで睡眠、TVのBBCニュースではタイの国王のプミポンさんが八八歳でお亡くなりに、国民の大多数が泣いていました。僕もタイが大好きなので悲しいです。彼ほど敬われている王様は知りません。合掌。

その他のニュースでびっくりしたのが、あのボブ・ディランさんがノーベル文学賞だって、音楽家が文学賞？

六時に最後のフォーマルディナーで、今晩はビールを飲みたい気分です。

食後に七階を歩いていたら、あのオバマさんの妻のミシェルさんに出会い少し会釈された。え？　びっくり……。実は前にレストランで、めちゃオバマさんの奥様にそっくりなので何度もお顔を見ていたら、向こうも気がついたみたい。でも大統領選挙たけなわだし、オバマ夫人ご本人の訳ないよね、でもめちゃ気になる。

九時から船首のシアターでショータイムを楽しんでからカジノに行ったら、カジノ・スタッフの可愛い女性からビンゴに挑戦してみないと勧められ、可愛かったので一〇ドルを購入、当たる訳ないけど何もしないのもつまらないしねえ～。

二三時にルーレットに初挑戦二〇ドルをチップに換えてもらって四つの数字、三ヵ所に何度も賭けていました。幸運にも何回か当たって良い気分だったが、一五分後には風向きが変わってどんどんチップが無くなり、結局は三〇分でオケラに……がっくりです……。少し期待していたビンゴも当たらず、すごすごと船室へ戻った。でも初めての経験だったので三〇分間だけは楽しめましたよ。

快い疲れでバタンキュー。ｚｚｚ。

◎旅の思い出　一〇月一四日(金)
そうそう昨晩一一時四〇分頃に、ベルトがバックルの所から千切れてズボンがズリ落ちて滅茶苦茶にヤバイです。

今朝は三時に起床、三時二〇分に風邪薬を服用しておきました。その後、マイアミで仕入れたマガジンを読み、紅茶とビスケットを頂きながら英単語のお勉強を……六時にまた寝る。

七時に一四階レストランで熱々のピザを作って……とお願いしたら一〇分待ってと言われ、一〇分後に行ってピザを貰う。でも縁の周りまでは熱々じゃなかったので残念でした。でもまあ良いや。

八時四〇分にあのオバマ夫人に超似ている女性とすれ違いお互いに会釈を……。

一〇時に七階デッキ、ジャズバーで下船説明会を……帰りにＭＳＣのリュックとドリンクボトルを頂いた。嬉しいけど、昨晩、一度荷造りをしたらオミヤゲと背広でスーツケースに余裕がなく、オミヤゲのバック二個がどうしても入らず手持ちにしないと……。持参した日本酒とお水はすべて処分して、頂いたリュックを無理矢理に入れないとねえ、ふぅ！

ランチも一四階のレストランでソーセージと果物だけの軽い食事でフィニッシュです。

ランチ後に荷物整理を……。

午後から読書、やっと一冊読み終えました。

その後は昨晩にルーレットであっさり負けてしまったので戦法を変える為にいかに賭けるかを色々と検討していました。

最終の荷造りもやっと終えてホッとしました。案の定オミヤゲのバッグの二個がどうしても入らず手荷物に……。

夕方五時、身体に悪寒が走ってめちゃヤバイです。寒気が……。

夕方の六時、今日最後の船でのディナーです。

八時四五分、体調が最悪だが、無理をして最後のショーを見にシアターへ。最後の出し物はマイケル・ジャクソンのショーだった。ショーの終わりに船長さんの挨拶。

その後、出口で気に入った超美人のショーガールと握手、気に入った二番目の女性にはスマイルだけ、やっぱり握手しとけばよかったと後悔。さあ最後の夜だからと思いカジノへ。

昨晩と同じようにルーレットを。お客さんは少なく立ち見客は僕の賭けを注視していました。

昨日から今日にかけて研究した方法で賭け始めたら、三回に一回は当たって少しずつではあるがチップが増えていって気分良し。約一時間遊んでいたが、潮目が変わり、段々とチップが少なくなって最後の一枚は記念にお持ち帰りです。

これで期待していた船旅も全て終了し、明日にはマイアミに上陸です。

シカゴからマイアミには、ハリケーン・マシューに阻まれてめちゃ気を揉んだが、運良くマイアミで乗船が出来ました。でもハイチ、バハマがハリケーンで壊滅的な被害を被り、バハマのナッソーには寄れずに超、がっくり。この旅の一番の目的はバハマに行きたかったので申し込んだのにねえ〜。代わりに英国領のグランドターク島に寄ったがイマイチでした。セントマーチンのマホビーチでのジャンボ着陸を期待したが、出発時間が約一時間一〇分遅れて、中型機は一機しか見られなかった。なんでも期待し過ぎるといけないよねえ〜。

◎旅の思い出　一〇月一五日（土）
昨晩一一時四〇分にスーツケースを室外に置き二四時にベッドイン、心なしか風邪も少し回復したかも？

四時五分に起床、添乗員さんから昨日、今回の旅では迷惑をかけたからと言ってリュックと水筒を貰い、船側からもバハマ抜港のお詫びにチョコをかけたイチゴを一〇個も貰ったがこんなに食べられないよう。嬉しいけどリュックは荷物になるし、オミヤゲのバッグもスーツケースからはみ出て手荷物になっているし、明日のマイアミ観光に手荷物持参じゃ邪魔で大変だ。

四時一〇分にりんごを齧ってビタミンを補給し、七時にアラカルト、果物を頂きフィニッシュ。

八時に一四階でマイアミの風景を写して、九時に七階に集合。

一〇時に下船、市内観光へ。

バスでマイアミビーチとアールデコ地域を散策、どこがアールデコ？　と呼ぶほど気がつかない建物でがっかり。その後、一二時ころマーケットの前でオプショナルに参加しない半分以上のメンバーが下車し、個人個人自由にホテルに戻ることに……。二組のご夫婦と僕とでレストランへ、僕はストーンクラブを食べたかったので専門のお店を探す。二人組のご夫婦はもう蟹を諦めて近くのレストランへイン。僕は諦めきれず蟹のお店を探すことに、一時に集合場所を決めて僕だけ自由行動に……いろいろ聞いたがストーンクラブは一〇月下旬らしい。マーケットを全部歩いて調べたが無くて残念。ベルトも女性用だけで手に入らず時間が空しく進む。もうこうなればどこかで少しだけでも食事をしよう。とあるレストランでビールを頂きながら一時まで休憩です。

一時に集合してマイアミのフリーのメトロに乗って、まずはマイアミの風景を楽しむことにした。

女性たちがスーパーマーケットにも行きたいと言ったのでワンデーパスを五ドルで購入し、マーケットに行こうと、とある駅で降り、三〇分後にバスに乗ってマーケット付近のバス停で下車、ガイドブックにはお勧めのマーケットだって、めちゃ小さくてこれでお勧め？　早速時間を決めて自由行動を……。

僕はベルトを探し続けた。やっと一軒のお店でベルトを見つけてラッキー、やっと購入してホッとしました。

四時頃にホテルに戻ることに、今度はバスがいくら待っても来ない。

三〇分後にやっとバスが来て乗車、近くの駅付近で下車しメトロでマイアミ空港へ……やっと六時にホテルに到着、疲れた〜。

夜のマイアミに繰り出す予定だったがもうエネルギーが残っていません。

六時過ぎにバスタイム、カップ麺とピーナッツと日本酒で超簡単なディナーを。

七時に荷造り、七時半にベッドイン。

約四時間寝て、一一時半に一度目覚め、二四時一五分に起床。日本酒を一杯、紅茶とビスケットで朝食を、バスタブに入り髭剃り、真夜中の一時にまた眠る。ｚｚｚ。

◎旅の思い出　一〇月一六日（日）
昨晩は真夜中の一時に寝て、今朝は早朝の四時半に起床しました。
ＮＢＣニュースでは、ここ二〇年で二〇件の重大ニュースを解説していました。ちなみに、
一位　ニューヨークのトレードセンター・ペンタゴン同時テロ。
二位　ブッシュ大統領がアフガンに侵攻を指示。
三位　同じくイラクに侵攻する。サダム・フセイン、オサマ・ビンラディン、アルカイダ、イスラミックス、ＩＳＩＳと続く。
四位　ビル・クリントンとモニカ・ルインスキーの不倫。
五位　アップル、スティーブ・ジョブズ、アイフォンだって……。
ホテルの部屋にはコーヒーマシンがありコーヒーを飲もうかとドリップ式の容器にホテルの水道水を入れて飲んだら、急にお腹の調子が悪くなって最悪の状態になってヤバイ。持参した水はお終いで、水道水でも沸かすから大丈夫と思いきや、我が胃腸にはダメでした。薬を飲んでもう六時にはロビーに集合だ。体調は最悪。

二〇一六年一〇月　個人海外旅行№36
《カリブ海クルーズ》

一階ロビーに集合し歩いて空港へ。添乗員が各個人でチェックインしようとしたら空港の係官がここではダメだ、あっちでやれと指示される。やれやれ指示された場所でチェックインしようとしたら、また別の係官が来てここはダメだと、あっちでやれと指示、ここで添乗員が切れちゃった。係官と喧嘩しても勝ち目はないよ、お客様の手前クレームをつけたが、最後にグループカウンターに並び一人一人チェックインした。

シカゴまではアイル席だけど、成田までは五列の真ん中だって、それはヤバイよ。

シカゴで再交渉することにして八時三五分にシカゴへ約三時間の飛行です。

飛行中は映画を見て過ごす。国内線ではたいした映画をやっていなかったのでディズニー映画を見て楽しんでいました。

シカゴに一〇時四五分ころに到着。乗り継ぎの場所はすぐそこでラッキー。すかさず成田行きのカウンターに添乗員さんと行って席をチェンジしてもらってホッとしました。

シカゴ空港内で佐藤ご夫妻から伊勢参りの万金丹を六粒頂いて服用、本屋さんで今回の旅の記念で日本向けのフレーズ&ディクショナリーを購入。

一二時四〇分にいざ、成田へ出発だったが、飛行機の機器に不具合が見つかって乗った飛行機を下ろされてガックリ、修理をするか、部品を交換するかで遅れに遅れたが、また機内にイン。

これから一三時間一五分の辛抱です。

機内では成田からシカゴに来る時に見ていた、映画をまた途中から見てやっと話が繋がりました。映画はアメリカ南北戦争時代のお話です。よくよく考えてみたらアメリカは、世界で一番の好戦国ですよね……。その後に『ニンジャタートル』『スプラッシュ』『マネーモンスター』他、飛行経路などをチェックし居眠りもしながら時間を過ごしていました。エコノミー症候群にならないようにトイレまで歩いて、少しの時間ですがエキササイズをしていました。

明日はいよいよ成田です。

◎旅の思い出　一〇月一七日（月）
映画を何本もハシゴして時間を潰していました。

一時間半ほど遅れて五時二〇分頃、成田にやっと無事に到着して嬉しい。

ターンテーブルでスーツケースを待っている間に、同じグループでお母さんと参加していた美人の娘さんと暫しチャット……後で我輩のブログを読んでくれるって言っていました。嬉しいですね。船内のディナーでも相席になって談笑出来たのも良い思い出です。本音、もう少しお話をしたかったなあ〜、お母さん抜きで。（笑い）

今回の旅の目的はバハマ・ナッソーに行きたかったのと、あのマホビーチでジャンボの着陸シーンを我がビデオに写したかったのと、メイクフレンドだったが、いずれも達成出来ず仕舞いでした。

その他、期待していたマイアミの街歩きはただ風景が綺麗なだけで、猥雑なナイトライフも味わいたかったが、最後、エネルギーが枯渇していて未達成で泣きですわ。

良かったのは、船内で毎晩行われるショーが素敵でした。四回もかぶりつきで見られたのでマルでした。

そうそうカジノでルーレットに挑戦したのも良い思い出です。

今回の旅で、訪問国+地域、累計で八八ヵ所、六九回目の旅でした。

二〇一六年一一月　個人海外旅行No.37《キプロス・マルタ島》

◎旅の思い出　一一月一日（火）

自宅を昼の一時三〇分に出発し、一時四三分の電車で横浜駅へ。二時五九分の成田エクスプレスがプラットフォームの前方に立っていた為、良く見えず五〇秒前頃に後方を見たらなんと電車が既に入線していてヤバイと思いながら駆け出してやっと電車に飛び乗って一〇秒後にドアが閉まった。ふぅ！

本当に僕っておバカさんだね、もうちょっとで乗り遅れるところでした。

第二ターミナルに四時二八分に到着。オニギリを二個ゲットし、早速ユーロに両替です。二万円パックで=一六五ユーロと四六五円が戻って来た。ちなみにレートは一一八・四〇円でした。両替後にみずほの両替所のレートを見たらあれ？　こっちの方が率が良いじゃない。失敗、失敗。両替の額の問題じゃなくて、気分の問題なのです。五時四五分エミレーツのカウンターに並び、ひたすら待つ。何故こんなに早く来たかと言えば、出来たらアイルシートが欲しかったからなのです。

早く来た甲斐があって、ドバイまでと、ドバイからマルタまでの二コースの通路側がゲット出来て少し安心しました。

二一時二〇分いよいよ出発です。まずは、ドバイまで約一一時間（時差五時間）の長時間飛行です。機内ではディズニーの『フリーズ』を見たりして過ごしていました。

ドバイに現地時間で翌日の三時五〇分に着いて、無事マルタ行きのゲートに移動してやっと今回の添乗員さんとご対面です。

今回の旅は添乗員さんがついているから申し込んだのに、途中からじゃ有り難味も半減するよね。なにしろ今回申し込んだ、てるみ・くらぶは初めてだし、最近二ヵ月前から良く、新聞に大きな広告を載せていましたし半分大丈夫かな？　とも思っていました。それに、一週間前に最終案内がまだ来ていなかったので問い合わせしたら、電話応対が超態度の悪い男性スタッフで、超、気分を害したのです。まあ、電話した翌日に案内が届いたので、まあ良いかといった調子でした。

添乗員さんはドバイ在住の人と思いきや、大阪から添乗してドバイで成田組と合流だったのです。書類を見ると、ただドバイで合流と書いてあるだけなので言葉が足りないよね！　成田組の中には大層心配された人たちも沢山いました。皆が皆、旅慣れている人ばかりとは限らないからねえ〜。

ドバイでは乗り換え時の検査が超厳しくて、靴、ベルト、時計、ポケットの中も全部容器に入れさせられてチェック。

ドバイを七時五〇分に出発、途中キプロスに着陸、機内掃除、約一時間半後にやっとマルタへ出発、飛行時間は約八時間半です。

朝食は牛の焼きそばとハイネケンビールで頂きました。

エミレーツと言えばアラブ諸国では一番の飛行機会社だと思いきや、今回乗ってみてレベルがダウンしていて超、がっかり……。

食事時にトレーをお客様の席に何度もぶつけるわ、アテンドさんの容姿もイマイチ。食事時には、アラブ人のテーブルを戻さない人に注意すらせず、超、超、気分悪し。

成田からドバイまでの二度の機内食、ドバイからも二度の機内食があったが、美味しかったのは一回だけ……あとの三回はイマイチでした。

マルタ到着まで、ひたすら映画を見て過ごしていました。

◎旅の思い出　一一月二日（水）
キプロスのラルナカから一七三七キロ飛んで、時差三時間戻してマルタに現地時間一時一四分にやっと到着です。ふぅ！　マルタ空港は、小さくて税関検査もスムースでした。

ドライバーのチャーリーさん、現地添乗員のマイコさん、我々三三名と若くて美人のK添乗員さんと、早速ラバトの散策からスタートです。

大聖堂に行く途中一人の小母さんが行方不明に。多分ですが、教会前の広場で別のグループに混じって行っちゃったみたいでした。添乗員さんが見つけに走る、走る。やっと見つかってほっ！

イムディーナを散策しながら、シンメトリーのイムディーナ大聖堂に入場観光です。教会はどこでも外観も内部も同じような作りでした。

その後、四時頃まで近くのオミヤゲ屋さん巡りです。どこのお店も似たり寄ったりでした。どこのお店でも、ジャストルッキング、サンキューと……。

大聖堂界隈の道は超狭くて、歩道は一人分だけの幅しかないし、車も一台通るのがやっとで、結構リスキーですわ。

その後セントジュリアン地区にあるゴールデンチューリップビヴァルディーホテルに到着です。ロビーにはあのビヴァルディーの写真とチェロ、彫刻も飾られていて素敵です。僕も彼の曲で、「春」なんかが大好きなので低い音で口笛を吹いていていました。

一〇三番のルームキーを貰い早速、日本酒で景気をつけて約三〇分後にはバスで二〇分のレストランへ出発です。本当はバスタブに浸かりたかったが時間がないのでパス。

レストランディナーは、茨城から一人参加の同じ年齢位の島田さんと一緒で今晩はワイン付きでもうそれだけで最高ですわ！

その後ホテルに到着。僕はついでにホテル近くのスーパーにインしてチョコとマルタのビールとスナック菓子をゲットして来ました。すっかり疲れてバスタブに入り、疲れを取ってからベッドイン、もうエネルギーを全部使い果たしました。もう英語のCDを聴きながら眠ります。

◎旅の思い出　一一月三日（木）
昨晩は一〇時一〇分に英語のCDを聴きながらベッドインしました。

翌朝、早朝四時一〇分に起床、バスタブに入り髭剃り、読書、TVはアメリカ大統領選挙のニュースばかりでつまらない。持参したリプトンティーを頂く。

七時にホテル0ロビー階、隣のレストランへ。

ヴァイキングなので大きなお皿にパンとケーキ、ハム、チーズ、卵、レタス、トマト、果物と紅茶はブラックで、お隣のテーブルには別のツアーの父と娘のペア客が座っていて、談笑しながらの食事でした。

食事が終わってレストランを出る途中に、我が添乗員さんが食事をしながら仕事をしていたのでご挨拶を……。少しだけ相席させて頂きお話をさせて頂きました。話が弾んで、彼女がサンケイ新聞に載った記事も見せてもらいました。僕も、秋田県能代市の北羽新報社の新聞に我が旅行記の記事が掲載された時、めちゃ嬉しかったことを思い出しました。

話を終えて出発時間までホテル界隈をぶらぶらお散歩です。まずは近くのカジノまで、二四時間営業だから雰囲気だけでも見ようとしたがパスポートがないと入店出来ないって……。時間がたっぷりある訳じゃないのでドアの隙間から眺めさせてもらいました。早朝なのでお客さんはほとんどいず閑散としていて次の場所へ。ホテルの側にはトレードマークのタワーがあって迷うことはないです。

出発は九時半なので、めちゃ楽ですわ。

今日はマルタの西側に位置しているゴゾ島に行きます。マルタの北東から西に向かって、海岸沿いをどんどん進む。海岸には敵を素早く発見する為の砦があちこちにあって、マルタストーンをふんだんに使った建物や塀が素敵です。何処を切り取っても絵になる風景をパチパチ、カメラに……。

マルタの西端に到着。隣のゴゾ島に行くフェリーに乗り、後方のベンチに座って、出港シーンを見ていました。若い娘さんと一緒に参加している、綺麗でスタイル抜群の母親が僕の座っているベンチに座ってくれて少しお話をさせてもらいました。両国にお住まいだとか、羨ましいね〜。

ゴゾ島に到着。

最初はジュガンディーヤ神殿、ゴゾ大聖堂とチッタディラ、アズールウィンドーなどを観光しました。

途中にランチはレストランで大きなエビとムール貝、マテ貝など、見るからに豪華版でビールは二・五ユーロでめちゃ美味しかった。ただマテ貝は砂が多くてダメ。

ゴゾ島では有名なゴゾのソルト、マグネット、ボールペン、マルタのポスト、マルタ騎士の紋章他などをゲット。

ゴゾの大聖堂の見所は騙し絵で、大聖堂ドームの天井はただの絵だが、ドームのように見えるから不思議でした。

ゴゾ島を満喫し、五時一五分にフェリーでマルタに戻りレストランへ。

ディナーはペンネで味はイマイチ。対面に大阪京橋の一人参加の小母ちゃん、隣は茨城県日立の島田さん。ワインとビールですっかり良い気持ちに……。

九時にホテルに戻り、バスタブで疲れを取り、日本酒と栄養ドリンクを飲んで疲労回復を。

もう今日はめちゃ疲れたので眠りますわ。

別の英語ＣＤに変えて、ｚｚｚ。

◎旅の思い出　一一月四日（金）
早朝に目覚め、持参した本を読み、バスタブに浸かり、昨日までの疲れを取っていました。

2016年11月　マルタ・ゴゾ島で添乗員さんと

七時にレストランへ、今朝も茨城県の島田さんとお話をしながら軽めの食事です。今朝も食事後にK添乗員さんの食事の時間を邪魔してしまいました。

九時半までまたホテル界隈をお散歩です。

九時半にはバスでヴァレッタ観光です。

今回の目玉は聖ヨハネ大聖堂で、中に入ったら超びっくり、内装が金ぴかでした。あの有名なカラヴァッジョの絵が展示されていて、残念ながら写真撮影はNOだって。彼の作品である〝聖ヨハネの斬首〟はめちゃ残酷なシーンで、かつリアルで恐ろしい。

その後、ソルティングバッテリーへ。ここからの眺めは素晴らしく、岸壁にはキャノン砲がずらりと並んでいて壮観でした。一二時に空砲を撃つと言うので、食事前の自由時間にまたここに来なければ……。今回の旅でこのキャノン砲の音が聞きたかったのです。以前キューバを訪れた時に空砲を撃つショーがあって、小さいキャノン砲だったが轟音で超びっくりしました。今回はキューバで聞いたキャノン砲よりも大きいので、期待も大です。

その後広場で自由時間になって、一二時二〇分まで戻るようにと言われ、先ほどの場所へ一目散に……。一一時五五分に着くともう二階の特等自由席は凄い人だかりで隙間がないほど、そうだ、一階に下りてみようと階段を降りたら下は売店と博物館の入り口になっていて、ここで三ユーロを支払いキャノン砲のすぐ傍で見学です。

二分前に砲手が現れてキャノン砲二台に玉を込め、一二時ジャストにズドーンと砲撃音が、あれ？　キューバのよりも音が小さくて期待はずれ……。その代わり火薬の煙が大きく漂っていて実射さながらでした。

まあ今回のショーを見られたのもK添乗員さんのお陰で感謝です。

ショーが終わり急いで集合広場へ。

その後、レストランで食事。

午後からハイキングへ、マルタの北から南へ、青の洞門見学です。

八ユーロ支払って小さなボートに乗って岸壁に開いた穴の見学。僕がボートに乗ってライフジャケットを着ないうちに出発。オイオイ、マジかよ。急いで着たが、結構波が荒くてスリル満点、洞窟に入ると海の水が素敵な濃紺から神秘的な青色や緑色に変わり、写真をパチリ。本当はハイキングだったが時間が押しており、ハジャールイム神殿までバスで。予定通りに歩くと結構時間がかかりそうでした。バスが正解でした。今回のハイキングに参加されなかったのは、両国の母と娘のペアでハイキングよりもお買い物だって……。お母さんにハイキング素晴らしかったよと言っちゃった〜。

今日、最後のディナーはアンティークが売り物のお店で、奥の席に座ったら蚊に食われて最悪でした。

食後、最後の夜なのでホテルに戻り、今朝下見したジェントルマン・クラブに行こうと思ったが気分がイマイチだったので断念してバスタブへ。

昼時には騎士団の武器庫も見ました。重さ三〇キロの甲冑を着て闘うのは大変です。

もう明日の午前一一時までの自由時間しかないので、旅支度をして明日のプラン作りです。

今日も滅茶苦茶に疲れました、もう寝ます。

◎旅の思い出　一一月五日（土）
いやあ〜折角マルタ島まで来て夜の街にも行かず、健全そのものでした。でも本音行きたかったなあ〜。でもまあ良いや。

早朝から『棋士という人生』の本を約半分くらい読み終えました。棋士たちは本当に天才です。記憶力抜群で、対局を終えても、今までの棋譜を最初から最後まで記憶している頭脳には完敗ですわ。

七時、レストランで最後の朝食も島田さんとご一緒させてもらいました。

食後にまた、K添乗員さんの仕事をしながらの食事中にお邪魔を。彼女から解り易い地図を貰い、八時一〇分頃に一度部屋に戻りスタンバイ。

一一時集合一二時出発なので、一〇時半に戻りバスタブに入ってからロビーに集まる予定で、ホテルのカウンターでタクシーを一五ユーロで頼む。

マルタと言えば必ずお目にかかる風景の場所の対岸までタクシーを飛ばす。意外に近くて、約一二分～一三分で現地に到着。散々iPadで写真と動画を……。

これですべて満足ですわ！

帰りにビーチサイドを歩けるだけ歩いてホテルに戻ろうとしたが、生憎トンネル内を通るのはリスキー過ぎて中止。帰りの道路を探したがなかなか見つからず三〇分もロスしてヤバイ。レストランや通行人、何人にも聞いたが解らず、最後の手段で、バスで帰ることにしました。バス停をやっと探して到着したら一三番のバスが来て乗り込む。一・五ユーロで、ホテルの近くの一番良い眺めのスポットで下車。

そこでも写真を撮りまくって、ホテルに一〇時半に到着、計画通りで我ながら素晴らしい。三〇分も道を間違えてロスした時は心穏やかじゃなかった。ふぅ。でも結果オーライと言うことで……。バスタブで疲れを取ってからカップ麺を頂き、一一時にロビーへ。チェックアウトしなければいけないとのことでした。でもロビーでは添乗員さんとも色々チャットも出来たし、元タカラズカのスミハナヨさん似の茅ヶ崎の奥様夫婦とも話が出来て良かった。

ブラッド・ピットとアンジェリーナ・ジョリーさんが泊まったゴゾ島のホテルも見たし、有名サッカー選手が訪れたレストランも遠めに見たし、もうこれで文句はありません。

一二時に空港へいざ出発です。

空港に近いところで、飛行機がバス道路の側を離陸して行って、この前のカリブで訪れたマホビーチさながらの光景でしたよ。もしも事前に知っていたら、写真スポットを探して一枚写したかったのに……。う～ん、めちゃ残念でした。

マルタを三時半に飛び、ドバイに二三時三五分に到着、前の席に座ったアラブ系の若者、いやバカ者たちが離陸寸前、席を全部倒して来てマナーが最低、もう山猿みたいでした。エミレーツのアテンドさんも注意もせず信じられません。以前は格上航空会社だったのに、もう最低部類にまで落ちちゃって嘆かわしい。でもアイル席だし、キプロス経由じゃなかったので助かりましたよ。

ドバイで乗り継ぎ時に税関でチェックが入り、僕のリュックサックがピーピーとアラームが鳴って、全部荷物を出されて超、恥かしかった。原因はワインオープナーで、凶器になるから没収だって、参加者全員に笑われて超、恥かしかった。最後の最後に醜態を晒しました。まあ旅の恥はかき捨てと言うことで……。

ここドバイで大阪組はドバイ、羽田経由、関空へ、我々は成田へ、ここでお別れです。いつもディナーレストランでは同席し良くお話した大阪京橋の小母ちゃんともお別れです。御世話様でした。ここでK添乗員さんともお別れです。会社の対応が超悪かったが、逆に添乗員さんは短いキャリアなのに、素晴らしい仕事ぶりですっかり気に入りました。彼女が添乗している旅なら是非ともご一緒したいです。アンケート用紙にも初めてハナマルをつけておきました。

◎旅の思い出　一一月六日（日）
ドバイ二時五五分発で成田へ、残念ながら席は真ん中のE席でした。

長い飛行時間にトイレに行くのも一苦労ですわ。いちいちお隣に声をかけて通路に出るのも大変です。それでなくても近いのにねえ〜。

ドバイで飛行機に乗り込む時に貰った新聞に掲載されていた数独に挑戦することにした。難易度が上クラスの数独だった。

前席は日本人で良かった。案の定、日本人の隣に座ったアラブの女性は思いっきり椅子を倒してきて、僕の隣の男性は窮屈そうで可哀想。前の日本人も椅子を倒しては来たが控えめにしてくれて有り難い。

海外旅行は大好きだが、飛行機の椅子取りが毎回、毎回憂鬱の種なのです。席で悩まされない為にエグゼクティブ席に座るほどリッチじゃないしねえ〜。多少は我慢もしなければならないが、それにしてもマナーが悪い人間が多過ぎるねえ〜。以前、あのタモリさんが、自分が買った席だから椅子を全部倒すのだと言っていたが、それを聞いてから彼が大嫌いになった。もしも自分がやられたら嫌じゃないのかね？　国内でのバス旅行は、添乗員さんが前もって、椅子を倒さないように配慮して下さい、と毎回注意があります。飛行機も是非とも同じようにしてもらいたいね。無理か？

成田に午後五時二〇分頃に到着。

日立の島田さんだけには挨拶出来たが、両国の奥様や茅ヶ崎の奥様他には御礼の挨拶も出来ず、失礼しました。

無事に自宅にＰＭ九時頃に到着しました。

今回参加した皆様には大変お世話になりました。

今回の旅で八二ヵ国＋地域で九〇ヵ国、七〇回目の海外旅行でした。

さてさて来年はオーロラを見にアイスランドへ、三大宗教の聖地を見にイスラエルへ、ペトラ遺跡を見にヨルダンへ、その他には、モナコ、中央アジア、アメリカ横断と、出家のリハーサルとしてタイ・バンコクを訪れる予定です。

それでも我が夢の百ヵ国＋地域を目指して地球を散歩するには、まだまだです。

二〇一七年一月　家族海外旅行№28《アイスランド、イギリス》

◎旅の思い出　一月二六日（木）
六時二七分の電車で横浜駅に七時二七分。トイレに寄って、七時三四分の京急羽田行きに乗車、思ったよりも混んでいなかった。前日にスーツケースを羽田に送っていたので移動が楽チン。

八時一五分に羽田へ、八時半にＪＡＬカウンターへ荷物を預け航空券をゲット、その後に英国ポンドに両替、四万円＝約二六〇ポンド、九時半から約一時間、ＪＡＬラウンジで朝からビールとつまみを……。

一一時三〇分が二〇分遅れて五〇分に、ロンドン・ヒースロー空港へ飛んだ……。

今回はプレミアムエコノミーを使ったので、前席の乗客からシートを倒される心配が無いだけでも最高です。更に我々の席は一番前なので足をいっぱいに伸ばせるので快適です。

ランチはポークとお水と最後にアイスクリームを頂きました。ラウンジでもう既にビールを頂いていたのでランチは軽めにしておきました。

まずは映画鑑賞から、一番目に見た映画は『マグニフィセントセブン』で、その後に『ターザン』、午後四時四五分から『グランドイリュージョン』、六時四五分から『マダムフローレンス』、九時四五分に邦画にスイッチ『スクープ』を三分の二まで見ました。

約一二時間かけてロンドン・ヒースロー空港に到着。ここで約五時間待ちです。ふぅ！

時差が九時間なので午後三時、第三ターミナルから第二ターミナルに移動。待ち時間に、空港の売店を見たり数独をやったりサンミゲルを飲んだりして時間を潰していました。

二〇時三五分が一五分遅れて五〇分にレイキャビクに向けて出発。

機内で『ディープウォーター』、『ホライゾン』を途中まで見て、約三時間後に到着。

二四時四〇分にバスに乗り、ホテルに約五〇分後の一時四〇分に到着しました。

真夜中の二時一五分、雪降る中、第一回目のアイスランドでのオーロラ観測です。

場所はグランドホテル、レイキャビクから歩いて一〇分位の海岸まで……。雪は降るし、超寒いし、耳が千切れそう……。数分我慢して夜空を眺めていたが、オーロラが見える状況じゃなかったので諦めてホテルに戻り、バスタブに入ってお酒を飲んで、三時一五分にベッドインしました。

◎旅の思い出　一月二七日（金）
六時にタイマーをかけていたが起きられず、六時一五分に起床しました。早速、お風呂に髭剃り、七時に朝食、雑穀米風のお粥が超美味しい。そう言えばバンコクのホテルでいつも食べるお粥も大好き。ワッフルとハム、スクランブルエッグ、サラダ、果物とコーヒーで頂きました。

七時半にホテルのロビーで、アイスランド、クローネを有料トイレ用として小額両替です。ちなみに一〇〇〇円で九一六クローネでした。ほぼ日本円と一緒だから計算し易い。

八時から四〇分まで、持参した遠藤周作さんの『沈黙』を読んだり、トイレに行ったり……。

七四三号のホテルの一人部屋から、外を眺めるとまだ暗いです。

九時にバスで出発、二番目の席をゲット！　ここでドライバーさんのバルトさんとご挨拶。アイスランド語で、

おはよう　＝ゴーサンダーク
ありがとう＝タック

と覚え易い。

約一時間四〇分かけてグトルフォスの滝へGO。外はマイナスで超寒く、靴のイージー・カンジキを借りて装着して歩くも、凍っている所は滑る、滑る。超　危険！　階段を降りて滝の見学を。ここの滝はなかなかの迫力で見応え充分、写真を何枚も写してきました。滝見学の歩道に黒い溶岩の砂が撒かれていて滑り止め効果抜群で有り難い。

滝の見学は一五分で、次の見学はストロックル間欠泉でした。

まずは大きな売店に入り、トイレに寄ってから全員揃うのを待ち、歩いて三〜四分位の所の間欠泉の場所まで行こうと出発した。しかし途中で急にお腹の調子が悪くなって、妻と次女に声をかけた。先に行って……と言って売店のトイレに引き返す。ヤバイです。今朝の食事の量が多かったのか、シャケやニシンのマリネが良くなかったのか？　幸い、出かける前は長蛇の列だっ

たがみんな一緒に出かけたので、すぐにトイレに入れてセーフでした。旅行中に一度か二度はお腹を壊すので冷や汗ものです。食べ過ぎに注意、でももう遅い、泣きです。急遽薬を飲んでおきました。トイレを済ませ間欠泉の場所まで急ぐも、地面が凍っていて滑る、滑る。

家族と合流して、四～五分間隔で吹き上がる間欠泉をｉＰａｄで撮影、迫力満点でした。

その後、ランチはヴァイキング。今朝食べ過ぎたのでほんの少しだけよそって終わりに。

ランチ後、一時間かけてシンクヴェトリル国立公園で地球の裂け目であるギャウを見学です。一人二〇〇〇クローネ支払ってトイレを使用し、約四〇分の徒歩観光です。

妻の靴はカンジキを着けるには不向きで、滑りそうなので僕の腕に掴まってソロソロ進む。妻と腕を組んで歩くなんて、何一〇年ぶり？　ドキドキしちゃった～。

ギャウを見学後、地元のスーパーマーケットに入店するも、欲しかったアルコール類は売っておらず、超びっくりです。購入したのはチョコレートだけ、カードで購入しました。

スーパーマーケットから一五分でホテルに到着。

夕食はポーク、九時にロビーに集まり、バスに乗って約一時間走って暗い場所へ。

夜空に薄い雲が横になびいている。

オーロラ特有のグリーンには見えず、これがオーロラなの？　三脚を使用するも僕のバカチョンカメラじゃ良く写らずガックリ。次女が三脚を貸してと言うので貸してあげて、側で彼女の写した画面を覗き込んだら、あらあらグリーン色のオーロラが写っていました。不思議だなあ～。

肉眼では良く見えないが、シャッター速度を落として写すと綺麗なオーロラが写るのです。もうこれだけで満足です。

真夜中にホテルに戻り、TVで4チャンネルを付けっぱなしで眠りに……。

今日も滅茶苦茶に疲れました〜。

◎旅の思い出　一月二八日（土）
朝五時四五分に起床、昨晩は滅茶苦茶に疲れました〜。

六時四五分まで読書、七時に朝食。昨日は食べ過ぎて調子を崩したので、スクランブルエッグとコーヒーとフルーツのみでした。

七時半、部屋で寛ぎながら読書、九時一五分に出発、朝焼けが素晴らしい。

一時間一五分バスで走り、トイレ休憩、更に三〇分でセリャランスフォスの滝の見学です。

高さ六〇メートルの滝で迫力満点です。風が超強くて、ネックウォーマーをキャップまで引き上げて帽子が飛ばされないように、地面は凍っていて滑るので危険です。

その後にオミヤゲ屋さんに寄ってからランチでした。メニューはチキンの胸肉、半分残しちゃった〜。

その後に黒砂海岸へ、風が強くて寒いです。記念に黒い砂と小石をゲット。

そこからバスで二五分、スコガフォスの滝に到着、幅二〇メートル、高さが六〇メートル、向かって右側に滝のてっぺんまで登れる階段の道があった。次女が登るよ、と、妻も滝を展望台から眺めたいと言うので、僕も付いて行った。曲がりくねった階段の道は手すりが片側だけに設置されているが、所々金属の手すりが途切れていて、そこには細いロープだけで、風速一〇メートル近くの風がひっきりなしに吹いている。油断すると飛ばされそうで、超、超、危険でした。もうこれは罰ゲームだね！　滝のてっぺんから更に一〇メートル高い所から眺めると足が竦む。超、超、危険な為、すぐ下に降りることに……。

妻が登ってくる人と交差する時に手すりを相手に譲った瞬間、バランスを崩して階段を二〜三段、踏み外して尻餅を……。階段から下まで落ちなくて良かった、良かった。

滝の遊歩道を登り、降りて、超、超、疲れ果てました。

そこからバスで二時間、ホテルに七時頃に着き、七時半に夕食です。

メニューはお魚でした。

食後八時半頃、次女が近くのスーパーに行きたいと言うので妻と三人でお散歩です。スーパーでヴァイキングビールをみっけ！　すかさず購入！

ホテルに帰る途中、空に薄くかすかにグリーン色が見えた。昨日、次女がオーロラをカメラに収めたのでもう満足していましたが、九時半にグループの皆が海岸まで見に行くと言うので、僕と次女も急遽、参加することに……。妻は滝の遊歩道でエネルギーを使い果たし、部屋に戻ると言うので別行動です。

徒歩一〇分、海岸に着き右側の暗い場所まで移動。あらあら、肉眼でもうっすらと緑っぽく見えた。めちゃラッキーです。僕もカメラを固定して写してみました。綺麗に写っていたら、超嬉しいのだが……。前日はレベル４（レベル９が最高で肉眼でも良く見える）なのに、白い雲で肉眼では緑には見えなかった。今夜はレベル３だが、色は薄いがグリーンに見える。やっと心から満足しました。日本に戻ってから現像が楽しみ、楽しみ！　綺麗に写っていたら最高なのだが……。

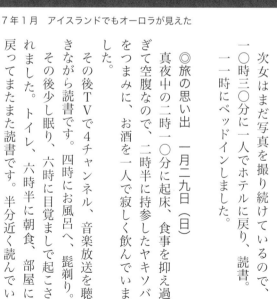

2017年1月　アイスランドでもオーロラが見えた

次女はまだ写真を撮り続けているので、一〇時三〇分に一人でホテルに戻り、読書。

一一時にベッドインしました。

◎旅の思い出　一月二九日（日）
真夜中の二時一〇分に起床、食事を抑え過ぎて空腹なので、二時半に持参したヤキソバをつまみに、お酒を一人で寂しく飲んでいました。

その後TVで4チャンネル、音楽放送を聴きながら読書です。四時にお風呂へ、髭剃り。

その後少し眠り、六時に目覚ましで起こされました。トイレ、六時半に朝食、部屋に戻ってまたまた読書です。半分近く読んでいました。

今日の出発はなんと一〇時半で超、超、ゆっくりタイムで身体がめちゃ楽ですわ。

それもそのはず、今日の観光は市内だし、まだ暗いし、教会は開いていないし納得です。

最初はホテルから五分のホフジーハウス。

港の側なので風が強く寒いが景色は最高です。このホフジーハウスはレーガンとゴルバチョフが冷戦終結の会談を行った場所で、めちゃ可愛らしい建物でした。

その後ユニークな建物であるコンサート会場でトイレタイム。

次は僕が一番見たかったハトルグリムス教会です。火山の噴火をイメージした建物らしく、ロケットのようにも見える。近づいて建物を見ると、外壁はモルタルで所々剝げ落ちて補修中でした。格好は良かったが外壁がモルタルじゃねえ～。がっかりですわ。せめて石か鉄筋コンクリートにすれば良かったのに……。教会内はミサ中で入ることが出来ず残念。教会の内部を見たかったのにねえ～。

その後、一〇分で展望台ペルトランへ。風が超強い、帽子が飛ばされそう。

お次はチョルトニン池で白鳥がいっぱい。池の一部分は凍っていて白鳥たちも滑って歩き難そうで滑稽、滑稽。

歩いて国会議事堂、メイン通りのお店を数軒覗いてからランチです。

最初にでかいお皿に野菜サラダが山盛りで、もうこれだけでお腹がいっぱい。その後にビーフの塊を頂きお腹いっぱいに、食べ過ぎちゃった。

その後、最後のお目当てのブルーラグーンへ、ここは巨大な温泉プールみたい。

バスで四五分後にブルーラグーンへ到着。寒いし、雨も降ってきたので急いで添乗員さんの後を追って入り口まで。ヤバイ、水着をバスの中に忘れてきちゃった。本当に僕ってお バカさん。

急いで駐車場まで戻ったが、バスは遠くの駐車場まで移動していて、久々に小走りで遠くのバスまで……。急いで引き返し、水着に着替え外へ、めちゃ寒くヤバイです。水温は三八度と生温くて風邪をひきそう。深い所でも一四〇センチ位だが、妻は泳げないので滑って転んだら溺れそう。皆で泥パックをやって顔やお肌をすべすべに……。

二時間の予定だったが、僕だけ一時間で退却です。着替えてお店を覗いていたが欲しいものは無くて、気に入ったオーロラの宝石は高過ぎて断念。喉が超、渇いて缶ビールを購入、九〇〇クローネ、約九〇〇円でした。それにしても缶ビールが九〇〇円って高過ぎだよねえ。僕はアイスランドでは暮らせない。いくら教育費や医療費が只だとしても物価が高過ぎ。特にアルコールがね。

長女には妻がお肌のクリームセットをオミヤゲに購入していました。ちなみに僕はチョコレートとお菓子を空港の売店でゲット済み……。

四五分かけてホテルに戻り、七時半から手長エビの夕食です。

八時半に部屋に戻り、二〇一五年の秋にブルガリア・ルーマニア旅行で知り合ったIさんが、ここアイスランドに一日遅れで参加していたので、やっと今晩は一緒に飲めるかな〜と、彼の部屋に電話をしようとしたら、彼から電話があって超びっくり。

八時五〇分頃に彼がウイスキーとおつまみを持参して来室。ロビーで飲む予定だったが、まあ良いか。僕はウイスキーが苦手で、持参した日本酒を飲みながら一一時まで談笑を……。

彼が帰ってから、明日の朝は五時に出発なので、急ぎ帰り支度を。

明日はロンドン経由で待ち時間が七時間半もあると言うので、オプショナルのウインザー城観光の二万六千円は申し込まず、妻と次女はロンドンが初めてなので僕がロンドンを案内する計画なのです。

夕食時、添乗員さんに色々と質問してアドバイスを頂きました。

M添乗員さんは滅茶苦茶に親切で綺麗で仕事ぶりが的確で、素晴らしく最高ランクでした。お陰様で素晴らしい旅が出来ています。

◎旅の思い出　一月三〇日（月）
真夜中の二時四五分に起床する。四時に朝食、パンとコーヒー、二〇分に部屋に戻り最後のチェック、五時に出発です。

五〇分でケフラヴィーク空港に到着、三時間のフライトです。

機内で映画、途中まで見た『ディープウォーターホライズン』、ディズニーの『UP（沢山の風船旅行）』他を見て過ごす。

一一時にドスンと着陸。びっくりした〜。

ターミナル2からターミナル3へ移動、ロンドン・ヒースロー空港はめちゃ広くて移動するのも一苦労です。

三〇名の参加者のうち一二名が空港で七時間半過ごし、英国に入国しオプショナルのウインザー城に行く人が八名、ロンドンで自由行動する人たちが一〇名でした。

M添乗員さんは、我々一八名を安全に英国に入国させながら、残る一二名のお世話もしなければならない。取りあえず一二名を待たせて英国に入国する場所まで行き、引き返せないところで僕にスイッチ、Mさんが僕を臨時添乗員に指名したのだ。安全に入国審査を終えて、トイレ前で

二〇一七年一月　家族海外旅行 №28
《アイスランド、イギリス》

人数チェック、ウインザー城の現地案内人に八名を渡して、残った一〇名のメンバーはここで自由行動にしました。入国は滅茶苦茶混んでいたが、空港担当者の計らいでグループ一八名が、別の出口から特別に入国処理してくれてラッキーでした。出られるのは午後一時頃かなと思っていたが一二時過ぎに出られました。

我々は、ヒースロー空港からロンドン市内パディントン駅まで、エクスプレスか少し安いコネクトか地下鉄かバスかタクシーで行くかを決める。一時にヒースロー空港から出かけて午後四時頃には出国しないとヤバイので、超高くてもエクスプレスを使うことにしました。往復で三七ポンド、三人で一一一ポンドでした。タクシーなら一時間だがエクスプレスは二〇分位です。

パディントン駅でブラックキャブ乗り場へ。担当者に行き先一〇ヵ所を言ったら凄くお金がかかるからバスにしたら、と逆にアドバイスされた。でも時間が無いから高くてもＯＫ、と言ったら隣のキャブのドライバーさんと相談してみてと言われ、拙い英語で交渉するも幾ら幾らと決めずにメーターだけで行くと言われ、ＯＫと言って一時頃に乗り込んだ。四時までにヒースローに戻りたいので三時までにはパディントン駅まで戻って、と言ってスタートしました。

最初はバッキンガム宮殿から。近くでタクシーを降りて写真をバシャバシャ写して、バッキンガムのすぐ前のモニュメントも写して直ぐにタクシーに戻る。

次はビッグベンを眺めながらウエストミンスター寺院で降りる。ウエストミンスター、国会議事堂、ビッグベンの大時計をバックに写真タイム。タクシーに戻ったら、ドライバーさんがタクシーを降りて我々一人一人をドライバー席に座らせて写真タイム、粋な計らいで嬉しいね。

次はロンドンアイ（巨大な観覧車）。本音、時間が沢山あったら乗りたかった、残念。

次はトラファルガー広場へ。四頭の巨大なライオンが……、これを真似たのが三越のライオンだよね。

次はピカデリーサーカス広場へ。ここには旅行客？　と地元の若い女性がいっぱいエロスの銅像の下に座っていました。傍の交差点の数頭の馬の前でドライバーさんが我々を写してくれて有り難いです。

次はミレニアム・ブリッジ前で下車し写真タイム。

ここからセントポール大聖堂へ。ダイアナさんの結婚式場も写真に撮って、お次はタワーブリッジを通ってロンドン塔で写真タイム。

ここでドライバーさんから、大英博物館に寄ると三時までにパディントン駅に戻れない、と言われる。戻る予定を三時半まで引き伸ばして、最後の大英博物館へGO。

博物館の前の道路が補修中で、少し遠くに停めて徒歩で博物館へ。ここで家族に一番見せたかったロゼッタストーンだけを見せて終了。

急いでパディントン駅に戻りました。

運賃は一三四ポンドで、チップはお釣りと一〇ポンドを。ドライバーさんも大喜び。

M添乗員さんも僕の計画を聞いて少し無理かも？　と言っていたがドライバーさんは中華街、シェイクスピアのコンサートホールにも寄って、トイレ休憩まで。まさに至れり尽くせりでした。

四時一五分にターミナル3に到着、すぐにJALカウンターへ。

五時に荷物検査、喉の薬、ルゴール液が引っかかって最悪でした。でも百ミリ以下なので没収はなく、その後、五時五分にラウンジへGO。ここは羽田のラウンジと違っておつまみはポテトチップスで、羽田と比較すると超しょぼいです。

ランチもとらずに観光していたので、お腹が空いていたのでビールが超、美味い。

六時一五分、ゲートへ向かう。妻のお陰でプレミアムエコノミーの席で快適に羽田まで過ごせました。プレミアムは羨ましいが、次からの旅行はエコノミーに戻します。だってプレミアムに三〇万円出すのだったら、もう一回から三回多く海外に行った方が良いです。

戻りの機内では三分の二は睡眠し、映画『スノーデン』を見て、あと二時間で羽田です。ランチはソーセージ、ポテト、マッシュルーム、果物、ヨーグルトと美味しいシャンパンまで、素敵なランチでした。

三時三〇分に羽田にドスンと、ヘタなランディング、ヒースロー行きの時はめちゃ上手に着陸して褒めたばかりなのにねえ～。

四時に荷物を回収し、ＪＡＬＡＢＣに行き、明日の午前中に配達してもらう約束で依頼する。身軽になって、五時一分に横浜駅行きに乗り、六時半に我が駅に到着。

三一日の夕方六時四五分に無事に帰宅出来ました。

◎アイスランド旅行　後記
何故、寒い時期にわざわざ寒いアイスランドに決めたかと言うと、オーロラを見たかったからなのです。過去に一度、モスクワから成田に飛行中、左窓際に座っていた時に、シベリア北部上空で、かすかに薄いグリーンが見えたが多分あれはオーロラだったと思います。でも数分で、大きな感動はありませんでした。

ネパールへ行った時も、右側にエベレストが見えます、と機長さんからアナウンスがあったが、八千メートルの山脈が小さく見え、どれがエベレスト？　と言った感じで、実感しないと心底からは喜べません。だからこそ今回、オーロラの見学に挑戦したのです。

M添乗員さんに見える確率はどのくらいなの？　と聞いたが、良い返事は貰えませんでした。確かなことは言えないよね、四日間もチャンスがあるから、せめて一日だけでもと、淡い期待を持って参加しました。オーストラリアのエアーズロックに登ろうとして、滞在している間風が強くて、とうとう登れなかったこともあるしねえ〜。期待は禁物だが、ついつい期待するよねえ〜。


僕のバカチョンカメラで撮った写真にくっきりとオーロラ！　目で見たよりも綺麗に写っていてキャッホー！

帰りの便ではロンドンでトランジット待ち時間が七時間半もあったので、本来ならアイスランド一ヵ国観光だったが、なんとロンドン半日観光も出来て超、ラッキーでした。僕はロンドンがこれで三度目だが、妻も次女も初めてなので尚更です。実は今年の夏か来年の海外旅行は英国に行くつもりでした。一回手間が省けて良かった。

これで二四年連続、二八回目の家族海外旅行が実施出来て嬉しいです。出来たら死ぬまで、連続記録を更新出来れば言うことはありません。

ちなみに僕も百ヵ国・地域が目標ですが、今年中に王手か？　百ヵ国・地域の夢達成が出来るように頑張ります。

過去七一回も海外旅行をしているが、今回、添乗してくれたMさんの気配りは今まで最高の部類でした。ありがとう！

二〇一七年二月　個人海外旅行 №38《タイ・バンコク》

◎旅の思い出　二月八日（水）

ＡＭ四時に自宅を出発、四時三四分の始発に乗って大船駅へ、大船五時二五分始発の成田エクスプレスで成田第二に到着。

早速にＬＣＣのスクート航空のチェックインカウンターを探す。ＪＡＬのお姉さんに聞いたらＢカウンターだって……。Ｂカウンターに行ったら滅茶苦茶な混みようで超びっくり。安い航空会社だけあって、お客さんは若者でいっぱい。運良くアイルシートをゲット出来てラッキーでした。ほっ！

九時三五分、成田を一〇分遅れて出発、安い飛行機なので途中で落ちないか心配。本当に大丈夫なのかなあ？　もしも落ちるなら帰りの飛行機にして〜。

格安飛行機なので食事、ソフトドリンクも何もついていない。欲しかったら機内で購入してだって、外で購入した弁当などは機内に持ち込み厳禁だって。乗って初めて知って超びっくり、それなら乗る前に教えてくれよ〜。通用するお金はシンガポールドルとクレジットカードだけ、それも缶ビールが八百円位。

ＴＶも付いていないので持参した「紀州のドンファン」の本をフライト中ずっと読んでいました。新刊二冊持参して正解です。

四時四五分（現地時間二時四五分）、無事に着陸、途中で落ちなくて良かった〜。

無事に着陸し飛行機の外へ出たら暑い、気温一四度の日本からいきなり三四度の世界へ。

ＨＩＳの現地案内人のところに行ったら、まだ二名が来ていないだって……待っている間に両替です。一〇〇ドルで三四〇四バーツでした。

四時に全員が集合。若い女性のグループ四名と若い男女のペア一組と僕で計七名がエコノミーホテルのナサベガスへＧＯ。

約一時間半かけてホテルに到着し、レセプションで千バーツのデポジットを支払い、低い階をお願いしました。部屋は五三一号室。去年二月九日に泊まったのもここのホテルの上階で、照明がめちゃ暗過ぎた。五三一号室に入ったらまあまあ許せる範囲でホッとしました。でもエアコンが作動しておらずロビーに電話、やっと電池を替えて作動してほっ！　早速お湯を沸かして持参したカップラーメンを頂く。

腹ごしらえをして六時にいざ出発。めちゃ疲れたので、今日の予定は夜の街歩きとマッサージだけの予定です。

ラムカムヘン、マッカサン、ペッチャブリ、ファイクワン、スティサン、ペップリー、マッカサン、ラムカムヘンのコースでした。一年前も同じようなコースだったのに、駅の出口やお店の場所を正確に覚えておらず時間がどんどん過ぎて行くだけ……。何人かに聞いて行動しました。

今晩のマッサージ教室の先生はグイさん二五歳で、背中を中心に揉んでもらった。勿論両手、両足も、お陰様で疲れが全部吹っ飛びました～。去年は右の肩がまわらず、手を上に上げたり肩を回したりすることが出来なかったのが、マッサージのお陰で今は全く問題ないです。今晩は身体全体と特に足の疲れ回復の為でした。疲れが完全に取れて大満足、チップもはずんでおきました。

ホテル前のコンビニでタイのビール、シンハーを購入して部屋に戻り、ＰＭ一〇時にソーセージをつまみにして日本酒とビールで一人寂しくバンコクに乾杯！

一〇時一五分、タイのクノール食品のお粥を頂いてから、ベッドで田部井さんの『それでも私は山に登る』という文庫本を読み始めました。

一〇時四〇分にベッドイン。ｚｚｚ。

◎旅の思い出　二月九日（木）

今朝は三時四〇分に起床し、直ぐに読書です。作者の田部井さんとは、二〇〇八年の世界一周の船旅に水先案内人として乗船された時にお会いして、「今度、エベレストのベースキャンプまで行く予定なのです」と言ったのですが、「あら、そう」と超簡単な返事だけしか貰えずがっかりした思い出があります。

そうそう、同じ船に乗船していた池上彰さんも、乗船客に対して写真は撮らないで下さい、と有名になると途端に偉そうな態度で最悪でした。でも田部井さんはつい最近亡くなられたし、僕も山は大好きなので一度は迷ったが購入したのです。

六時一〇分に朝食、今朝も小さなパンを二枚焼き、きゅうり、トマト、目玉焼き、ハムを挟んで頂きました。その他にはお粥とスイカだけ……。

部屋に戻り、トイレ、お風呂、髭剃り、七時五〇分からまたまた読書です。トイレの紙が無いのでまたまたロビーに電話、急にお腹が痛くなってヤバイです。何がいけなかったのだろう？　薬を服用し、八時五〇分にホテルをスタートしました。

今日はラムカムヘン、マッカサン、ペッチャブリ、シーロム、サバーンタクシン、舟に乗り、チャオプラヤー川を北の方面へ、一〇番の船着場で下船、ここは以前に一度来たことがある。

ここは有名なシリラート病院があって法医学博物館と解剖学博物館がある。入り口で二〇〇バーツ支払い中へイン。

医学生の卵が勉強の為に訪れて勉強している。僕はただ興味だけ。頭がくっ付いた乳児、お腹がくっ付いた乳児の死体標本とか骸骨、寄生虫に侵された乳児、体内の臓器のホルマリン漬けなどなど気持ちが悪い。二つの博物館を見て早々に退散です。

船着場に戻り、途中シーロム駅経由でルンピニ公園を散策、外は超暑い。

その後、アソーク駅で一人の女性から道を尋ねられた。オイオイ僕も旅行者なのに……。

彼女はターミナル21に行きたいと言っていたが、良く解らないと言ってなかなか僕を解放してくれない。シンガポールの人で、日本が大好きで高島屋にも店を出していて、明日はアユタヤに行って明後日にはパリに行くのだって……。もう二時半だし何か食べようとしていたが、どんどん話しかけられるので解放されたくて、メルアドを教えるからまた後で話そうとやっと解放されました。ホッ！　相手は小柄で若くてまああな容姿だったのでついつい長話しちゃった。何が彼女をそうさせたのか、未だに理解不能です。

二〇一七年二月　個人海外旅行 №38
《タイ・バンコク》

昼のソイカウボーイを散策。

途中でサンドイッチとビールを購入しようとしたら午後二時を過ぎたのでアルコールの購入は出来ないって、トホホ。サンドイッチとお水で済ませました。

疲れ果ててPM四時にホテル到着、お風呂へ。

その後に読書、お風呂で疲れも取れたので今晩も夜の街へGO。

今晩のマッサージの先生はジョイさん、二六歳で先生が代わるとツボも変わる。勉強になります。

実は二〇一〇年の世界一周の船旅で同室だったNさんからマッサージを教えてもらったことがありました。それ以来僕も勉強を続けてきました。日本に居る時は自分の身体を実験台にして自分で自分の身体を揉みほぐしています。でも他人の手でやってもらうのが一番気持ち良いです。

僕はタイのマッサージが一番大好きだ。最悪なのはインドで、マッサージを頼んだら汚い小父さんが出てきて、貴方が揉むの？　と聞いたらそうだって……冗談じゃないって、タクシーで逃げ帰ったこともありました。カンボジアでもホテルに呼んでもらったが、美人をとリクエストしたが容姿は並みで技術もイマイチでした。タイの空港でも太ったお姉さんに足だけを揉んでもらったこともあります。

今晩も満足、チップも弾んでお互いに満足。

一〇時一〇分にホテルに到着、疲れた～。

お休みなさい　ｚｚｚ。

◎旅の思い出　二月一〇日（金）

四時に起床、寒過ぎるのでエアコンを消してまた眠った。

朝から調子が悪い。薬を服用し読書、部屋のドアに「ドント・デスターブ」のカードを下げておいた。

七時に起きてトイレ、お風呂、八時三〇分になったので、取り敢えずホテルのレストランで朝食を、その後に読書、九時二〇分にホテル前のローソンでお買い物、お水をゲット、一〇時から一二時までまた眠る。

一二時にカップカレーヌードルを頂く。体調最悪の為に、今回の旅の目的である出家寺院への訪問は午後に……。午後になっても体調が回復せず、もうこうなったら読書三昧だ。

夕方になってようやく回復した。

外は三四度で暑い。一日中ベッドの中で眠っていてもつまらないので今日も身体を解《ほぐ》しに出かけようっと。

ＰＭ五時にいざ出発、マッサージ教室に行ったらグイさんは居らず昨晩と一緒のジョイさんに。また違った揉み方を伝授してもらう。

帰りにアソークの店に入店して、タイのＧＯＧＯダンスミュージックを堪能する。

ＰＭ一一時にホテルに戻り、ディナー後にまたまたバスタブで疲れを取る。

お風呂後に日本酒と栄養ドリンクを……。

二四時にベッドインするも真夜中の二時まで眠れず……悶々と……。

今日は目的の寺院に行けなかったけれど、三日間、身体も心も解してもらったので満足です。

それでは疲れ果てたので、お休みなさい。

◎旅の思い出　二月一一日（土）

朝四時に目覚め、五時半にも目覚め、結局は六時一五分に起床。いよいよ今日で最後です。

六時二〇分にロビーの横のレストランへ行って、前日と同じようなメニューで朝食を頂きました。

六時半からベッドでゆったりと過ごす。

エアコンが稼動していると寒いし止めると暑い、こまめに切り替えながらベッドに横たわって読書をしていました。トイレ、バスタブ、洗面、また読書、お陰で持参した二冊もあと僅か、昼頃には読み終えそうです。

ぐだぐだと部屋のベッドの中で過ごし、一一時四五分にスーツケースとリュックを一階ロビーに預け、昼の一二時にチェックアウト、デポジットの千バーツを戻してもらい外へ。

午後一時一五分頃シーロム駅、サラデェーン駅経由でタニヤ通り、パッポン通りを散策。昼間なので夜の賑わいは全く無し。四～五人のポン引きから声をかけられるが無視……。

その後ナナプラザ通りを散策し時間を潰す。

お腹も空いてきたのでＫＦＣに入店。フライドチキン、フライドポテト、ペプシコーラで簡単なランチです。

タイのパンフレットを読みながら居眠りしちゃった。今日は仏教の日でお酒の販売は一日中禁止でナナプラザも全館お休みだって。

散々歩き疲れたのでそろそろホテルに戻ることに。ホテル着が夕方の六時、ロビー内で新聞を

2017年2月　タイ・バンコクにて

読み始める。当然ながらタイの新聞は読めず英語版だけ……。

七時頃にラムカムヘン駅の周りを散策、八時一五分にスーツケースとリュックを受け取る。

九時約束の添乗員さんが八時半に現れて、早いけど行きましょう、と車に乗り込んでドンムアン空港へ、道路は空いていて三〇分で空港に到着。

LCCスクートなのでカウンターには物凄い列が……三〇分早く来て正解でした。お陰でアイルシートをゲット出来てホッ。来る時に成田のデューティーフリーで買おうとしたシャンパンをタイでも探したが生憎無し。出発ゲート前でビールを購入し、数独をやって時間つぶしです。

真夜中の二四時三〇分に出発。ビールのお陰で四時間熟睡、気がついたら前のアベックがリクライニングを大きく倒して気分悪し。マナーの悪いタイ人はトランプさんみたいに入国拒否したいね。残りの二時間めちゃくちゃ窮屈な姿勢で過ごしていましたよ。

◎旅の思い出　二月一二日（日）
早朝五時三〇分に成田にドスンと着陸、途中で落ちなくて良かった。

八時一五分、成田エクスプレスの駅に到着、一六分の列車に飛び乗ってギリギリ間に合った、ラッキーでした。

今回の旅の目的はいの一番に将来の出家先、寺院を選定することで、二番目はシリラート博物館の見学、三番目はチャオプラヤー川を満喫すること、四番目はタイマッサージの教室に参加することでした。

前半の二日間はまだ元気だったが後半の二日間はお腹の調子を崩して出家先の寺院の選定は出来ずじまいでした。ただ現地で感じたことは、タイの食事が未だに我が身体に馴染んでいないことで、タイで生活したら大丈夫なのかめちゃ心配です。今までどおり数日訪れて気に入った寺院で、経を唱える位に留めようかな〜とも思っています。チェンマイだけはもう決めたがバンコクはここだという決め手がないのです。

秋篠宮様はタイが大好きで、魚類の研究や家禽類の研究で一二度も訪問されています。僕も秋篠宮様の一二回を越せるように、マッサージ研究の為に頑張ります。

タイではBTSと地下鉄を利用したらほぼ何処にでも行けるので便利です。悪徳タクシーを使わなければストレスはありません。

殆んど駅にはトイレが無いが、暑いのでトイレに行く頻度も少なく、最悪の場合はマックかK

ＦＣかホテルで利用が出来ます。悪徳ドライバーを除けばほぼ治安は良く、危険を感じることはありません。タイ食が苦手なら、僕みたいにカップ麺、カップヤキソバを持参したら良いです。そうそうシンハービールと果物だけは超、美味しいです。

何故だか何度も行きたくなるタイは本当に不思議な国だねえ。

二〇一七年三月　個人海外旅行No.39
《ヨルダン、イスラエル、パレスチナ自治区》

◎旅の思い出　三月一六日（木）
午後一時一五分に自宅を出発し、三時一〇分大船発の成田エクスプレスで五時に第二ターミナルに到着しました。五時一五分からロビーのＴＶで相撲観戦を……七時にエミレーツでアイルシートを二枚とも獲得出来てホッとしました。

八時に両替です。一一五七八円で一〇〇ドル（一〇ドル一〇枚）でした。

二二時に出発。乗り継ぎ地のドバイまで約一一時間五〇分の辛抱です。

機内で早速一番新しい映画をチェック。

『ラランド』『ジャッキー』『ミスペリグリン』を見ながら過ごしていました。『ラランド』とケネディ夫人の『ジャッキー』の映画は面白くなかった。一方『ミスペリグリン』はあり得ない映像だったが面白かった。映画を三本も連続で見ていたので途中で居眠りを……少しだけ眠りますわ……zzz。

◎旅の思い出　三月一七日（金）

いやあ～ドバイまで約一二時間の空の旅は物凄く疲れました。

朝の四時五〇分に着いて、飛行機を乗り換えて八時にヨルダンの首都、アンマンへ。

女性添乗員（五〇歳位？）Mさんの説明に不備があって、ドバイからアンマンに行く乗り継ぎで数名が集まらず、先に行った模様でした。添乗員さんの話では、ドバイに着いたらそのままアンマン行きのバスに乗って下さいとのことでした。本来なら飛行機を降りたら一度集合して人数を点検してから次のアンマン行きのゲートまで行くのが普通なのだが、バスに乗って下さいと前もって指示されているので、集合もせずに数名がどんどんとバス乗り場まで行っちゃったみたいでした。先に行っちゃった数名の残りのメンバーが集まっていたので僕もそこで合流し全員が集まるまで一時待機、でも数名がもうバス乗り場に行っちゃったので残りのメンバーだけで後を追いました。ドバイの空港は馬鹿でかくて、行けども行けどもコネクションの場所が見つからず、延々と歩く、歩く。やっと団体専用コネクションの場所に到着してホッとしました。到着したら先行した数名がアンマン出発のゲートにいて無事合流出来ました。ほっ！

二人連れの小母ちゃんが、猛烈な勢いで添乗員さんに食って掛ってクレームを……そばで旅慣れた小母ちゃんがそんなにクレームをつけなくたって……と静観していました。でも僕はクレームをつけた小母ちゃんに味方します。だって彼女は知らない空港で、アンマン行きのバス乗り場を探して、行けども行けどもバス乗り場が見つからない、それは不安にもなるよねえ～。添乗員さんが一応謝って一件落着しほっ！

添乗員さんは早口で自分の言いたいことを言ってもう終わり。お客様が本当に理解したのかまではタッチせず、オイオイ、これじゃ先が思いやられます。

ヨルダンのアンマンには、三時間四〇分乗って、九時三〇分に到着。

今回のメンバーは一人参加が一六名で、そのうち男性が一〇名、女性が六名でした。残りの一五名の内訳は若い？　いや中年の奥様の三名グループと四名グループ？　と夫婦が四組で総数三一名でした。

やっとバスに乗車、現地ガイドはマハメドさん。彼は日本語が流暢で、オヤジギャグも連発して愉快なヨルダン人でした。

サバヒルヘール＝こんにちは
ヤラヤラ　　　＝行きましょう

と、あのモーゼの終焉の地であるネポ山へ、ＧＯ。

ここでモザイク工房も見学出来ました。

途中でランチ、シシカバブとヨルダンビールが八ドルだって、約九百円です。高くないですか？

ランチ後にアンマン近郊マダバの観光で古代のパレスチナの地図が残る聖ジョージ教会へＩＮ。その床の地図には、エジプトのナイル川他の古代地図が鮮明に残っていました。驚きです。

ホテルに帰る途中、大きなオミヤゲ屋さんの店にトイレ休憩で寄りました。そこでお買い物を……。今回の参加者で一番ヤングな女性には、お店の男性も積極的にアプローチ……。

観光後、七時頃に、ペトラのアムラパレス・ホテルへ。

室内に入ったらTVとエアコンがフリーズしちゃって、直ぐに電話してスタッフに来てもらい直してもらいました。ふぅ！

日本酒を一杯引っかけて、七時四五分から夕食です。ディナーはカレーとナンとミカンだけ……。

食後にバスタブで疲れを取って髭剃り、ベッドで少しだけ読書しTVのニュースを聴きながら眠りに……。

◎旅の思い出　三月一八日（土）

早朝、いや真夜中の二時一五分に起床、早速お湯を沸かして紅茶を飲む。トイレ、薬を服用、目薬で緑内障の眼圧を下げ、高血圧、高脂血症、花粉症の薬、白内障の薬と大変ですわ。

忘れる前にベッドメーキングチップを一ドル置いてから六時に朝食、ゆで卵、ハム、チーズ、トマト、マッシュポテト、パン一個とコーヒーで頂きました。浦安から参加されているSさん、王子の七七歳？の小母ちゃん他二人と談笑しながらの朝食でした。

八時にホテルを出発、今日は世界遺産のペトラ遺跡観光です。

まずペトラ遺跡の入り口で無料トイレに寄ってからいざ出発。

メインゲートからあの有名なエル・カズネの宝物殿まで徒歩で約五〇分、約二キロのコースを現地ガイドさんの説明を聞きながら進む。巨大な岩壁の中の細い道が延々と続いている。

足に自信がない人はラクダに乗り、または馬車やロバに乗って行く。僕は当然、徒歩で。細い道は神秘的で、岩壁の両サイドに飲み水を流すトヨが作られていて凄いです。

僕も世界各国の道を歩いてきたが、シークの入り口からエル・カズネまでのコースは最高の散歩道です。くねくね曲がっていて、前方に視界が開ける度に感動します。

一時間ほど歩いて、細い隙間からTVや写真で見たことがある、あの高さ四〇メートルの神殿が見えた時は本当に感動ものです。しばしここで写真タイム。M添乗員さんに数枚、写真を撮ってもらいました。

神殿（エル・カズネ）を更に奥へ進む。ペトラの一〇種類以上もある砂をボトルに詰めラクダの絵を描いたボトル屋さんがアンモナイトの化石など、また飲料水、ジュースなどを売っていた。円形劇場跡、王家の墳墓、どこを見ても絵になります。

列柱通り、凱旋門を通り過ぎてやっとレストランに到着です。

歩き難い道を一時間以上も歩いたので流石に両足に疲れが……。レストランからエド・ディル（修道院）までの山の上まで行く人が多い。最初はもう無理をしないで入り口までで帰る予定でしたが、ランチしている間に両足の疲れも殆んど取れたし、ここまで来て最後に山頂から下界を眺めない手はないなあ〜と思い、急遽参加することに決めました。ランチの時に座っていた若いお嬢さんも参加すると言うので、僕も登る決意を固めました。

最初の山道は殆んど石畳で、片側が山側でもう一方の下は崖で超危険。我がグループのメンバーがどんどんと僕を追い抜いて行く。しばらく歩いて道幅が一番狭い場所で、後ろからロバがお客さんを乗せて来る。前を見たら前からもロバが客を乗せてくる。丁度僕の隣でロバが交差。ロバが行き違いすると、もう一人分しか道幅に余裕が無い。運悪く、僕は崖側を歩いていた。前方のロバが突然僕に体当たりして超びっくり、ヤバイです。このままだと約七メートル下の崖に落ちそうだったので、身を屈め、地面に手を付いて崖から落とされないように踏ん張ったが、百キロちかいロバの体重に押され、もうちょっとで落下しそうでした。落っこちそうな僕を見て、ロバの御者が二人駆け寄って来て、一人はロバを道の中央に押し、もう一人は崖下に落っこちそうな僕を支えてくれた。二人の御者のお陰で、すんでのところで落ちなくて良かった。良かった。崖下を覗くと落ちたら確実に大怪我しそうな場所でした。ほっ！　保険を多額かけて来たが……でも超怖かった。片手がｉＰａｄで塞がっていたので大失敗でした。こんな危険な場所とは知りませんでした。

しばらく山側を歩いて進む。

出発前にお嬢さんがトイレに寄ってから山に登ると言っていたので僕は先に出発したのだが、とうとう追い抜かれそうでしたが、暫し一緒にお話をしながら歩かせてもらいました。写真ポイントではお互いに写真を撮り合ってラッキーでした。

左側の山頂に登る場所を通って右側の山頂に向かう。途中でペトラのグランドキャニオンの場所に到着。写真を撮り合ったが怖くて崖の側まで行けなかった。

やっと右側の山頂の修道院に到着する。

超狭い崖の上には狭い通路が、通路の下は奈落の底です。僕は一メートル内側で写真を撮ってもらったがお嬢さんは僅か三〇センチ付近に立って超びっくり。勇気あるねぇ〜。僕はチキンだ！　数分写真を撮り合って下山。

途中で左側の山頂にも挑戦、手すりは無いし石に摑まって登って行った。超リスキーな登り

2017年３月　ヨルダン・ペトラ遺跡前で

で、もしも足を滑らせたら怪我どころじゃないです。慎重に慎重に、一歩一歩登って、やっと頂上に到着して、ほっ！この場所も超危険な場所。

頂上のお店の若者と暫し話をしてから下山することに。

下山するのも超危険で、慎重に、慎重に。この付近で一番遅く出発したM添乗員さんと遭遇し暫し同行する。

お嬢さんがサンドボトル屋さんで注文したボトルを受け取り下山する。途中でちょっと太り気味のSさんを追い越す。散々ロバの御者からの誘いを振り切ってやっとシーク入り口に到着したら若い男性からビールが飲めるよと誘われた。ここヨルダンではお酒はご法度で売っているのはアルコールゼロ%。店の若者に聞いたら五%だって、ここでお嬢さんと乾杯する。疲れ果てた身体に冷えたビールは超美味しい。

時間通り五時頃にはバスに到着してほっ！

一〇分そこそこでホテルに到着、部屋に戻り直ぐにホテル界隈を歩く。コンビニでお酒を買おうとしたがあるのはノンアルコールのビールだけ、その界隈では床屋さんが一〇軒もあって過当競争だね。ビールをゲット出来ずにホテルに戻る。

地下二階にプールがあったので温水プールなら泳ごうと思ったが生憎、水でした。諦めてお風呂に。

六時四五分に夕食、晩飯後七時五〇分から読書、TVではNHKワールドを流していました。NHKワールドではミヤザキハヤオさんの番組を……部下にもう辞めろと暴言を、嫌だね、偉そうに、これはパワハラだね。ディズニーと較べるとまだまだ。日本では有名だが、世界ではまだまだ個人商店の社長レベルだね。

七時五〇分、読書しながら眠りに……。

一一時三〇分に一度目覚めた。今日はお嬢さんのお陰で最高のお散歩が出来てハナマルでした。

◎旅の思い出　三月一九日（日）
三時一五分に起床、お湯を沸かして持参したヤキソバとビールで簡単な朝食。何故って、ここヨルダンの食事はイマイチで、いつも少しだけしか食べていないからね……。

朝にTVではまたミヤザキハヤオさんのドキュメンタリー番組が流れていて、なんとなく横目でちらちら見ていました。

彼は七六歳で、一度は引退宣言したのにまた新しい作品に挑戦している。彼のアニメグループは何故か家内作業を見ている感じがする。彼が引退したら多分このまま彼のグループは消えそうだね。

六時一五分にレストランで朝食、ゆで卵、トマトときゅうりを二切れ、なつめ椰子一個とコーヒー一杯だけでフィニッシュ。

七時にホテルを出発、今日の予定は、ヨルダンからお隣の国、イスラエルに入国し、その後に死海で浮遊体験をします。

添乗員さんは国境越えには滅茶苦茶に時間がかかるからと何度もアッピール、カメラはご法度と何度もアドバイスを……。

大型バスが我々の前方に五台も並んでいた。

ヨルダンを一一時二〇分に出国、イスラエルに二時に入国出来てほっ！

ランチは焼肉とビール（六ドル）でフィニッシュ。

ヨルダン側の死海に行くと思っていたがイスラエル側でしたよ。

イスラム圏では豚肉がご法度だがお肉と乳製品を一緒に食してもいけないのだって、知っていた？　ちなみに死海は地上で最も低い場所にあって海抜マイナス四百メートルだって、死海の塩は美肌効果があるらしい、ヨルダンのお店で死海の塩で手を洗ったらあら不思議、つるつるになった感じがしました。

四時頃海抜ゼロ地点で写真を撮り、死海に到着。

貴重品は現地案内人に預け、添乗員は我々全員の浮遊写真を撮りまくっていました。ご苦労様！

二〇一七年三月　個人海外旅行 №39
《ヨルダン、イスラエル、パレスチナ自治区》

死海のお塩を口に含んだら超しょっぱい。でもお肌効果があると言うので、死海の塩入のハンドクリームをオミヤゲに購入、三四ドルでした。
五時に死海を出発、明日行く予定のエルサレムの旧市街へ。
あのイエス様が有罪判決を受けたピラトの官邸を振り出しに、鞭打ちの教会、重い十字架を背負い最初に躓《つまず》いた場所、マリア様の教会、シモンがイエス様に代わって十字架を背負った場所、ベロニカの教会、イエス様が二度目に倒れた場所と、聖ハランボス教会、ギリシャ聖教会、聖墳墓コプト教会、聖墳墓教会を早足で夜の観光でした。
昼の観光は物凄い人数が観光するので逆に良かったのかも？　いやあ〜この場所はクリスチャンなら外せない場所だよね。僕も一度は来たいと思っていて、ようやく実現出来ましたよ。ただリスキーな土地だから少し心配していました。
キリスト教地区を見終わってリモニム・シャロム・ホテルへ。
ホテルのレストランでディナー、ご飯にビーフの煮込みをかけてビール（五ドル）で頂きました。
ここでアラビア語のお勉強。
　ヤラヤラ　　＝行きましょう
　モムターズ　＝お上手
　マイサラーマ＝さようなら
　ショクラン　＝ありがとう
　ザキ　　　　＝おいしい
今日も滅茶苦茶に疲れました。もう寝ます。

ヤラヤラじゃなくて、ヤレヤレ。

◎旅の思い出　三月二〇日（月）

早朝二時五〇分に起床、三時半に髭剃り、持参したカップ麺を頂きました。う、美味い。

昨日も歩き疲れたので栄養ドリンク、新グロモントをぐび、四時半にコーヒーも……。

六時に朝食、ゆで卵、トマト、きゅうり、ヨーグルト、オレンジジュースをコップに半分。

今日も七時にホテルを出発です。現地ガイドはダンディーな信夫さん。

「ボケルトーブ」、ヘブライ語でおはよう。

今日はエルサレム旧市街のあの有名な三大宗教の聖地から観光する。まずは聖地の入り口に並んだ。入場するのに金属探知機の前を通る。ポケットのカメラ、コイン、予備の電池まで机の上に出したがまだピーピーと鳴っている。上着を脱ごうとしたらＯＫ、ＯＫと入場させてくれました。次はユダヤ教の西の壁へ。男性のみキッパーの帽子を被って壁に触ってお祈りを、神様が頭上にいらっしゃることを忘れない為に被るのだって……。

次はバスで神殿の丘付近まで行ってから徒歩観光。鶏鳴教会、マリア永眠教会、ダビデ王の墓、最後の晩餐の場所などなどをガイドさんの説明付きで見回る。ガイドさんは聖書まで読んで詳しく説明してくれる。非常に有り難いが、特にキリスト教のエリアでは自分の説明に酔っても、自己満足の世界に……。僕が、ガイドさんはクリスチャンなの？　と聞いたら、いや仏教徒だって……もう説明を延々と聞いているだけで疲れちゃった。おしっこもしたいし……ねえ～。

午前中の観光を終えてランチはチキン、ラム、ビーフの焼肉とＴＡＹＢＥＨビール五ドルで頂きました。

午後はパレスチナ自治区であるベツレヘムに入る。

ここでキリスト様の生誕教会へ、生れ落ちた洞窟の底付近の生誕場所には銀のスターが貼り付けられていて手を触れて来ました。すぐ向かい側には家畜小屋もありました。

午後三時五〇分ころにオリーブ山エリアに行き、ゲッセマネの園、万国民教会（苦悶の教会）、主の涙の教会を見学し、最後にスーパーにも寄ってもらいました。

ここではビールとチョコをオミヤゲにゲット。

ホテルに戻りバスタブに入り髭剃り、日本酒を飲み、八時五〇分から荷物の整理、もう明日は帰るだけ！　今日も疲れた～。

◎旅の思い出　三月二一日（火）
真夜中の二時二〇分に起床、二時四〇分テレビのテロップが読めない。文字がダブって見える。お店での明る過ぎる蛍光灯も僕には眩し過ぎて目を細め、なるべく下を見る。これって典型的な白内障の症状だね！　泣けてきますわ。

三時三〇分、お湯を沸かしてコーヒーを……。

そうだ、夜に車を運転する為に少し度が強いめがねを持参していた。普段のメガネと取り替えてみた、ダブって見えたテロップが少し改善されてホッとしました。ふぅ！

気を取り直して六時に朝食、七時半にホテルを出発です。

国境を越える前にトイレ休憩と最後のオミヤゲ屋さんに寄った。バスを降りたらパレスチナ、エリコのお店の人からナツメヤシとイチジクのドライフルーツを試食。超美味ぃ！

八時四〇分から三〇分間、トイレ、ナツメヤシとイチジクをゲット、ついでにパレスチナの国旗のキーホルダーもゲット。

イスラエルに入国した時に貰ったパスポートのコピーを出国する時に提示して無事に出国しヨルダン側へ。これでパスポートには出入国スタンプが押されないので、他のイスラム圏にも入国出来ます。ほっ！

一一時一五分ヨルダン国境を出発し最後のランチですわ。

ここヨルダンの首都アンマンのレストランではアルコールは禁止なのでミントオレンジジュース四ドルを飲んだ。味はイマイチ。あとはラム肉の焼肉で頂きました。

レストランのお店の前には日本の桜に似た花が満開で、聞いたら白はアーモンドの花でピンク色は桃の花だって。道路の反対側にはマックがあって試食したかった〜。

空港について、ドバイまでと成田までの航空券をゲットしたが、成田までの通路側が確保出来ず窓際だって……ヤバイです。

アンマンを一六時五五分発の飛行機に乗り、二一時五五分にドバイ着。

約五時間、浦安のSさんと、長野のGさんと三人で談笑していました。

二二日（水）の真夜中に、いや早朝二時五五分に飛行機に乗り込む。

僕の隣には長野から参加されたG元校長先生ご夫妻が……。Gさんの奥様は窓際をご希望で、僕は通路側希望で席を交換して頂いてホッとしました。これでトイレの心配なく成田まで帰れます。

機内ではディズニー映画『MOANA』を一本見て、あとの時間は瀬戸内寂聴さんの『諧調は偽りなり』上巻を読んで過ごしていました。

二二日の一七時二〇分にドスンと無事に着陸して、パチパチパチ、成田に到着。食べなかったパン、使わなかったバター、チーズなどをリュックに入れていたら隣のGさんから持って行くの？　と言われちゃった。持って行くよ、と返事をしたら、しっかりしているねえ〜とか言われちゃった。機内に残して捨てられるよりは、よっぽど良いと思うがねえ〜。

◎旅の思い出　後記

お友達にわざわざ、なんでそんな所に行くの？　と言われたが、イスラエルの宗教三大聖地のエルサレムにはどうしても行きたかった。

確かに今回訪れたヨルダンでも、お隣の国はシリアで紛争国で超危険だが、行って見て、それほど危険は感じなかった。危険と言えば、ペトラの上り坂でロバが交差する瞬間に前方のロバが僕にぶつかって、危うく崖下に落とされそうになったことでした。

イスラム圏での食事はラム、チキン、ビーフの焼肉、シシカバブとビール、野菜はトマト、きゅうり、ゆで卵位しか食べられなかった。

ヨルダンではアルコール・ビールを、置いてあるレストランは少なくて高いです。外のお店では、ノンアルコールのビールだけが販売されていました。

今回の旅行のハイライトは、ヨルダンではペトラ遺跡が一番、急な狭い道を遺跡の中心部まで行くコースは最高の散歩道で、遺跡がちらっと見えた瞬間は本当に感動します。

一方イスラエルでは死海での浮遊体験も良かったし、三大聖地に自分の足を踏み入れ、しかも自分の目で見られたことで大満足です。

もしも貴方がクリスチャンか宗教に少しでも関心があるならば、ここは本当にお勧めです。

人間の人生なんてものは、全て、その人が持っている運次第だと思っています。

たまたまそこに住んでいたから、たまたまそこに出かけたから、たまたま計画を中止したから、人間、幼くして亡くなる人、病気にかかる人、長生きする人、人生は選択、選択の連続なのです。どちらを選んでも、最後のゴールは、人間すべてみな同じです。人生何歳まで長生きしたかよりも、どう生きたかが重要です。人生なんて、長いようで実は本当に短いのです。人間、人それぞれで、働きたい人、お金を貯めたい人、趣味に生きたい人、愛を探している人、自分が生かされる場所を探している人、それぞれが正解です。夢がゴールじゃなく、夢を達成するまでの体験を日々楽しむことが、自分の人生を素晴らしく豊かにします。法律を犯さない程度に、人生をとことん楽しみたいですね。

ちなみに今回の海外旅行は累計で七三回目、訪問国は八六ヵ国、地域も含めると九四ヵ国・地域となりました。

今年中に百ヵ国・地域を目指して頑張ります。

二〇一七年四月　個人海外旅行№40《アゼルバイジャン、ジョージア、アルメニア》

◎旅の思い出　四月六日
昨晩のうなぎは超、美味しかった。

ネットでレシピをチェックして参考に……市販のうなぎを水で洗い半分にカットしてフライパンに、アルミホイルをくしゃくしゃに二枚載せ、うなぎに日本酒をかけて蓋をして片側二分、ひっくり返して約二分蒸す。最後に別売りのうなぎのタレをかけて一分位蒸し、炊飯器のご飯にもうなぎのタレを振り掛けて、お茶碗によそい熱々のうなぎを載せてサーブする。うなぎは程よくふっくらと仕上がって、うなぎ店と遜色なく出来上がって大満足でした。

早朝、いや、真夜中の二時一〇分に起床する。

四時半にお風呂へ、四時五〇分にピアノ練習、六時に朝食、七時半に朝ドラ、八時にヴァイオリン、その後に読書、昨晩から右下奥から二番目の歯が超痛くて最悪です。

九時四五分にクリニックに予約を、一〇時からワイドスクランブルを見て、ランチは、ラーメンでした。

昼寝をして一時三〇分に出発です。三時一〇分の成田エクスプレスに乗って第二ターミナルまで、まずは空港で両替です。

五時半におにぎりとゆで卵、七時に団体カウンターへ、ＰＭ七時二〇分頃にEチケットを貰ってカタールのカウンターへ、二路線ともアイルシートを、ゲット出来てラッキーでした。

二二時二〇分にカタールのドーハまで、約一二時間のフライトです。

お隣の席は埼玉県のAさんご夫妻で、いよいよ出発です。

◎旅の思い出　四月七日(金)

機内では『ラランド』の新作映画をまた見たが良さが解らず仕舞いでした。

Aさんの奥様は物凄く明るくて社交的で沢山お話が出来て、お陰様で長時間フライトも短く感じ助かりました。

成田を出発して二時間、ドーハに到着前の二時間、計四時間を除いた八時間、我が飛行機を乱気流が襲い、飛行機が何度も何度も上下、下降して本音、落ちるかも知れないと滅茶苦茶気を揉みました。後方ブースのアテンドさんに、この飛行機落ちてクラッシュするんじゃない？　と質問したら、大丈夫！　と顔面が少し青ざめていました。まさかお客様に対して危ないかも知れないとは口が裂けても言えないからねぇ〜。どうせ落ちるならせめて帰りの便にしてくれ〜。

お陰様で早朝の四時頃に無事にカタールのドーハに到着しホッとしました。

ドーハの空港もバカ広い。女子添乗員さんのNさんが、C1に五時四〇分に集合して全員で次の乗り場まで行くからね……と。いったん自由行動。素敵な絨毯のコースターがあったので記念にゲット！

時間になってC1に行ったら男性のお一人が来ていない。一〇分待っても来ないので、取り敢えず次のゲートへ行った。一人参加の男性は多分旅慣れているから問題ないと思っていました。

それでもN添乗員さんは探しにC1付近まで行ったみたい。ドーハ発、六時五〇分のアゼルバイジャンのバクーまでの乗り込みが始まって、暫くしたら彼が見つかったみたいと乗客の一部の人が話をしていてホッとしました。

二時間四〇分のフライトだったが、ここでも初めの時間以外は、殆んど上下左右に揺れっぱなしで、今度こそダメかも？　と思いました。

一〇時頃に無事に着陸出来て本当に助かりました。飛行機がもし落ちたら、それこそ洒落にならないからねえ〜。飛行機を降りて荷物を引き取り両替、一〇ドルで一六・一マナトでした。

到着してもう早速、アゼルバイジャンの首都バクーの観光です。

現地ガイドは若くて聡明な女子ガイドのショレナさんでした。

最初の観光は、シルバン・シャフ・ハーン宮殿でした。いま書いているのにどんな宮殿だったか思い出せない。

次は乙女の塔で二八メートルの高さから乙女が身を投げたのだって……ここで自由時間に五ドル支払って、乙女の塔のてっぺんまで、勿論僕も煙同様に高い所が大好きなので螺旋階段を登って見た。見晴らし最高！

ここバクーは建物が素敵。豊富な石油、天然ガスの利益でふんだんにお金をかけたであろう奇抜な建物がいっぱい。あの東京オリンピック競技場で、あまりにも高額な為に取りやめになったザハ・ハディドさんの、あの流線型の建物も見て来ました。ここでは何と言っても、炎の国をイメージした炎の形をした建物が三棟も立ち並んでいて圧巻でした。僕は奇抜な建物が大好きなので、この都市は大好きです。

ここアゼルバイジャンは隣国アルメニアとの地域帰属戦争があって、そこで戦った人たちを称えた殉教の小路を歩いた。海岸沿いから世界で一番大きな国旗、ポールの高さが一六二メートルで旗の大きさが七〇メートル×三五メートルの巨大な旗が風になびいていました。う〜ん、でかい、超びっくりです。今回の旅は目の前にカスピ海が見えて最高です。

途中モハメッド・モスクに入場観光を、夕食はレンズ豆のスープがめちゃ美味しい。ビーフと栗、フーダラン・ビールが美味しい、ビールは四マナトでした。

今晩のホテルはニューバクーホテルの六一一号室で、部屋がでかい。

九時にベッドイン、TVでストックホルムのテロ事件を放送していました。

今日は滅茶苦茶に疲れました〜。

◎旅の思い出　四月八日（土）
真夜中の一時半に目覚め、そのまま起きてました。TVでは以前に日本でも流行ったサバイバーをやっていました。

六時のTVニュース番組では、トランプさんがシリアに地中海からトマホークを発射した画像を延々と流していました。

六時二〇分にホテルの部屋の窓から日の出を見ていたら太陽がでかい、びっくりです。

七時に朝食、お腹の具合がイマイチで薬を二種類服用、読書。

九時にホテルを出発、約一時間かけて、ゴブスタン遺跡へ。

ここの遺跡は、古代人が岩に石を打ちつけて岩に絵を描いていて、牛、馬、人間などの絵が沢山残っていました。トルコのカッパドキアの風景と良く似ていました。

2017年4月　アゼルバイジャン・バクーのフレームタワーをバックに

その後にゾロアスター教（拝火教）の聖地を訪問。ここで記念品をゲットする。ここではドルで支払いました。

その他には、ビビヘイバドモスクにも立ち寄り見学。

ランチはレストランで、ここの牛肉と野菜のスープがめちゃ美味い。韓国のカルビクッパ風でした。瓶ビールが三ドルでした。

ランチ後にバクーの空港に。お隣の国ジョージア（グルジア）の首都トビリシへ約一時間一五分だって。空港で厳しいチェック、何度も調べられている途中に、我が私物が入っているチェック用の箱がローラーから落下して最悪です。気に入っているボールペンが紛失しちゃって落ち込む、一七時五〇分に出発。

ここでも飛行機が揺れた、揺れた。機内でディズニー映画の『キャッツ&ドッグ』を鑑賞していました。

一九時過ぎに無事、トビリシ空港に到着し

てホッ！

ここで両替一〇ドルが二〇・四ラリでした。ここジョージアではドルが使えずラリだけだって……。

トビリシ空港からレストランへ。町はなんか暗い感じです。レストランでは沢山のサラダが毎回サーブされるがどれもパス。食べられるのはトマトとキュウリだけ、あとはメインのお肉だけでビールで流し込みます。ちなみにビールは四ラリでした。

晩飯後八時四〇分にレストランを出発、アストリアホテルへ二〇五号室でした。

夜の一一時に到着。

今日も疲れた。

◎旅の思い出　四月九日（日）
昨晩はホテルに戻ってお風呂に入り、持参した瀬戸内寂聴さんの全集六巻の『遠い声』をやっと読み終えました。ふぅ！

真夜中の二四時五分に夢の世界へ……。

今朝は四時五〇分に起床、また読書、『いってまいります　さようなら』を読み始める。

七時に朝食、九時にホテルを出発。

世界遺産のあるムツヘタへ、バスで四〇分、六世紀に建てられたジュワリ聖堂から観光です。

建物がみんな似たり寄ったりで、どこも同じように見えるので説明不能でご免。

次はジョージアで最古の教会、スヴェテツホヴェリ大聖堂でした。

その後、ジョージア軍用道路を通ってアナヌリ教会へGO、一時間のバス移動でした。

そうそう今回の参加者は夫婦が四組、女性の八〇代のお友達二人連れ、一人参加の男性が一〇名、女性が一名、計二一名なのでバスの二席を一人で使えるので身体がめちゃ楽です。

一二時四五分にムツヘタ近郊のワイナリーへ、ワインの試飲をしながらランチタイムです。このワイナリーは昔ながらの製法で大きな甕を地中に埋めて葡萄を投入し自然発酵を待つやり方で、一度テレビで見ていたのと同じシーンでした。最初に白ワインの試飲でグラスにちょっとだけ、プチ不満。こんなに少ない量だと本当の味がわからないよ。浅草から参加していたワイン通のTさんは、めちゃコクがあるとおっしゃっていたが、僕はワイン音痴で全然解らなかった。お次は各テーブルに赤ワインが振舞われて初めて美味しいと僕にも認識出来ました。最後にチャチャと言って四五度のお酒も試飲、お陰で超良い気持ちに……。

観光地ではここのお菓子でチュルチヒラと言ってナッツや胡桃を砕いて、葡萄酒やザクロの汁をかけて天日干しした棒状のお菓子が売られていました。屋台の店頭で味見したが、う〜んイマイチでした。

その後ジョージアの首都トビリシへ戻りました。ここトビリシでもユニークな建物があって嬉しい。僕も大金があったらもっとユニークな自宅を建てるのに……残念ですわ。でもユニークな建物ほど大変住み難そうです。あの黒川紀章さんのユニークなワンルームマンションの中を見たら、まるで自由に出入り出来る監獄みたいでしたよ。

明日はアルメニアに行くので明日の予定を少し前倒しです。

そしてトビリシの市内観光へ、ムトゥクワリ川近くの丘に立っているメテヒ教会を見る。

その後、シナゴーグ、ジョージア正教会の総本山であるシオニ教会を訪れて今日の観光は終わりです。

その後にトビリシのレストランへIN。ピアノとヴァイオリンの演奏付きで嬉しい。ただお二人とも男性で、ヴァイオリンの奏者はおじいちゃんで残念です。本音、ヴァイオリンだけは綺麗な若い女性に弾いてもらいたかった。

食後ホテルへ、八時五〇分に到着、直ぐにお風呂へ、読書して九時一〇分にベッドイン。お休みなさい。ｚｚｚ。

◎旅の思い出　四月一〇日（月）
今朝、いや真夜中のAM二時に起床しました。

図書館から借りた瀬戸内寂聴さんの全集六巻は分厚くて持って読むだけで超疲れます。でも旅行から帰ったらすぐに返却しないといけないので、四月の四日から猛烈な勢いで読んでいます。そうそう昨日読み終えた『遠い声』は良い作品でした。これこそノーベル文学賞にも値すると僕は思うのだが、勿論芥川賞や直木賞の作品よりはずっと上だよね！

二時三〇分にお風呂へ、海外でバスタブに入っている時間は至福の時間だね。お風呂上りは、ほぼ裸状態でシーツに包まってまたまた読書です。『いってまいります　さようなら』も読み終えて、次は、『余白の春』に手がつきました。六時四五分まで読書。

七時に朝食、食べ過ぎると直ぐに調子を崩すので少しだけ……でも参加者のお皿の上を見ると皆さん大盛り状態で食欲旺盛な人ばかりで超、びっくりです。

九時にホテルを出発、アルメニアの国境へ、バスで一時間ほど。

入国審査は空港よりも簡単で有り難いです。

ここでビザ代一〇ドルを支払い、一〇ドルを両替、四八五〇ドラムでした。

アルメニアに入り現地の添乗員さんはそばかすいっぱいのアマリアさんでした。ジョージアのショレナさんより日本語がたどたどしくて聞き取るのが大変。でも殆んど解るのでまあ良いか。

アルメニアに無事入国して首都エレバンに向かい、途中でランチです。

メニューはポークのバーベキューでした。相変わらず食べられるのはトマトときゅうりとお肉とビールだけです。ちなみにビールは千ドラムでした。参加者の皆さんは香野菜（ハーブ）、ナス、沢山のサラダ風の食べ物や、薄いナンやパンなど、物凄い食欲に圧倒されます。

途中から山道に入り、山のてっぺんにある世界遺産のハフパド修道院へ。

その後にコーカサス地方最大のセバン湖へ。この湖は深さによって微妙に薄い青から濃いブルーに変化していて本当に綺麗でした。夏なんかここで泳ぎたくなる距離、一〇〇〇メートルから一八〇〇メートル位でした。ここセバン湖でトイレに行こうとしたがトイレに鍵がかかっていて使えない。止むを得ず、とあるお店のトイレを拝借。それもトイレが一個だけで長い列が……。勿論二百ドラムを支払ってね、小銭はトイレ代として貴重です。今回の旅行で一番の難点がトイレなのです。ホテルを除き、観光地やレストランでもトイレで苦労しています。トイレは殆んど二つだけ。三つあっても使えるのは二つで、一つは壊れて、もう一つは鍵がかかって使用出来ない有様でした。

トイレ休憩を終えてエレバンのホテルへ。

その後にレストランへ。相変わらずトマトときゅうりとお肉とビール千ドラムの食事でした。

またホテルに一〇時頃に戻って来ました。

今晩はメトロポールホテル一〇六号室でした。一〇時二〇分に入室、ほっ。今日もめちゃ疲れた～。バスタブに入り、一一時三〇分にベッドイン。お休みなさい！

◎旅の思い出　四月一一日（火）
今朝は四時二〇分に目覚め、すぐにお湯を沸かしてモーニングコーヒーを楽しんだ。

お風呂、髭剃り、五時から読書です。

七時に朝食だが食べ過ぎると調子を壊すので少量だけで済ます。カップケーキを午前中のおやつに一個失敬してきた。

九時前にホテルの前の橋に行って、左側にあの有名なアララト山を見て来ました。大アララト山の左側に日本の富士山そっくりな小アララト山が見えるはずだが、山のてっぺんを雲が邪魔していて残念。

九時にホテルを出発し、ホルヴィラップ修道院の見学からです。

次は世界遺産のアルメニア正教の本山、エチミアジン大聖堂に入る。ここはキリスト様が降下した場所だって、知りませんでした。

その後にガルニ神殿へ。ここは山のてっぺんに神殿が建てられ、いかにも神殿である雰囲気が漂っていました。僕はここが一番気に入りました。ガイドさんがここはヘビが多いと言った瞬間、僕が、そこにヘビがいるよ、とガイドさん言ったら、キャア～と驚いてしまい、悪い冗談をしてしまい反省です。

その後に岩をくりぬいて建てられた、これも世界遺産のゲガルト洞窟修道院へ。岩のてっぺんから掘り下り大きなドーム型の修道院を作った努力に拍手です。昔の人は凄いね、掘る道具だってないのにねえ。ここでボランティアの合唱団が賛美歌を披露してくれました。素晴らしい歌声がドームの中で反響し素晴らしかった。

その後にアララト山が一望出来るビューポイントへGO。素晴らしい。五一六五メートルのアララト山、その左隣に三九二六メートルの富士山そっくりの小アララト山も良く見えて感激ですわ。ちなみにアララト山は、昔アルメニアのものだったが、今はトルコのものだって。でも綺麗に見えるのはアルメニア側だって。四〇〇〇メートル以上の高い山は、登らないで眺めるものです。素人が登っても良いのは夏山限定で、高さも富士山までです。それ以上は高山病、雪崩、落石、暴風雨などなど、山の神様の祟りが予想されます。僕も、一度はネパールのエベレストを拝む為に五三〇〇メートル付近のベースキャンプまで登る計画を立てたのですが、敢えなく断念した経験があります。何故って、それはネパールのミネラルウォーターを飲んだだけでお腹を壊したからです。

アララト山を堪能してからランチです。食事は千ドラムのビールだけが楽しみです。

その後にエレバンに戻り、一二日予定の市内観光を前倒しです。

まずはカスケード広場にGO。ここは巨大な階段広場兼素敵な公園広場で、フランスから贈られた太った女性像とか巨大ネコちゃんの像があったが、あの太った女性像だけはイラナイです。

そうそうカスケード広場を見学中に、少しだけ階段を登ってみたくてアマリアさんと一緒に登って下を見たらN添乗員さんが早く降りて来てと手招きを……直ぐ降りてきたのだがわずか数分の時間だったがハナ・ハジメさん似のご主人からいきなり怒られた。七時までにレストランへ行かなければならないでしょう……と。僕が一人で行ったのなら解るが現地のガイドさんの許しを得てガイドさんを含め数人が行ったのに僕だけ代表して怒鳴られるとはトホホ……。彼の奥様といつも親しげにお話していたのが気に障ったのかしら？　それなら解る……。

アルメニアで一番気に入った場所で一番不愉快なことで参った、参った。

そう言えば某夫婦の奥様もいつもバスの前の自由席を占領していて、いつも先頭を闊歩するのはまだ良いが、他の夫婦のおじさんがバスの中を移動して写真を撮っていたら急に大声で注意をする始末。楽しい旅もお陰で気まずい雰囲気に。もちろん僕も偉そうなことは言えないが、何度もツアー旅行をしているけど、いつもいつも、問題になる人間が必ず二〜三人はいるよね……。

最後に共和国広場を見てから民族音楽ショー付きディナーで、ここはビールが六〇〇ドラムと安かった。

アルメニア美人が歌ったり踊ったり、なんか日本の盆踊りみたいで、勇気あるおじさんが飛び入りで踊っていた。アルメニアの小さな可愛い女の子も踊っていて、小さくても女だなあ〜と一人感心して見ていました。記念に一枚パチリ、アマリアさんも踊りの輪に入りたいみたいにテーブルの側で踊っていた。

九時四〇分にホテルに到着。

一〇時にベッドイン、一〇時二〇分に夢の中に。ｚｚｚ。

◎旅の思い出　四月一二日（水）

今日も真夜中の一時二〇分に目覚め起床する。口の中が痛い、口内炎だ、偏った食事が原因かも？　ガビーン！

今朝はホテルを八時一五分に出発で、朝食は七時半で、これじゃトイレに行く時間も無いので二時に持参したヤキソバを頂いた。二時半からまた読書、三時から五時まで睡眠、五時にカップラーメンを頂き早めの朝食を済ませました。ほっ！　63チャンネルの（FASHION）を、延々と見ていました。一流の女子モデルのファッションを見て目の保養ですわ。ついでにMIDNITE・HAUTEも見ていました。

七時半レストランでヨーグルトだけ頂いて、八時一五分に出発です。

最初はアルメニア最高峰のアラガツ山が良く見えるポイントへGO。この山には四つの頂があるって……。約一時間バスで走ってようやくビューポイントに到着する。アラガツ山も雪を被って綺麗です。ここでN添乗員さんとツーショットを撮ってもらいました。

九時四五分に国境を越えて隣国ジョージアのトビリシへ向かう為に出発です。

暫くしたらお腹が痛い。バスの暖房が強過ぎたのかも、お腹をさすって我慢していました。途中に山越え、レストランに着いてトイレに急行したが三番目だった。トイレは三個あったが一個は壊れていて使用不能でガビーン、ヤバイよと大きな声を出したら二人目の男性（参加していた中で一番若い男性）が僕に譲ってくれた。助かりました。彼は空港内でいつも、一番遅いメンバーのことを気にかけて迷子にならないように気を配っていて凄く優しい人でした。僕もトイレに行けて良かったです。本当にめちゃ助かりました。トイレから出て彼にありがとうと礼を言ったら困った時はお互い様だよ、となんて素敵な青年なのでしょう。

ランチはビールはやめてレッドワインにしました。値段は一四〇〇ドラムでしたが超美味しかった。その後に白のサービスワインが振舞われたがなんか水っぽい。ピアノとクラリネットで〝百万本のバラ〟の演奏です。食事中に生の演奏が聴けるのはリッチな気分にしてくれるねぇ〜。

食後に国境を越えて三時頃にジョージアに入国、首都のトビリシ空港へ。ここでアマリアさんとお別れし、またショレナさんとバトンタッチです。

五時半に空港に到着。トビリシからバクー経由でドーハまで約五時間と、ドーハから成田までの一〇時間、両方ともアイルシートをゲット出来て、ほっ！　助かりましたよ。

旅行前にフットレストを通販で買う予定だったが間に合わないので今回自分で作ってみました。素人が作った作品だがどうして、どうして最高の出来栄えで、それに安く出来上がって足も楽ちん。五時間ぶっ通しで読書です。

アゼルバイジャンのバクーに無事着陸した時、太った髭の濃いイスラムの乗客がキャリーバッグを上の荷物ボックスから下ろす時に手を滑らせ、僕の前の席に座っていた別のイスラムの子供の足を直撃してしまい、子供は泣き出してしまった。慌てて、後ろの席から荷物を無理な体勢で取らなくてもねぇ。子供が席に寄りかかって寝ていたので小さな打撲ですんで大事にならず良かったが、子供さんの足を怪我させてしまった。子供のお父さんはそれを見ても、なんの抗議もしなかった。僕だったら怒るぜ！　成田からドーハに来る時も、我がグループの男性が機内のボックスからリュックを取ろうとして手が滑ったのか僕の前の席にドンと落とした。幸い前の席に人が座っていなかったので実際の被害はありませんでした。二度もスーツケースやリュックを落とすシーンを見たので、それからは滅茶苦茶注意するようになりました。頭に荷物が直撃したら怪我するぜ、不注意な人間が多くて嫌になる。皆様も充分お気をつけ遊ばせ。

◎旅の思い出　四月一三日（木）

カタールのドーハに真夜中の二四時一〇分にスムースに着陸してホッ。

ドーハからAM二時三五分に今度は成田空港まで約一〇時間のフライトです。

機内では照明を点灯し読書です。二度の食事、トイレと居眠り以外は読書していました。お陰様で成田に到着前に分厚い全集の六巻も数ページ残すだけですわ。ふぅ！　急遽自作したフットレストのお陰で足も超楽チンで、お隣の方からも羨ましそうに見られていました。長いフライトも読書のお陰で、短く感じて満足、満足。

成田空港に一八時過ぎにここでもスムースに着陸してホッ！

成田空港も空いていて、税関も問題なくラッキー。

埼玉のAさんの奥様がわざわざ挨拶に来てくれて嬉しいね。N添乗員さん他、数名にお礼を言って鉄道乗り場に急行する。二分後の成田エクスプレスにギリギリ間に合ってラッキー。

無事に帰宅出来ました。

N添乗員さんはじめAさんの奥様、現地のガイドさんのお二人、個人で参加されていた小父さんたち、個人参加の女性お一人、八〇歳のお婆ちゃん二人連れ、皆々様のお陰で良い旅が出来ました。みんなありがとう。

ちなみに今回の海外旅行で訪問国九〇ヵ国、地域も含めると九八ヵ国・地域、個人旅行が会社の旅行も含め四六回、家族海外旅行が二八回で計七四回目です。今年の八月に中央アジアを予約しているので、念願の百ヵ国・地域を達成する予定です。

◎旅の思い出　後記

いやあ〜今回のコーカサス地方の三ヵ国を巡る旅は、食事の面でめちゃ困りました。

旅行中何処のレストランでもメニューはほぼ同じで、まず沢山のサラダが何皿も出るのですが味がイマイチでした。僕を除いて参加者の皆さんの食欲は信じられない程で、超びっくりでした。僕以外の参加者の皆さんはどこの国でも生きていける。残念ながら僕が食べたものはトマトときゅうりとメインの焼肉位でした。飲み物は当然ビールでね。何処の国でもビールだけは裏切らないです。ミネラルウォーターよりも信頼出来ます。僕は逆にビールと少ないつまみがありさえすればなんとか生きて行けるかも？

問題の二番目はトイレです。空港でもレストランでもトイレが極端に少ないので最悪なのです。お腹の調子が悪いと目も当てられません。今回の旅行でも一度ヤバかった、順番を譲ってもらって滑り込みセーフということがありました。ソ連時代は良かったがソ連が解体されてそれぞれ独立したら、隣の国と領土の奪い合いで紛争が、アゼルバイジャンでは、男性は必ず兵役につかねばならず、ただお金を支払えば兵役免除もあるそうですが。お隣アルメニアも男性は兵役に就かねばならない決まりで、現地のアマリアさんも、女性ながら自分も兵隊に参加して自分の国を守りたいとおっしゃっていました。

僕は初めて訪問する国は努めて下調べをしないで行くことにしています。何故って？　初めて見て、初めて聞いた方が感動も大きいからね。訪れた修道院、教会、モスク、宮殿、遺跡、聖堂、はどこも同じような建築様式で似たり寄ったりでした。

ただ今回、あのカスピ海、アララト山、アラガツ山、セバン湖を直に見られたのが素晴らしい。写真やビデオで見るよりも圧倒されます。元社会主義の国だけあって政府関係の建物は素晴らしいです。それに思ったよりもユニークな建物が多くあって建築家を目指す人にはめちゃ参考になります。そう言う僕も建築が大好きで、本当はユニークな建物をもっとじっくりと見たかった。

僕はワイン通じゃないので知らなかったが、グルジアワインは美味しいと定評がある。確かに壺を地下に埋めて熟成した昔の製法で作った赤ワインだけは僕にも美味しさが解りました。国がどことか、生産地、葡萄の種類よりも、飲んで美味しいのが良いワインだと思う。白ワインはコクがあると若干名の人が言っていましたが僕には解らず残念。みなそれぞれ味覚が違うからね、だからワインを購入する時はテースティングをお勧めします。

今回の旅の目的はストレスから逃れたいのが一番で、二番目は読書三昧にふけりたかったのです。お陰様で二つの目的は果たせました。

次の旅行先は中央アジア三ヵ国で、その後も検討中です。

世の中では紛争やテロがあり、北朝鮮とアメリカ、北朝鮮と韓国、北朝鮮と日本、一段ときな臭くなってきており、いつ暴発してもおかしくない状況にあります。核搭載のミサイルがもしも国内に着弾したら、それこそ歴史上かってない大惨事になることだけは間違いないと思います。だから僕は行けるうちに海外に行こうと思っているのです。今後、観光でもヤバイ国はイスラム圏、トルコ、フランス、韓国、フィリピン、ベネズエラ、コロンビア、ベリーズ、アフリカなどなどがあります。もう既にオマケの人生だからいつ終了しても悔いは無いです。何故って？　生まれて直ぐ満州から内地に逃げ帰る時、我が母は多分この子は日本までもたないだろうと思っていたそうで、生きて日本に帰ることが出来ただけでもめっけもんでした。一度失いかけた人生ですから、今まで生きただけでも有り難いことです。

でも残された時間は、神様が終了のボタンを押すまでは有意義に使いたいものです。

百ヵ国・地域にやっと王手がかかったのに……無事に夢が達成出来るのか？　それとも水泡に消えるか？　八月の達成日まで待ってくれ～。

二〇一七年八月　個人海外旅行No.41
《ウズベキスタン、キルギス、カザフスタン》

◎旅の思い出　八月八日（火）一日目
自宅を四時に出発、スーツケースを早朝からゴロゴロ鳴らして気が引ける。まあ良いか。一五分に駅に到着、三四分の始発の電車にON。電車内で数独を、大船駅に到着、五時二五分の成田エクスプレスで七時一八分に成田に到着。

早速団体カウンターに到着。団体窓口にはもう既に今回添乗してくれるIさんがいた。添乗員さんは若くて綺麗な方が望ましいが、まあ男性でも良いか……。男性の添乗員さんは結構雑な人が多いからなあ～。期待をするとがっかりするので、今回も期待しないようにしようっと……。

ロビーで朝食、八時五〇分に再度集合したら、あらあら物凄い人数で超びっくりでした。今回のチームは二三名で、ご夫婦ペアが三組、親子ペアが一組、女性のお友達ペアが一組、一人参加の男性が七名で女性が六名でした。その他に二コース、ウズベキスタン八日間コースの五二名、そのほかに二社の参加者も加えた約二百名のチャーター便でした。ふぅ。

一一時五分の出発予定が一時間遅れの一二時五分に出発です。ウズベキスタンのサマルカンドまで、九時間五〇分のフライトです。狭い席で長時間座っているのもかなりキツイですわ。

団体チャーター便なのでもう既に座席を決めているそうで、オイオイそれは困るよ。行きの便は幸運にも中間のアイルシートでほっとしました。斜め後ろのシートに以前どこかで一緒だったような小母ちゃんが乗っていた。思い違いかも知れない。何故って相手からなんの反応もなかったからねえ〜。

行きの便では持参したプントランドの本の残り部分を猛烈に読み始めました。途中飽きたら飛行マップやゲームにスイッチしながら。幸いに前席の小母ちゃんが、椅子を少しだけ倒して来たがまあ許せる角度だったのでホッ。

時差四時間でサマルカンドに夕方四時三〇分頃に到着。ふぅ。

外は三七度位？　税関の部屋にはクーラーがなくて体感四〇度近くで、ちょっとめまいを起こしそうです。オーブンの中に入れられた感じです。ふぅ……。

五時半に空港を出ると男性の楽団（太鼓と笛）とウズベキスタンの綺麗な女性一六名程が両サイドに並んで歓迎してくれました。嬉しいですね。ここで勿論シャッターチャンスです。綺麗なお嬢さんが微笑んでくれました。

五時半に出発、サマルカンドのホテルはグランドサマルカンドでした。

バスの中でウズベキスタンの紙幣に両替、一〇ドルで四万一〇〇〇スムでした（一〇〇スム＝三〇円）。

現地ガイドは、若くて超イケメンのノビルさんと矢沢さん。

夕方六時頃にホテルに到着。六時半に部屋に入り、バスタブにドボン、疲れが取れる。日本酒をグビっとあおってからレストランへ。

ディナーのメインはビーフでした。レストラン会場は中庭で、暑い暑い。死にそうです。客が着いて、ホテル側が一斉にエアコンをオンにしたので熱風が中庭まで流れ込んで最悪の蒸し風呂状態でした。

ディナーで美味しかったのはビールだけ。ビールは一万二〇〇〇スム、約三五〇円支払って部屋に逃げ帰ったが部屋もエアコンが正常に作動せず暑いです。

ベッドに横になりTVをつけ読書です。『読むだけですっきりわかる世界地理』の本で中央アジアの欄を勉強しながら……八時四五分には眠りに……。

今日は滅茶苦茶に疲れた〜。

◎旅の思い出　八月九日（水）二日目
真夜中の二四時一五分に目覚めて、眠れないのでお酒を飲む。一時にまた寝たが、二時半にも目覚めて、TVを見ていたらロシアで起こった洪水や山火事のニュースを延々と流していました。やっぱりどこでも異常気象だね。

六時半にヴァイキングの朝食です。一番美味しかったのは果物の桃でネクタリンでした。

七時半にバスで出発です。

最初は紙漉き工場の見学からのスタートです。ここでは桑の枝から皮を剝いで漉いて煮てドロドロにしてから日本と同じように漉いて作っていました。紙を最初に作り始めたのはイスラムだって……。紙漉き工場の見学を終えて工場の中庭でお菓子とお茶を振舞われたがちょっとだけ味見を……。

二番目はウルグ・ベク天文台です。太陽の軌道を毎日六分儀で記録して暦を作っていたが、現在の暦と殆んど同じ位正確でびっくりです。この六分儀を作ったので航海が出来るのです。当時の天文台は壊れていて面影は数メートルしか残っていませんでした。それにしても凄いです。隣に建てられている博物館の中も見学、昔のイスラム人は凄かったね。

三番目に訪れたのはシャーヒーズィンダ霊廟でした。

四番目にバザールを見学してからランチです。

どこでもトマトときゅうりのサラダが出て、茄子の炒め物？　いや煮たものが出てきたが僕は殆んどパスしていました。安心なのはビールだけ、ちなみに代金は一万スムでした。

五番目にビビハニモスクを見学、モスクの中にお店があってサカズキを一個購入、二ドルでした。

六番目にレギスタン広場へＧＯ。写真を数枚パチリ。

七番目は、グルアミール廟を訪れてからサマルカンド駅へ五時半の列車に約二時間乗ってウズベキスタンの首都タシケントへ列車で移動です。車内では紅茶とお菓子がサービスで出ました。

タシケントも超、超、暑いです。ここは気温が四二度だとＴＶで見ました。

2017年８月　ウズベキスタンにて

七時四〇分にタシケントに到着し今晩のホテルへ、シティパレスでした。

レストランのビールは五ドルでした。

今日も疲れました。半分グロッキー気味です。初日だけバスタブだったが今日からすべてシャワーのみで疲れが取れないよ。

読書してから一〇時一〇分に眠りに……。

外は暑いしモスクは広いしお水を持参しないと、一〇〇パーセント熱中症にかかります。

◎旅の思い出　八月一〇日（木）三日目

真夜中の一時四五分に起床、お湯を沸かしてお茶を飲もうとしたが通電せず、スタンドの電源を外してポットの電源を差し込んでやっと通電しました。狭いしTVの箱がでかくて前に異常に出ているので、危ないと思いきや、思いっきり左の額をしたたかに打っちゃって、たんこぶが……トホホ、ついていない。

二〇一七年八月　個人海外旅行No.41
《ウズベキスタン、キルギス、カザフスタン》

三時にモーニングコール、三時三〇分に出発です。オイオイ早過ぎでしょう。

三時半にホテルを出発、タシケント空港へGO。

六時一五分飛行しキルギスのビシュケクへ、約一時間一五分のフライトです。

僕は幸いにも通路側で窓際は静岡の男性、真ん中に一人参加の女性、三人で話し込んで楽しい時間を過ごさせて頂きました。

八時三〇分にビシュケクに到着。

朝食は空港側のレストランで、バックヤードには広い池があって、スワンと鵞鳥が泳ぎ、大きなネズミが魚を咥えて泳いでいるのを見ました。超びっくり。写真に撮ろうとしたが瞬間のことで間に合わなくて残念です。

朝食後バザールから観光です。ここのバザールは小さなお店がいっぱいあってゴミゴミしていました。写真を撮っていたら電池切れでヤバイ。マーケットを歩いていたら偶然にも単三電池を売っていた。ドルはダメだと言うので現地案内人のベクさんに一ドル渡して現地の金で購入してもらった。ラッキー、単三電池を四本ゲット。

その後にアラトー広場、レーニン広場を歩いてからレストランへ。

メニューはシューマイ三種（ポテト、ビーフ、ネギ）でネギが一番美味しかった。生ビールは三ドルで、一人、スタイル抜群のウエートレスさんがいた。

午後一時四〇分に出発。イシククル湖側の町、チョルボンアタへGO！

二六三キロあるので途中トイレ休憩。トイレが超汚いしあっても男性一つ、女性一つだけなので男性は青空で……。

夕方五時二五分、明日朝の予定のイシククル湖観光を実施です。何故かと言うと、明日の朝は雨らしいのでね……偉い選択ですわ。琵琶湖の七倍もある湖を沖に三〇分行って、帰りに三〇分、景色が素晴らしい。四〇トンの小船だから烈しく揺れる。

一時間楽しんで今晩のホテルへ、七時にホテルに到着。

チョルポンアタのホテルは山小屋風の四階建てでした。

七時三〇分に離れのレストランへ。ディナーのビールは四ドルでした。

食後、一人星を見に海岸の方に歩いて行ったが、歩道の街灯が明る過ぎて星が二個しか見えずプチ不満です。ポケットに手を入れたら、あらあら旅の予定記録表が無い。あれ？　落としたかも？　ヤバイと思いつつレストランに戻ったら添乗員さんたちがいて、僕の座席に落ちていた予定表を拾っていて渡してもらいました。ほっ！

疲れたので九時三〇分にシャワーを浴びてベッドイン。

キルギス人はモンゴルの血を受け継いでいるみたいでお顔がモンゴル風でした。キルギスで綺麗だと思ったのは、ランチで寄ったレストランの女性ただ一人でしたよ。もう寝ます。ｚｚｚ。

◎旅の思い出　八月一一日（金）四日目

四時に起きて、毎日毎日同じようなメニューに嫌気がさしてカップラーメンを食べた。

五時半ころ体調が思わしくなくてビオフェルミンを服用する。ホテルのレストランでの朝食は、体調イマイチの為にパスしといた。

六時にシャワーを浴びて読書、八日の朝日新聞を読む。ＴＶを見ていたらバクダッドでは気温が四八度だって、驚き！

外は雨、チョルポンアタのホテルを九時五〇分に出発。

本来なら九時からイシククル湖遊覧でしたが、昨日のうちに済ませて大正解でした。

二〇〇キロ離れたトクマクに移動です。トクマクに到着しレストランで家庭料理でした。どこでも前菜はトマトときゅうりのサラダと茄子の炒め物です。味はイマイチです。当然飲み物はビールだけ、二ドルでした。

昼食後にトクマクの遺跡観光です。

ブラナ塔へ。元々四九メートルあった塔だが地震で二五メートルに短くなった。とは言え結構な高さです。バスに乗る前にブラナ塔に登ったが、途中から階段の中が真っ暗で超危険なので退散しました。全く手すりも明かりもない階段を登るのは超リスキーで。

雨も降っていたが、近くのバラサグン遺跡も観光。

その後、キルギス伝統の騎馬ショーを見学。馬を走らせながら地面に置いた帽子を拾うショーで難しいらしく成功率は五〇％くらいかも？　野原なので風が冷たく僕は二〇分でバスの中へ退散ですわ。

観光後にビシュケクへ、約八〇キロ。

ディナーはレストランでビールは二ドルでした。

一時間後にホテルへ。本来はホテルプラザだったがホテル界隈の配管が壊れ急遽ホテルをジャンナットに変更ですわ。

毎日の暑さ、食事はイマイチ、現地のミネラルウォーターが身体に合わないのか、体調は最悪です。薬の効き目もイマイチ。僕にとって、安全な飲み物はビールだけです。

一〇時一〇分にベッドインしました。

◎旅の思い出　八月一二日（土）五日目

四時に目覚めたが未だに体調がイマイチで気分は低調です。よって今朝の食事は当然ですが抜きです。

ビシュケクを七時にバスで出発。約二八〇キロ離れたタラズへ、チャルバター国境よりカザフスタンへ入ります。

八時一五分に入国検査した時に、僕だけスーツケースのチェックが……ケースの中に単三の電池が一〇本入っており、それが原因でした。でも係官はそれを見てやっとOKでした。

八時四〇分に国境を出発。タラズまで、行けども行けども草原のハイウェーをひたすら進む。

当然、途中にはトイレが無く、仕方無しにバスを止めて……道路わきの小さなブッシュの陰に行って女性は右側、男性は左側での青空トイレです。道路の左右にはあの天山山脈が見えて雄大な景色に満足、満足。

PM一時にレストランへ到着、ビールは三ドルでした。添乗員のIさんと、奈良から参加した父娘のペアと同席させて頂き話に花が咲きました。

食後はタラズ観光です。最初はタラズ古戦場跡の見学を、その後にアイシャビビ廟の見学をし、午後三時頃には一八〇キロ離れたシムケントへGO。

シムケントに夕方六時に到着しレストランへ。レストランのトイレの数が僅か一個でギョギョギョ。

八時三〇分頃に今晩のホテル、シムケントに到着です。

食後にコンビニまで行って来ました。

ちなみにここカザフスタンの面積は日本の七倍あり、草原の国で、イスラム系が七〇%でロシア正教が二〇%だって。

今回はスーパーにも寄れず、買い物の時間が皆無だったので不満です。

九時五〇分にベッドインしました。ｚｚｚ。

◎旅の思い出　八月一三日（日）六日目
今朝は三時半に起床、なんか風邪みたいなので風邪薬を服用、気分もイマイチなので朝食は抜きです。四日目、五日目、六日目と体調が悪くて最悪ですわ。

シムケントを八時三〇分にホテルを出発して二〇〇キロ離れたオトラル遺跡へＧＯ。

一一時一〇分からオトラル遺跡を見学、その後に世界遺産コジャアフメドヤサウイ廟へ。

観光後、レストランへ。メニューはチキンのスープとラム肉のシシカバブでした。ビールは三ドル、ランチは、個人参加の若い女性お二人（神奈川県の人と船橋の人）と、同じ個人参加の東京のＭさんと四人で話が盛り上がって楽しい時間を過ごさせてもらいました。

昼食後の二時半に二〇〇キロ走ってシムケントへ。

六時に同じホテルに到着。

七時半にディナー、レストランのウェートレスさんと何度も目が会ってめちゃ気になったのでツーショットを！

Ｉ添乗員さんが前日、コンビニで買い占めて来たカザフスタンのチョコをみんなで平等に？分配、僕は四ドルでした。

体調イマイチの為に、九時半にはベッドインしましたよ。

◎旅の思い出　八月一四日（月）七日目
四時五〇分に起床、この旅行もあと一日、もう今晩は成田行きの飛行機に乗ります。

六時半にモーニングコール、七時に朝食、今朝は果物とヨーグルトだけで済ませました。

八時にホテルを出発し、タシケントへ約百キロの道のりです。チェルニャイェフカ国境よりウズベキスタンへ入ります。国境には沢山の人が集まり、税関までの通路は四メートル位しか幅がなくて押し合いへし合い……。赤ちゃんは泣くし、ビヤダル姿の小母ちゃんたち、ルールを守らない髭のオヤジたちでしっちゃかめっちゃかで、ただ押されるままに進む。もう最悪の光景でした。横入りは当たり前で、中国人よりもタチが悪かった。並んだ場所も悪く、横入りされたお陰で僕が一番ビリの方に……トホホ。やっと税関からＯＫが出てホッとしました。

タシケントに一一時頃に到着し直ぐに観光を。

最初にティムール広場、ナヴォイ劇場を見てから昼食を。ビーフのスープ、ビールは三ドルでした。

その後に日本人墓地に。一九四五年に日本が戦争に負けて、ソ連に抑留され強制労働をさせられ七万人も死亡しました。静岡から参加された人がお線香とお酒を手向け、僕は般若心経を読経し、墓守のおじさんに残りの紙幣を渡してきました。観光を全て済ませて中華のレストランへ、最後の食事です。

　ここで問題が発生、なんと小のビールしかない。それも一人一本だって……。ここで小父さんたちが怒った。レストランはエアコンが効かずくそ暑い。食事は不味い。ビールは次に来るグループの分だと言われクレームを……。やっとビールをゲットしてその場は収まりました。ふう！　ビール代は三ドル＋四ドル＝七ドルでした。

　そうそう地下鉄にも少し乗って良い経験でした。

　夕食後にタシケント空港へ。

　二二時にタシケントを出発、約八時間後には成田です。

　僕の席は窓際でヤバイと思ったが前が壁だったので良かったです。お隣は浅草のおじさんでお話も少し出来て良かったです。あとは八時間の辛抱です。

◎旅の思い出　八月一五日（火）
機内でトランプのソリティアと読書をして過ごしました。

行きは一〇時間で、帰りはジェット気流に乗って八時間、それこそあっと言う間でしたよ。お陰で持参した『ソマリランド』の本も読破出来てホッとしています。旧ソ連に興味もあったし、実際に訪れて自分の目で見て自分の肌で感じることが出来て大いに満足です。

　パンパカパーン！　今回の七五回目の旅、ウズベキスタン、キルギス、カザフスタンへの旅行で、念願だった百ヵ国の訪問国・地域を達成出来ました。

次の目標はあの女優？　イモトさんの百五ヵ国・地域に挑戦します。

いま一番行きたい国はベネズエラ、カナイマのエンゼルフォールの滝と、お隣のコロンビアです。ベネズエラでは暴動が起きているし、コロンビアはめちゃ治安が悪いからねえ〜。アフリカで行きたい国はケニア、エチオピアも治安が悪いし、今のところ思案中です。と言ってイスラム圏（イラン他）ではお酒も飲めないし滅茶苦茶抵抗がある。モナコでルーレットやブラックジャックで遊んでもみたいが、南欧州はテロ多発地帯で怖いしねえ。

そう言う僕もそろそろ年貢の納め時かなあ？　ちなみに僕はいつお迎えが来ても良いと最近思っています。人生色々あったけど、いま自分の人生を振り返って見るとほぼ満足の人生でした。これで文句を言ったら罰が当たるね。

幸せな人生を送るには、他人の人生と較べないことです。他人は他人、自分は自分。自分だけの趣味を持ち楽しむこと。人生はプラス、マイナス、ゼロだと達観すること。何も持たず生まれ、何も持たず死ぬ。

◎ただいま
昨晩二二時五分、ウズベキスタンのタシケントを出発、ウズベキスタン航空で成田に今朝の九時半頃に到着し、一〇時一五分の成田エクスプレスで品川を経由して我が駅に。着いたら雨だったのでタクシーで自宅に、一二時一五分頃にやっと到着しました。

すぐにお風呂へ、ドボン！　気になる体重は六八キロで約一・八キロ減でした。ちなみに体脂肪は二八・三％でした。何故って、今回の中央アジアのウズベキスタンのサマルカンドでは気温が三七度で体感四〇度の灼熱地獄みたいな暑さでした。水分をこまめに補給しないと本当に人間ドライフルーツになりそう。それに旅の途中でお腹を壊して最悪に……。これじゃ一・八キロ減もあり得るよね。ダイエットをしている人にはここ中央アジアはお勧めです。もう強烈な暑さでヘロヘロでした。

ランチはチャーハン、鉄火巻き小二個とビールでした。

二〇一七年九月　個人海外旅行№42
《ベラルーシ、ウクライナ、モルドバ、沿ドニエストル共和国》

◎旅の思い出　九月二二日（金）一日目

自宅を五時半に出発、五時四九分発の列車に乗り大船駅まで、大船駅六時三八分の成田エクスプレスで終点、第一ターミナルまで。

八時三七分に成田空港に到着し四階出発ロビー、北ウイングGカウンターへ。

生憎添乗員さんは来ておらず暫く待っていました。

九時過ぎに我が添乗員さんとご対面、早速アエロフロート・ロシア航空のカウンターへ。

運良くモスクワまでのボーディングパスはアイルシートで思わずホッとしました。

今回の参加者は四組のご夫婦、個人参加の男性が七名、女性が四名、計一九名のグループでした。

昼の一二時に成田を出発し、一〇時間一〇分の長いフライトですわ。

約一時間後に食事でアルコールはビールが無くてがっかり、久しぶりにワインでチキンの食事です。

長時間のフライトは映画を見て時間を潰すことにしました。早速『パイレーツ・オブ・カリビアン』からスタートしたが、つまらないので邦画の『サバイバル・ファミリー』を見た。この映画は、ある日突然に電気がストップしてからの一家族のサバイバルでめちゃ面白かった。何故って？　これは近い将来にあり得ることだからねえ〜。三本目は『ザ・スペース・ウォーカー』で最後は『ベイウォッチ』で久々に四本も立て続けに見られて時間も潰せて最高！

途中にアイス超バニラがめちゃ美味い、日本に帰ったら買おうっと……。

夕食はビーフパスタでした。

モスクワに一六時一〇分に無事に到着、一八時一〇分にベラルーシ、ミンスクへ。ここは一時間二五分の超短いフライトなので楽でした。

一九時三五分にベラルーシ空港に到着、空港では超スタイル抜群、カジノ宣伝の為に美女二名がお出迎え、良い目の保養です。あ、いけねえ〜、彼女たちの写真を見惚れていて写すのを忘れてしまい残念ですわ。通り過ぎてから引き返すのも恥かしいから、あえなく断念。でも本音、写したかった。

バスで四五キロ、今晩のホテルまで……。

現地のガイドはベラさんで、ドライバーはユーリさん。

二一時にミンスクのホテル、ルネッサンスに到着。そうそう両替は五ドルだけ（一ドル＝一・九ベラルーシ・ルーブル）でした。ホテルは素晴らしい。最高！

早速ホテルでバスタブに浸かり疲れを取って、お酒を二合ほど飲んでPM一一時にベッドイン、みんな、お疲れ～。

◎旅の思い出　九月二三日（土）二日目

昨晩は二三時にベッドインし、今朝は三時五〇分に目覚めたので、正味四時間五〇分の睡眠で、これだけ寝たら満足、満足。

四時半にバスタブに浸かり、昨日の疲れを取り髭剃り……五時に読書、六時半に荷物を出して、朝食を八時に。

ホテルを出発しベラルーシ、ミンスクの市内観光です。

二時間かけて聖霊大聖堂、勝利広場、ドフエツカヤ旧市街地を見てまわった。観光中に素敵な椅子があって、そこに座ったら音楽が流れてきてびっくり。トイレは〇・五カペイカを支払い、ブレストへ約三五〇キロです。

添乗員さんがツアー中のバスの席順を、あらかじめ決めてくれて僕はA組でした。

ホテル出発五分前に、ロビーに集合しA組の七名が最初にバスに乗り込み好きな場所をゲットし、その後B組の六名、C組の六名が乗り込むようにと公平になるように組まれていました。リクライニングのご使用もご遠慮下さいと、書かれていて素晴らしいアドバイスだね。狭い飛行機の中やバスの中で、後ろの人に承諾もなく席を思いっきりリクライニングしてくる人たちは許せないね、あのタモリさんも自分の席だから思いっきり倒しても問題ないとTVで発言していたのを見て超、超、びっくり……。芸能人はなんでも許されると思っての発言で、それからタモリさんのことは大嫌いになった。世の中、自分勝手な、いや自国勝手なリーダーがそのような振る舞いをするからいつまでたっても紛争が絶えないのだ。お互いが譲り合って行けば争いごとはなくなるのにねえ～。

ブレストに行く途中にランチで、メニューは豚肉のサワクリーム煮と壺入りのスープ、パンは酸っぱい黒パンでした。当然、超、不味い黒パンはパス、スープも豚肉はまあまあ。

食後に世界遺産のミール城にイン、大きな中庭があって四方を城壁でめぐらした素敵なお城でした。

その後、ネスヴィジ城にもイン。ミール城と造りはほぼ一緒。城内を一回りし最後の部屋では、グノーとバッハのアベマリアを綺麗な女性がフルートを吹き、ピアノとの二重奏の演奏に感激です。僕は管楽器トランペットだけで、一度はフルートにも挑戦したかったがチャンスが無かった。フルートを購入しても直ぐに挫折したら勿体無いし、練習で一時だけでもトライさせてくれれば良いのにねえ～。気に入ったら購入するのに……。今度、楽器屋さんで相談してみようかな？　特にヴァイオリンとフルートは綺麗な女性が演奏すると絵になるよねえ～。

これで今日の観光はお終いで、ホテル、エルミタージュへ、八時頃に到着。

夕食はホテルで、ここでも豚肉のクリーム煮、フライドポテト、ビールは四ベラルーシルーブルでした。食事が口に合わなくてもビールだけは別だね、美味しいです。

九時一五分に二〇六号室にイン。バスルームへ。

九時三〇分、お風呂は茶色でゲゲゲ、ゴミが浮いていて、ぎゃあ～。

九時四〇分にＴＶを見ながらドリンクを……。

一〇時三〇分にベッドイン、お休みなさい。ｚｚｚ。

◎旅の思い出　九月二四日（日）三日目

二〇六号室は、広いけど死角が多く怖い部屋の作りだった。

二時五〇分に起床、ＴＶではイランのミサイルテストが成功したニュースを何度も流していました。

シャワーを浴び、三時一五分から読書、四時頃に眠くなって五時まで眠る。

六時半に添乗員さんから直接モーニングコールが……七時にスーツケースを出してから食事にＧＯ。

八時にホテルを出発、五分位乗ってから直ぐに下車しブレスト観光へ。最初はブレスト要塞へ、入り口は星のマークのモニュメント、中庭にはドイツと戦い飲み水を求める兵士のモニュメント、中央にある、巨大な兵士の苦悩に満ちた顔のモニュメントが素晴らしい。人間の歴史はどこの国でも、戦争の歴史でつくづく一番愚かな動物は人間だと考えさせられるねえ。

一〇時一〇分、星のモニュメントで開戦の声がラジオで流れ行進する足音が……戦争は勝っても負けても傷つくねえ。戦争から勝利者は生まれない。全てが敗者だね。北朝鮮、中国、ロシアと、米国、韓国、日本とが第三次世界大戦を引き起こすかもねえ～。

一〇時二〇分に出発し、一一時一〇分頃にベラルーシからウクライナ国境越えです。

国境で二〇ユーロを両替＝六二〇グリブナでした。

途中レストランでシャケと美味しい黒ビールが二五グリブナでした。

ウクライナのクレヴァニまで二六〇キロ。

一六時三〇分頃に到着し、早速愛のトンネル（恋のトンネル）の観光です。外は小雨で、旅行のパンフレットを見ると綺麗な場所だが、実際はただの廃線になったレールの両側から木の枝がトンネルみたいになっているだけでした。三〇分の自由時間があったが、小雨だし、汚くて凶暴な犬が数匹、吠えてくるので超、危険だね。一五分にバスに戻る。

三〇分後に出発する為に皆がバスに戻ってきたらバスのドライバーさんが、列車が来るよ、と声をかけてくれた。廃線だと思っていた線路を、汽笛を発しながら通り過ぎて行った。みんな喜んでいたが耳の遠い人、夢中で歩いている人には超、危険な場所でした。線路脇は狭いし逃げ場所がない。

その後、リヴネへ三〇キロ。

夕食はレストランで、ギョウザと黒ビールが三〇グリブナでした。

一九時三〇分にホテル、ウクライナに到着し、物を部屋に置き、八時半に近くのスーパーへ行ってオミヤゲ、ビールとチョコレートをゲット、これで一安心。ホテルに九時半に戻る。

一〇時にバスタブがないのでシャワーを浴びる。

一〇時一〇分にベッドイン。

今日も疲れた〜。

◎旅の思い出　九月二五日（月）四日目
五時一〇分に起床、珍しくもホテルの部屋の窓側の壁の上半分が微妙に内側にカットされ薄い

2017年9月　ベラルーシ・ブレスト要塞前で

カーテンが張られて何故か知らんが居心地が良くて熟睡出来ました。

五時半にトイレ、シャワー、髭剃り、五時四〇分に部屋でパンとブラックティーで超、軽い朝食を……。

七時にホテルのレストランはアパのビジネスホテルみたいで、中国人の小母ちゃんに押されて弾き飛ばされちゃった。中国人は凄いね、化粧も無く田舎者丸出しで中国の山にいるお猿さんみたい。ほんの少しお皿によそって軽い食事。部屋に帰る前に見ると、レストランの食べ物がサーブされている大皿は殆んど空だった。もう笑っちゃうよ！

リヴネのホテル、ウクライナを八時に出発、首都キエフへ、三三〇キロ。

ランチはレストランで、ライトビールが三五グリブナで安くて最高！

ランチ後はキエフの市内観光です。

最初は黄金の門からの見学です。コピーだ

けど結構、迫力満点の建物でした。お次は聖ソフィア大聖堂、最後に高さ九六メートルのペチュルスカヤ大聖堂を見学。

夕方六時にレストランへ、メニューはキエフ風カツレツであまり期待していなかったが、予想に反して超美味かった。ビールは四〇グリブナ。ビールは美味しいし、旅行前にフライドチキンを作った時に跳ねた油で火傷した右手首もすっかり良くなって気分良し。

一九時半にキエフのホテル、ホリディーインキエフに到着。

八時にスーパーキエフで最後のお買い物です。

今日はウクライナの母の像も、遠くからではあるが見られて良かった。

九時一〇分にベッドイン。

◎旅の思い出　九月二六日（火）五日目
二時一五分に起床、CNN、NHKなどのニュースを聞きながら読書を。四時に眠くなってバタンキュー……五時一五分にまた起きてきました。

六時半に朝食、キエフのホリディーインホテルを七時半に出発して一二キロ離れた空港へ。

キエフ発九時五〇分の飛行機でオデッサへ。

搭乗審査が厳重で僕の後に学ランの小父さんがつかまって、担当官が学ランを脱ぎなさいと……。脱いだらなんと裸で超、超、びっくり、思わずいかめしい女性担当官も笑っていた。

オデッサまで僅かに一時間なのでめちゃ楽でした。

一〇時五〇分に到着、バスでレストランへ。ビールが四〇グリブナでした。

ランチ後にオデッサ市内観光へGO。

愛の橋、プリモールスキー並木通り、ポチョムキンの階段、オペラ、バレー劇場、エカテリーナの像などを見学……姑橋も渡りました。

一八時にレストランで魚料理でした。大きいシャケが、もう見ただけでお腹がいっぱいだ。ビールが三〇グリブナと、ビールさえあれば僕は満足です。

七時一五分にオデッサのホテル、アレクサンドロフスキーに到着。

七時にお風呂へ、髭剃り、八時に読書、部屋のキャビネットの中にコンドームまで用意されていてびっくりでした。

九時に眠り、一〇時に目覚め、また一一時に夢の中へ。ｚｚｚ。

◎旅の思い出　九月二七日（水）六日目
三時一〇分に起床、お風呂に入り、四時一五分から読書、二冊とも三分の一ほど読みました。

七時半に朝食。

オデッサのアレクサンドロフスキーホテルを七時四五分に出発する。

モルドバのティラスポリまで一一〇キロあり国境越えです。

ウクライナからモルドバに入国し沿ドニエストル共和国に入国、僕が何気なくカメラを出して写そうとしたら、インテリご夫婦のご主人に、写真撮っちゃダメだよと言われ、写す前だったので、良かった良かった。見つかるとカメラは没収され三時間も拘束されるのだって、お陰で助かりました。ほっ！

ドニエストルではドルが使えて、昼のレストランではビールが二ドルでした。

スーパーにも寄ってドルを換金しお買い物を。ここのコインは世界でも珍しいプラスチックのコインで超、超、珍しいです。僕はコインコレクターなので運良くゲット出来て嬉しい。

気分良くドニエストルを出国し、モルドバへ再入国。

ティラスポリの観光です。スヴォーロフ像、中央広場を観光、現地添乗員さんはユーリさん、あの宇宙飛行士のガガーリンさんの像も見てきました。

観光後二〇〇キロ離れたキシナウへ。

ホテル、ブリストルセントラルパークに到着。

夕食は七時、ホテル内のレストランでビールは五〇レイでした。

八時半にスーパーへ。

九時にベッドイン、今日も疲れた〜。

今まで、滅茶気をつけているので、お腹の調子も良く助かるわ〜。

◎旅の思い出　九月二八日（木）七日目
真夜中の二時四〇分に目覚め三時半まで読書し、また眠る。五時に起床、お風呂に入り、七時に朝食、今晩も同じホテルなので荷物出しはなし。

手荷物をバスに置いて徒歩でモルドバ、キシナウの観光です。シュテファン・チェル・マレ公園、シュテファン大公記念碑、大聖堂を見学。旧ソ連の建物はいずれも巨大で立派です。

観光を終えてバスでミレスチ・ミーチワイナリーへＧＯ。

ワイナリーに着いて小さなバス二台でワイナリーの中へ、こんな巨大な貯蔵庫は初めて見ました。モルドバワインは二五〇〇年前から生産されている世界最古のワインだって。貯蔵庫の巨大な樽の後ろに隠された試飲ルームがあって、七種のミレスの白、メルローの赤、デザートワインのグレーティアズ他を、おつまみの、きゅうり、ハム他と一緒に試飲です。何度も試飲しているうちにすっかりと良い気持ちになって幸せだなあ～。素敵なランチでした。帰りにワイン二本もオミヤゲに、なんと太っ腹なのだ。

ランチ後に七五キロ離れたオルヘイ・ベッキへ、一六時に到着。

オルヘイの洞窟修道院へ山道をお散歩です。修道院の中は暗く明りとりの出口を一歩出ると崖のてっぺんで超危険。足がすくみます。暗い階段を降りるのも危険、やっと壁に摑まりながら降りたらそこには小さな部屋が七つ程、修道院での生活は滅茶苦茶に大変そうです。

観光を終えて途中タタール人のお風呂の跡地を見学してから、夕方の五時にレストランへ到着。

ここは野外レストランだって、嫌な予感が……。まだお腹はいっぱいだし田舎料理だし、期待はせず、狭い長テーブルに添乗員さん、総勢二〇名が座った。サービスの赤ワインが最高でした。お肉はレストランの犬に上げちゃった～。犬もめちゃ喜んでいました。最後に幼稚園から中学生の可愛い女の子等が歌と踊りを披露してくれて、最後に僕も踊りに誘われて一緒に踊って楽しかった。期待していなかった分、余計に楽しくて満足、満足でした。

六時半にレストランを出発し、ホテルに八時頃に到着、九〇一四号室へイン。

八時四〇分に、添乗員さんのお部屋一一〇八号室で最後のワインパーティーが行われると言うので参加させてもらいました。今回の参加者の半分が集まってお話を。僕はビールとオツマミを頂きました。

今回は僕の七六回目の旅で、訪問国・地域が一〇四と、あと一つであのイモトさんと並びます。今回の添乗員さん仕事ぶりは、七六回の中でナンバーワンに入るほど素晴らしかった。彼女とならまたどこかでご一緒したいです。

九時四〇分に散会、お風呂に入って疲れを取ってから、PM一一時にベッドイン！

◎旅の思い出　九月二九日（金）八日目

四時に起床、お風呂に入り七時に朝食、ベッドに横たわり読書。

七時半に荷物をドアの外に出して、八時半にブリストルセントラルパーク・ホテルを出発。

空港まで三〇分、現地のガイドはローラさん、ドライバーのチャーリーさんともここでお別れ。

キシナウ発一一時三〇分でモスクワへ。ここでのフライトは通路側をゲット出来たが、生憎、モスクワから成田までの搭乗券は窓際だった。

約三時間、お城巡り大好きの姫路のおじさんと良く喋っていたので短く感じました。モスクワに一四時二五分に着いて、飛行機を乗り継ぎです。

早速ロシア航空のカウンターでアイルシートへの変更をお願いしたが、我がグループの四人が希望していました。後ろが壁でリクライニング出来ないアイルシートが二席しかないというので、じゃんけんで決めようとじゃんけんポン。ラッキー！　男性二人が勝ち、女性のお二人はめちゃ悔しがっていました。

搭乗時間までロビーで読書して過ごす。

一九時に出発、九時間三五分の辛抱です。

邦画の『本能寺ホテル』を見ていたがイマイチ、ゲームでボーリングもしてみたがこれもイマイチ。トイレから帰る途中に綺麗なアテンドさんからFRUIT　BANDを貰っちゃった～。一時間後にトイレに行ったらまたどうぞ、と渡されてラッキー。ただアルコールはビールが無くて白ワインを飲んだだけでプチ不満でした。

あとは寝るしかないよねえ～。

◎旅の思い出　九月三〇日（土）九日目

機内同列の窓際のアベックが終始イチャイチャしていて不愉快だった。仲が良いのは結構だが公衆の面前でやられると、オイオイ、ホテルか家の中でやってよ……。本当に外人は理解不能だね。今回の旅で、中国人のグループ一四名とホテルやレストランで一緒だったが本当にマナーが悪過ぎだね。田舎の小父ちゃん、小母ちゃんが急に懐が豊かになって海外まで来ました、という感じで、行動は田舎の暮らしのままで割り込みは当たり前で、彼ら、彼女らは並ぶことを知らない。どこでも我先に行こうとする。まあ人口が一〇億人もいると自然に生存競争が激しくなるのかも知れないね。

今回の旅では珍しくもお腹の状態が悪くならずホッとしました。

そうそう、今回の旅で気づいたことは、モデルさんみたいにスタイル抜群、顔も綺麗な女性が沢山いました。

ベラルーシ、ウクライナ、モルドバ、沿ドニエストル共和国を訪れて、これで百四ヵ国・地域、七六回目の旅が終わり、さてさて次はどこの国に行きましょうね。ヨーロッパはアルバニア、マケドニア、アイルランド、小国モナコ、中東は紛争中だし、アフリカは人種紛争や政治紛争が多くて危険だし、南米のベネズエラ、コロンビアも紛争中だし、カリブ海はハリケーンが多いし、どんどん行く先が尻つぼみ、今度は国内にも目を向けなくてはならないねえ〜。

百ヵ国・地域を越えた記念で『YOのワールドジャーニー　第二弾』の出版も計画しています。旅行記第二弾と平行して私小説にも挑戦しています。


無事に帰国出来ました。

昨晩の一九時にモスクワを出発して九時間三五分後の今朝AM一〇時三五分、無事、成田空港に着陸し、荷物が出て来たのが約一時間後で、一二時二〇分の大船行きに乗りました。

同じエクスプレスにボーイッシュなMさんと乗り込んで、途中、彼女と別れて自宅に着いたのが二時五五分でした。何故かスーツケースがやけに重いと思ったら、車輪の一個が数ミリ削れていて回転が悪くなっていたのです、ガックリ。

直ぐにお風呂に入って計量したら、体重が六八キロで、体脂肪が三一%でした。疲れを取る為にランチは抜いて、ヤクルト、グロモント、デカビタと三本も飲んで疲れを取っています。

二〇一八年一月　個人海外旅行№43
《モンテネグロ、アルバニア、マケドニア》

昨日二二日、雪が怖くて一〇時一〇分の電車で大船駅まで、一一時一〇分の成田エクスプレスで成田空港へ、一時頃に到着する。

一万円をユーロに両替し、ロビーでランチを。食後には長女から誕生日に貰った新刊本の読書です。

二時半にアメックスカードのお嬢さんから契約を誘われる。確かに便利だが年会費が三万円だって……。丁寧に断って、その後TVを見たり読書したり、六時に南ウイングのK1カウンターへ集合。

六時二五分、ターキッシュエアラインで搭乗券を。乗り継ぎ便もアイルシートをゲット出来てホッ！

九時二五分発の飛行機が前倒し、八時頃から搭乗ゲートで延々と待つ。

ところがターキッシュエアラインの、トルコのイスタンブールまでの飛行機が成田に着陸出来ずに関空へ……いくら待っても、成田に戻ってこない。トルコ航空のスタッフたちはただおろおろするだけ……。質問しても正確な情報が全く無い。流石にお客さんも怒りが爆発。日が変わって真夜中の一時に飛行機がキャンセルだって、折角待っていた意味が無かった。他の航空会社では食事や毛布を配布していたがトルコ航空はドリンクの一本もナシ。折角出国したのに、また入国手続きを、ふぅ午前二時頃にやっとANAからドリンクとビスケットと毛布が配布され出発ロ

2018年1月　大雪の為に飛行機が飛ばず成田空港内で一泊、トホホ

ビーはみんな床に寝ていた。異様な光景だ！　三時半に毛布に横になって読書、わずか一時間だけ少し眠れた。

　六時に参加者の七名がキャンセルして帰宅するって、残りの二〇名は飛行機が飛ぶのを延々と待つ。すでに半日遅れだったのでＨＩＳが全額返金するからキャンセルさせてほしいと……散々待たせてオイオイ。

　七時に諦めて帰ることに……。七時四四分の成田エクスプレスに乗ったがなんと各駅運行、自宅に一一時四五分に到着、直ぐにお風呂へ。気になる体重は六九キロで体脂肪は三二・四％でした。

　ランチはヤキソバとビールでした。昼寝を終えて昼ドラを見て、旅行会社と保険会社に連絡し後日、請求しますわ。

　とにかく最低、最悪のターキッシュエアラインのスタッフたちでした。

　折角のヨーロッパのバルカン半島、秘境ツ

アー《モンテネグロ、アルバニア、マケドニアの旅行》がオジャンに。

成田空港の付近は見事な冬景色、東京から茅ヶ崎まで雪、しかしわが駅は雪が無かった。

とにかくこの二日間は滅茶苦茶に疲れましたよ。折角の旅行がオジャンになってトホホ。

草津の白根山が噴火して大変です。

二〇一八年四月　家族海外旅行No.29《中国　大連、旅順、金州》

◎旅の思い出　四月二〇日（火）
早朝の二時に起床、起きた瞬間に痺れが、超痛いです。

お風呂に入って計測、体重は六九・四キロで、体脂肪は三三・六％でした。

四時一五分には家を出てスーツケースをガラガラ鳴らしながら駅へ、四時三四分の始発でGO。大船駅も五時二五分の始発で、成田に七時一八分に到着、クラブツーリズムのカウンターへ。

今回のメンバーは一六名で、添乗員がいないのでANAのカウンターへ。機械でのチェックインはANAのスタッフにお願いした。

その後両替です。三千円で一六〇元でした。

その後、出国審査を終えて出発ゲートへ。

九時にゲート付近のレストランで朝食を、ピザを二種類、サンドイッチ、カツサンド、ドリンクも……。

一〇時一〇分に直行便で大連へ、所要時間は約三時間五分だって。機内食は一一時頃にカレーと赤ワインとビールで頂きました。

機内では『グレートショーマン』の映画を見ました。見逃した映画だったので見られて嬉しい。映画のセリフにも感動していました。

大連空港に着陸した飛行場のすぐ脇にはマンションが沢山建っていてびっくりです。

時差は一時間、現地時間一二時一五分に無事に到着してホッとしました。

到着後すぐに金州へ、一時間半で金州に到着。

車窓から金州南山を見る。ここ南山は山と言うよりも丘で明治時代に乃木大将が日露戦争で戦った場所です。

その後に金州の提督府へ。中庭には、あの正岡子規さんの石碑が。彼が従軍記者だったとは知りませんでした。

金州観光を終えて大連に戻り、四時頃に二八階建てのシャングリラホテルにチェックイン、一五〇九号室と一六二三号室でした。我々は一五階で、一六階の娘たちの部屋を見に行ったら景色は娘たちの部屋のほうが数段良かった。まあこれも運だよね。

六時にロビーに集合しレストランへ、東北餃子の夕食でした。席は丸テーブルで我々四人と茨城の男性と栃木のお友達ペア、お隣は小父さん六名グループ、その隣が小父さん三名グループと一人参加の小父さんの三テーブルでした。

気になる味はまあまあ、頼んだビールは二五元で色が薄かった。

食後は、希望者だけ大連の夜店散策へ、一人三千円でした。

大連は高層住宅が沢山あって田舎と思いきや立派な都市でした。香港と違ってネオンサインのケバケバ感がなくて綺麗でした。ただ夜店では安い雑貨を販売、靴下、靴、衣料、果物などなど、欲しいものはゼロ、次女が携帯腕バンドを購入、僕らは雰囲気だけを感じてフィニッシュ。

帰りにコンビニでビール他を購入、約三〇元でした。

ホテルに戻り、バスタブに入り疲れを取って、日本酒を飲んでベッドイン。

今日は滅茶苦茶に疲れました。ｚｚｚ。

◎旅の思い出　四月二一日（水）
早朝、いや真夜中の二時三〇分に起床し、昨日から読み始めた本『特命全権大使・米欧回覧実記』、著者は久米邦武さん、が滅茶苦茶面白い。朝食までの時間、読んでいました。明治四年一一月一〇日に出発し、六年九月一三日に帰着するまでの一年半あまりの実録で、岩倉具視、木戸孝允、大久保利通、伊藤博文、新島襄、留学生、津田梅子、山川捨松、中江兆民を含め一〇七名の大旅行記です。

朝食は六時にレストランへ。流石にシャングリラ、特に美味しかったのはお粥、果物、アイスクリームをお腹いっぱい頂きました。

八時五〇分にロビーに集合、九時に出発、今朝は大連市内観光です。

最初に中山広場へ。旧ヤマトホテルの中を観光、このホテルは当時の政治家、有名人が利用した由緒あるホテルでいまは中を補修中、満鉄当時の時計を二八万円で購入しないかと勧められた。欲しかったけど高過ぎた。ホテルをバックに写真を。

その後、大連港へ。ここは終戦一年後に、日本人が日本に引き揚げる時に利用した港です。ちなみに我が家族は、昭和二一年にコロ島から舞鶴へ引き揚げて来ました。

その後、旅順へバスで一時間半、白玉山へ。

見晴らし最高、あの有名な二百三高地も見えました。風が強くて帽子が飛ばされそう、旅順港が良く見える。

その後に旅順軍港そばまで。ここはカメラ禁止で、ポリスに見つかったら一週間留め置かれます。軍港前に、今は使われていない旅順駅がありました。

スパイで有名な川島芳子の旧宅を見てから旧関東軍司令部、旅順博物館を見て、ランチ。

また中華料理で一度に全部持ってきたので直ぐに料理が冷めちゃった。ビールを頼んだらこれから結婚式があると言うのでグラスが足りず、湯のみ茶碗でビールを飲んだ。添乗員さんの孫さんが頼んだら言い返された。トホホ、こんなレストラン使うなよ、怒！　最低最悪のレストランでした。まあ中国だから……。

午後二時に大連に戻り、四時頃にホテルに到着。

六時にロビーに集合しレストランへ、ここのレストランはグー、美味しいし文句なし。

食後にナイトショー観覧（一人四五〇〇円）。一番前で見ていました。舞台で楽器を弾いたり、絵を描いたり、京劇では顔のお面を瞬時に何度も変えたり、身体の柔らかい女性のパフォーマンス。最後に僕と次女とその他五名が舞台に誘われてお手伝い。肺活量抜群のお兄さんがホースの先に風船をつけ、我々七名が消防のホースの上に上がり、その状態で、反対側から息を吐

2018年4月　中国・大連ヤマトホテル前で

いて風船を割ろうというパフォーマンス。彼が息を吐くとあらあら、我々の身体が少し浮いて風船が少し膨らむ。その繰り返しでとうとう最後に風船が破裂してめでたし、めでたし、北京で見た雑技団のショーと較べると数段落ちる。

八時から九時までショーを楽しみ、ホテルへ。

九時四〇分にベッドインしてお休みなさい。

◎旅の思い出　四月二三日（木）

四時頃に起床、読書、六時に朝食。今朝は軽めに、お粥とゆで卵、果物、アイスクリームでフィニッシュ、八時までまた読書。

八時一〇分にロビーへ、八時半にホテル出発。

外は小降り……最初に旧ロシア人街を散策、次は旧満鉄本社へ。

我が父も満鉄の社員だったので、多分ここ

を訪れたに違いないと思うと気持ちはめちゃ複雑だね。

その後、旧日本人街を散策、当時の満鉄の社宅が四件もまだ当時のまま残っていてびっくりです。オンドルの煙突がユニーク。当時我が家族もこのような家に住んでいたのね。

最後はパール宝石店でショッピング、ここで茨城の社長さんがパールのネックレスを一〇万円でお買い上げ。

六人グループの人たちとも初めてお話を。会社のお仲間で最初は一〇人でアジアを歴訪していたが今回は七名で申し込み、直前に一名が病気でキャンセルだったそうで、年齢も七八歳〜七九歳と皆さんお元気でした。

その後に大連空港に。

一三時一〇分に出発し成田に一七時五分に無事に到着してホッ。

次女のスーツケースの車輪のゴムが脱落し、クレーム書類を書いてもらった。

六時一五分、成田エクスプレスに乗り、九時一〇分頃に帰宅しました。

今回で家族海外旅行、連続二五年二九回目が実施出来て嬉しいです。

今回の旅先は僕が是非とも、満州国の玄関口である大連を見たかったので決めました。なかなか家族が長期に休みを取れず、旅程も二泊三日が精いっぱいなので近場に決めたのです。旅費もすべて僕持ちでね。（笑い）

さてさて来年の家族海外旅行はどこに行こうかしら？

二〇一八年五月　個人海外旅行 No.44
《イタリア、モナコ、フランス、スペイン》

◎旅の思い出　五月一六日（水）
四時一〇分に家を出て駅へ。四時三〇分、右肩に痺れが、痛い。

四時三四分の始発に乗れてホッ、四時四五分にも痺れが。

七時一八分に成田第一ターミナルに到着。

七時半にJTBのカウンターへ、添乗員さんはまだ来ていないので朝食を。

八時一〇分にEチケットを貰う。KLMのカウンターで機械チェックイン、スーツケースも機械で預けて、ふぅ。すべてが機械でついていけません（涙）

No.14のゲートへGO。八時半から九時四五分まで読書。

一〇時三〇分にKLMで、アムステルダムへ。一一時にやっとトイレに行けてホッ。一一時五分から映画を、『JUMANJI』『WAR・PLANET・APES』『ゲオストーム』『メーズランナー』と四本も。

一一時間四〇分飛んで、現地時間一五時一〇分にアムステルダムに到着。

アムステルダムを一七時に出発し、一八時四〇分、イタリア、ミラノにドスンと無事に着陸。

七時一五分に空港を出発し、イビスミラノマルペンサエアポートホテルへ七時三〇分に到着、近いです。

部屋は三〇八号室。TVをつけてバスタブがないのでシャワーで我慢、疲れが取れないよう。

今晩のディナーはサバ缶、ソーセージ、日本酒で、デザートはバナナ。

外は大雨です。危機一髪で濡れなくて良かった。

今日は滅茶苦茶に疲れたので、ＰＭ九時にベッドイン。

◎旅の思い出　五月一七日（木）
真夜中の二四時に一度目覚め、次は午前二時に起床し、ＴＶの三六チャンネル、シエロが面白い。三時に薬を服用、肩の痺れの為に漢方薬も飲んでおきました。

六時五〇分に朝食、七時一〇分から二五分までお散歩と軽いラン。

八時五〇分にロビーに集合、早速ミラノの大聖堂ドゥオモとエマヌエレ二世のガレリア、スカラ座の見学にＧＯ。僕はこのドゥオモが見たくてこのツアーに参加したのです。

Ｋ添乗員さんがドゥオモの前で入場したい人は？　と声かけ、もちろん僕は入場したいと手をあげた。以前にＴＶで見たミラノのドゥオモが目の前に、迫力満点ですわ。

添乗員さんが入場券を買いに行って、グループで列に並ぶ。めちゃ混んでいて一一時一五分の再集合時間にギリギリかも？　なかなか前に進まずイライラ。

急遽、集合時間を一一時三〇分に変更して、ホッ。

入り口で警察からボディーチェックを受けてやっと入場出来ました。ちなみに入場料は三ユーロでした。

大聖堂のステンドグラスが素晴らしい。聖堂の中をぐるり……圧倒されます。二五分に聖堂の外へ、聖堂の前面の彫刻がまた素晴らしい。

2018年5月　イタリア・ミラノのドゥオモ前で

トイレに寄って走って集合場所へ、三〇分ギリギリでした。僕が最後かも？

本当は大聖堂の屋根にも上りたかったのにめちゃ残念ですわ。

今回のメンバーはご夫婦が四組、女性の二人連れが一組、母と娘のペアが一組、個人参加の小母ちゃんと僕とで一四名のグループで、多くもなく、少なくもなくて丁度良いです。バスの中もゆったり座れるしね……。

一二時一五分にレストランでランチ、メニューは薄いミラノカツレツ、ミラノ風リゾットは味がイマイチ？　いや不味い！

レストランを一時二〇分に出発です。

ミラノを満喫しコロンブスの故郷の港町、ジェノバにバスで約二時間。

約一時間、イタリア、ジェノバを散策。水族館でトイレを借用。

ここで乗り換えを、ドライバーはイタリア人のナイスガイ、彼のドライブテクニックは最高。

夕方五時二〇分にフランスのニースへ、コートダジュールを通りニースのレストランへ。ディナーはニース風サラダとタラでした。ディナービールは三・五ユーロでした。

レストランを九時一五分に出て、四五分に今晩のホテル、プロモテルにイン、ルームナンバーは一一四でした。

一〇時一〇分に入室、一〇時半にシャワー、ＰＭ一一時に読書、二四時に睡眠、お疲れ様でした。

◎旅の思い出　五月一八日（金）
午前二時一五分に目覚め、読書。『列強の侵略を防いだ幕臣たち』を読み終え、ホリエモンさんの『我が闘争』を読み始めました。

六時に朝食。

八時にニースを出発しモナコへ。九時三〇分に到着。

今回の旅の一番の目的は、ここモナコの訪問です。

旧市街、大公宮殿を見学し、水族館のタコのモニュメントの前で一〇時四五分に集合だって……。

宮殿前のオミヤゲ屋さんでモナコの風景が描かれているボールペンをオミヤゲにゲット。

モナコは小さな国で期待はずれでした。でも訪問国を増やせた。

モナコを一〇時五五分に出発、人口三千人の村エズへ……ここで持参した電池を全て使い切ってしまい、近くのスーパーで購入出来てホッ。

エズでは急な小山の上の教会付近まで登ってから下山し、簡単ランチを。

その後にニースに向かう。

ニースは天気も良くビーチにも沢山の人が。景色が良く見えるニースの海岸の端にある城壁にエレベーターで登る。眺めはめちゃ綺麗でした。

城壁を下りて海岸に近づいて行ったら、約一〇メートルの岩から若者たちが海に飛び込んでいました。僕も飛び込みたかったが生憎スイムパンツを持って来なかったし、時間も無いし、折角のチャンスを棒に振っちゃった〜。

某パスタ店前に三時三五分に集合して、と言われたが勘違いして三時四五分に一〇分遅れて到着したら誰もいない。メモを見たら三時三五分と書かれていてガビーン。僕一人置いて、みんな出発しちゃった〜。ヤバイです。最悪二五〇キロ離れたアビニオンのホテルまでタクシーで行かなくちゃ。何故ってスイスへ家族旅行をした時にＪＴＢの添乗員さんが小父さんを一人山の頂上に置いて出発したことがありました。その時は、幸いにも小父さんがヤバイと気がついてギリギリ電車に間に合ったのを目撃していたので、脳裏にその時のシーンが過ぎったのです。本当にヤバイと思ってバスを探しに付近を歩き出したら、添乗員さんとバスが見えてホッとしました。バスに乗り込み、みんなに御免なさいと、平謝りしてホッ。深く反省しています。

ニースの道路は狭いし混んでいるので、適当なバスの駐車場がなく、このようなケースは起きるよね。

次はアビニヨンです。

五時二〇分に強烈なスコールが……三〇分後には晴れてラッキー、レストランへ。

メニューはラタトゥイユ、料理はイマイチだったがフランスのフィッシャービールがめちゃ美味しい。ボトルも格好良いしこれをオミヤゲに買おうっと……。ちなみに四・九ユーロでした。海外何処に行ってもビールだけは裏切らないので大好きですわ。

レストランを八時四五分に出発、九時でもまだ明るい。

九時三〇分にイビススタイルズジェッドホテルに到着、ホテルは上階増築中でした。直ぐにお風呂に、バスタブなのが嬉しい。

九時五〇分読書を、一〇時一五分にベッドイン。ｚｚｚ。

◎旅の思い出　五月一九日（土）

四時三〇分に起床、お風呂へ、バスタブだから有り難い。

六時に朝食、コーヒー、フルーツポンチ、果物、ハム一枚、パン一個、ヨーグルトは不味かったので半分だけ……。

六時二〇分から三五分までお散歩、トイレ、ＴＶでは英国王室のヘンリー王子とメーガンさんの結婚式のニュースを延々と流していました。

九時にアビニヨンをスタートしてゴルドへ。約一時間お城の周りを散策、小さな村で人口が二千人だって。

一〇時四五分に出発しアルルへ。以前に見たゴッホの絵の跳ね橋を見学、絵にそっくりでした。自由時間に世界遺産の円形闘技場をぐるりと回り、一人で闘技場の裏にあった教会前の広場で軽いランチを頂いた。

食後は集合場所横のサントロフィーム教会を見学し、フォーラム広場に三時二五分に集合。アビニヨンに向かう。サン・ベネゼ橋をバックに写真を撮る。

その後に世界遺産の法王庁宮殿へ、素晴らしいです。

自由時間にスーパーマーケットに行き、フィッシャーのビールをゲット、あとチョコとスナック菓子も……。

六時三五分に集合して、前日と同じホテルに向かい連泊です。

七時半に郊外のホテルに到着し、バスタブにドボン。安い旅行で今晩は晩飯がついていないので、持参したカップ麺がディナーです。レストランの食事がほとんど美味しくないのでまあ良いか……。

食後はＴＶの音声を低くして読書です。

ＰＭ一一時頃、眠りに。ｚｚｚ。

◎旅の思い出　五月二〇日（日）
真夜中の二四時に一度目覚め、また眠り、次は五時に起床。

六時に朝食、今朝もフルーツポンチをメインに頂きました。

六時二五分から七時までウォーキングと軽いラン。

九時半にロビーに集合、朝の出発がゆったりだから助かるわ。

ここアビニヨンからボンジュガールへ。ここの水道橋は世界一美しいって……納得です。橋は三階建てで圧倒されます。昔のローマ人は凄かったね。

ランチはハムとマッシュポテトと、あまりにも暑いのでビールも注文、三・五ユーロでした。

ここのレストランで飲んだＳＴＥＬＬＡ　ＡＲＴＯＩＳ　ベルギービールが超美味い。

ランチ後は二二三キロ離れたカルカソンヌへＧＯ。

夕方カルカソンヌに到着し、観光してル・シュバリエホテルへイン。

三日前から営業しているホテルで綺麗だが、部屋にはダスターボックスも無くて信じられないですわ。

七時にバスタイム、七時半に持参したカップヤキソバとビールを頂きました。

八時四五分にベッドイン、読書タイムです。

ホリエモンさんの本が面白い。読み疲れてそのまま夢の中へ。

さあ、いよいよ明日はスペインのバルセロナだ。

◎旅の思い出　五月二一日（月）
四時に起床、六時半に朝食。

八時にカルカソンヌからバスで三〇〇キロ離れたバルセロナへＧＯ。

一〇時にトイレ休憩。

ランチはサクラダファミリアの正門前のレストランで。ポテトとツナのマヨネーズかけとパエリア、ビールが三・五ユーロでした。

現地ガイドは、タレントのカイヤさんそっくりで、身振り手振り宜しく、愉快で素晴らしいガイドさんでサクラダファミリアを満喫出来ました。

サン・パウ病院をバスの中から写真を撮っていたら、ＳＤカードに余白メモリーありません、

と　ゲゲゲ……。その後にバスの中からカサ・バトリョを写真に写せず残念です。カサミラも写せずイライラ、急いで不要な写真の消去に全力投球して、ふぅ……。

バスを降りてカタルーニャ音楽堂へ。中を見るのを楽しみにしていたら入場は無いって……ナイナイ尽くしの旅でトホホ。

音楽堂の付近を歩いてバスまで歩き、僕以外のメンバーはオプショナルのレストランへ。僕は一人自由散策して、後で待ち合わせ場所で合流します。

K添乗員さんは七時四五分に戻って来ますと言って一度別れたが、また会った時に八時になるかもと言われた。

スーパーで冷たいビールを購入し、外のベンチで軽いディナーを頂きながら読書。その後にトイレを探したがどこにも見つからずトホホ。まあ最悪の場合はお店に入ろうと思いながら時間をつぶす。

七時四〇分に集合場所へ向かい、四五分に到着したがまだ来ず。八時になっても来ず、待ちくたびれて、やっと八時二五分に来てホッ。オイオイ、ご免ね、の一言もなく冷たいね。二五分も遅れたのだから、僕のニースでの一〇分遅刻は帳消しだね。（笑い）

九時半にカンパニーレ・バルセロナ・バルバラ・デル・パレスホテルに到着。

直ぐにお風呂へ、遅いディナーはヤキソバとビールでした。

一〇時にベッドイン。

◎旅の思い出　五月二二日（火）

AM二時に起床、コーヒーを飲む、朝食は七時とめちゃ遅い。出発は八時なので、一時間しかなく、計画がめちゃタイト。朝食時間は六時が望ましいが、せめても六時半くらいでないとねえ〜。

ホテルを八時に出発したが、トラフィックでやっと九時に空港に到着。またまた機械でチェックイン、僕と数名の搭乗券が出てこない。ハラハラ、ドキドキ、イライラ。一度列に並んだが、他のメンバーの搭乗券が出たと聞いて再度トライ、やっと僕の搭乗券も出てきてホッ。

一〇時三五分頃、パリのストライキの影響で、我々が乗る予定のバルセロナ発一一時五分の飛行機が、アムステルダムからバルセロナに到着していないことが判明。ガビーン。K添乗員さんがKLMスタッフと交渉して、やっとエアフランスの飛行機でパリ経由で羽田に、二三日の夕方に到着できることに。本来の予定では、バルセロナ一一時五分にアムステルダムに飛び、一三時三五分に到着、一四時四〇分にアムステルダムを飛んで翌朝の八時四〇分に成田に到着予定だったのに、まあ良いか。

二四日に病院の予約を入れていたので二三日中に日本に戻れればOKです。

我々のお隣に並んでいた、名古屋から来たJTBのグループは、今日バルセロナに一泊して翌日の便で帰るそうです……ただ一部のお客さんは大阪行きの飛行機に乗っても帰ると移動して行きました。ふぅ、大変だ……。

バルセロナを一一時四九分に出発、パリのオルリー空港に午後一時二〇分に到着。

羽田行きは一二時三〇分なので、約九時間の缶詰状態でトホホ。

午後二時にランチ、パンとビール四・七八ユーロ。

午後六時にディナー、パンとビールで九・三ユーロ。

やっと二二時三〇分にパリ発、エアフランス羽田行きに乗れてホッとしました。

機内で『ベル＆セバスチャン』『フレンドフォアライフ』『ＡＶＡ』を立て続けに見て過ごしていました。

二三日の夕方七時頃、羽田に無事到着してホッ、九時三五分頃に自宅に到着。

今回のメンバーの皆さん、お疲れ様でした。

◎旅の思い出　後記

今回の旅はイタリア、ミラノのドゥオモとモナコに行きたくて申し込んだのです。それに旅行代金が一七万円＋一人参加費四万円と安かったからね、でもＪＴＢもランチを二回、ディナーを三回も抜いてコストダウンしているしね、まあどっちもどっちだね。（笑い）
イタリアは今回で四回目、フランスは五回目、スペインは四回目だが、イタリアのミラノとジェノバは今回初。フランスのニース、エズ、アビニヨン、ゴルド、アルル、ポンジュガール、カルカソンヌもモナコも初めてなのです。バルセロナのサクラダファミリアも今回で三回目だが、ここのサクラダファミリアは何度来ても建築中なので素晴らしい。何故って？　少しずつ変わっているからね。現地ガイドのアナさんの説明がとても良くて最高でした。
今回はミラノで某ご主人がスリの被害に、ニースでは僕の一〇分遅刻、バルセロナでは四〇分一人待たされて、挙句の果てに、バルセロナからアムステルダム行きの飛行機がパリのストの影響で来ず、アムステルダムから成田に朝到着の予定が、急遽、パリから羽田に夕方到着と、大幅に遅延して散々でしたよ。

でも今回ミラノのドゥオモも見られたし、一応モナコにも行けたので良かったです。

特に今回の四組のご主人たちとは年齢も近く楽しくお話をさせてもらいました。特にKさんは愉快で最高でした。

今回の個人旅行は五〇回目、家族旅行も加えると七九回目の旅で、訪問国数・地域で百五とあのイモトさんにやっと並びました。

とうとう僕も病気に捕まったし、急いで、残された時間を、今年迄の旅行を我が旅行記・第二弾にまとめ、来年中には出版が出来るように頑張ります。

私小説も最後まで書ける自信はないが、出来る所まで書き残したいです。幻の処女作としてね。ちなみに旅行記は九〇％が完成、私小説は三〇％完成している。今年の七月からまた続きを書き始め、我が旅行記第二弾だけでも来年中には出版する予定です。

二〇一八年六月　個人海外旅行№45《中国　張家界、天門山、武陵源》

◎旅の思い出　六月六日（水）
朝の六時一五分に自宅を出て六時二七分の電車に乗り大船駅へ、大船駅八時八分発で成田第二ターミナルへ、九時五四分に到着する。

集合は一一時二〇分なので、待ち時間に宝くじを買い、朝食を。

一〇時二〇分にスーツケースをクラブツーリズムのカウンターに預け、小父さんが、一〇時四〇分頃には添乗員さんが来るよ、今回の添乗員さんは美人だよ、と僕に教えてくれた。

一〇時四五分にカウンターに行ったら僕は二番目だった。早速Eチケットを貰い中国東方空港のカウンターへGO。上海までと、張家界までのアイルシートをゲット出来てホッ。

成田発MU五二四便で、一三時五〇分に上海へ。

機内では過去に見て面白かった『マッドマックス』を見ていました。

機内食（ランチ）のご飯は四角に固められて冷めていて最悪でしたよ。でも青島ビールだけは美味かった。

上海に三時五七分に到着し、入国検査では指紋検査まで……厳しいです。

上海では、夕食ミールクーポン券（四〇元）を貰い出発時間まで時間つぶしです。とあるレストランへ入って青島ビール二〇元を頼み、ミールクーポン券を渡したらこの店では使えないと言われヤバイ。またテクテク歩いてクーポン券が使えるか確かめてから入店、ここでも青島ビール三五元を注文、ピーナツ付きでした。

このお店で持参した本『江戸の絵画本』を見てお勉強を……。

上海二〇時二〇分発の出発ゲートが、六番から四番、一二番と二度も代わって、その度にゲートを移動、上海空港は広くて動く歩道も片道だけで、ふぅ疲れるぜ。やっと出発出来ました。

機内食はパンとオレンジジュースでビールは無くて、超寂しい。

張家界に二二時三五分にドスンと着陸し、二三時一〇分、バスに乗り込んで約一五分で張家界国際大酒店ホテルへ。

現地ガイドは曹さん二九歳。

ホテルの部屋でお夜食に、ソーセージを齧りながら日本酒を頂き、バスタブにドボン。

疲れ果てて真夜中の二五時にベッドイン、疲れた〜。

◎旅の思い出　六月七日（木）
五時半に起床、六時半に朝食、食べ過ぎるとお腹の調子を崩すから控えめに……大好きなお粥を小さな茶碗に二杯だけ、あとは果物を少々でフィニッシュしました。

八時三〇分にホテルを出発です。ゆっくり目のスタートなのでめちゃ助かります。

最初は天門山へ。僕は、この山の上部にぽっかりと開いた景色を見たくてこのツアーに申し込んだのです。ちょっとしたハイキング気分も味わえるしねえ〜。

現地ガイドの曹さんが我々グループ二二名の切符を購入しに……沢山の中国人が天門山ロープウェーに乗る為に集まっていた。

全長七五〇〇メートルのロープウェーに六人乗り込んでいざ出発です。

張家界の町の麓から、天門山のてっぺんまで一気に登る。ロープウェーの中から見る景色は最高です。これだけのロープウェーを作った中国人には、びっくりです。

三〇分以上も景色を楽しみ、途中の駅近くで数秒、天門洞が見えカメラに……。

山頂付近でロープウェーを降りて散策。崖にへばりついたガラス張りの桟道で、幅一メートル。右側は山の壁で左側は絶壁、ガラスの下は怖くて見られない。足がすくみます。なるだけ山側の端を通る。真下を見ると奈落の底が見えてギョギョギョ。どうも僕は高い所は苦手で足の膝の後ろがガクガク……女性陣は平気でガラスの道をすいすい、肝が据わっているね、どうりで男性よりも五年も長生きする訳だ。ガラスの道を通り過ぎてホッとしました。本当に僕はチキンだね(恥かしい)。

なんと、なんとこの場所から外人がジャンプスーツを着て麓まで飛んだそうです……超びっくりです、写真も見て来ました。僕も四〇代にパラグライダーで山から高さ五〇メートルの所を一時間飛んだ経験はあるものの、この高さでは無理、無理。

その後に、エスカレータで巨大な天門洞へ。あまりのスケールに穴全体の写真が撮れない。この大きな穴の中を小型飛行機が通った写真も見て超、びっくり。

石の滑落防止の為に強化ガラスで作った通路を通り、分かれ道に……。

勇気のある人は急な九九九の下り階段で下りるか、安全を重視してエスカレータで下りるかだって……階段の上から下を覗くとぞっとする。手すりはあるものの、もしも足を踏み外したら一巻の終わりだ。我々二二名(四組のご夫婦、男性二人組、女性のお友達二人連れが二組、男性一人参加が四名、女性一人参加が四名)で男性一〇名、女性一二名ですが、勇気ある人が一二名とI添乗員さんで尊敬しますわ。傾斜三五度の階段を下りたI添乗員さんの勇気に脱帽、チキングループ?は一〇名、男性六名、女性四名でした。チキン、いやいや安全を重視したグループでした。

天門山の頂上付近にある広場で二つのグループが合流して中型のマイクロバスで麓まで……。

バスのドライバーさんが「シートベルトを締めて」と大声で指示すると、某小父さんが「解っている」と怒鳴って返答。するとドライバーさんがぶっつん切れて、片側が崖下、片側が山の壁、対向車スレスレのヘヤピンカーブを高速で運転、一歩間違ったら奈落の底へ転落寸前、長い人生の中で一番怖かった。見事な運転ぶりに、広場に無事に着いて思わず拍手喝采でした。でも超、怖かった。崖下に落ちなくて良かった、良かった。

ランチは中華で味はイマイチ、美味しかったのは青島ビール（三〇元）だけでした。中華テーブルでは、人が料理を取っている最中にも関わらずテーブルを強引に回す小父さんたち、マナー違反だよ。

食後はバスで武陵源へ。

途中、八日に訪れる予定の十里画廊へ。可愛いトロッコに乗って奇岩を観賞です。夕陽が眩しくて良い写真は撮れずトホホ。

その後にレストランへGO。五時四五分に四川料理の夕食で、ここでも中華料理はイマイチで青島ビール（三〇元）だけは美味いです。

レストランを六時四五分に出て、ホテルPULLMANHOTELへ、七時三〇分に到着。

数名が今晩の張家界、少数民族ショーのオプショナルツアー（三百元）に七時四〇分に出かけるって……さ。

僕は旅行前にユーチューブでショーをネットでもう見ちゃったのでパスしてバスタブにドボン。日本酒を頂いてワールドニュースを見ながら時々読書。

九時にベッドイン、みなさん、お疲れ様～お休みなさい。

2018年6月　中国・張家界・武陵源にて

◎旅の思い出　六月八日（金）

真夜中の一時三〇分に目覚め、また眠り、四時に起床しました。五時半に紅茶を飲み、お風呂へドボン、六時に朝食、お粥とバナナとスイカ、ミニトマト、メロン、饅頭で終わり。八時三〇分にホテルを出発。

今朝は空いていると思われる天子山へバスで向かう。

御筆峰、仙女散花、賀龍公園を楽しみロープウェーで下山。

その後、映画『アバター』撮影地の袁家界自然保護区でハイキング。

一人参加の小母ちゃんが、パスポートが無いと騒ぎ出して、車椅子専用トイレかレストランに忘れてきたかも、と。現地ガイドの曹さん、I添乗員さんがホテルに電話して探してもらうことに……。もしもパスポートが出てこないと一緒に日本に帰れないです。杖を突きながらも闊歩していた小母ちゃんも流石に気落ちしていました。最初はカメラもカードも現金も無いと言っていたので、一度リュックの中を全部出して見た方が良いよとアドバイス、そうしたらあれ、カメラが入っていた。

集合時間が来たので、帰りは百龍エレベーターで三二六メートルを一気に麓まで下りました。

そうそう一二時三〇分予約のランチはアバターレストランで、混んでいて一時過ぎに食事をし、レストランを出た時に電話があって、パスポートが見つかったと連絡が……しょんぼりしていた小母ちゃんは、現地ガイドの曹さんに抱きついてお礼を……良かった、良かった。パスポートはトイレやレストランじゃなくて、自分たちの部屋のバスルームの、一見見えなさそうな所にあったそうな……流石に五つ星のホテルだね。

アバターレストランで僕の隣に座ったご夫婦の奥さんが、ハイキング途中に腹痛を訴えトイレに行きたいと、ヤバイです。近くにトイレは無く遠いので、その付近の青空トイレでも利用した方が良いよとアドバイス、真っ青な顔で一番近いと思われるトイレに急行、添乗員さんも付き添ってくれました。トイレに寄ってから、暫くして、近道して我々と合流してホッ。

次は張家界森林公園の金鞭渓を見学。青森県の奥入瀬みたい、マイナスイオンを胸いっぱい吸い込んで来ました。近くの山にはお猿さんがいっぱい。

ディナーはホテルで雪花ビール四〇元でした。

七時四〇分にホテルを出て徒歩一五分で、地元のスーパーへお買い物に。

数名が今晩のショーを見に行くって……みんな元気だね。

スーパーでビール、お菓子、他オミヤゲを購入、八時一〇分にホテルに戻りバスタイム。昨日、今日と毎日二万歩も歩いたので疲れ果てました。

九時なのでもう寝ます。ｚｚｚ。

◎旅の思い出　六月九日（土）
真夜中の一時半に起床して、ＢＢＣニュースを見ていたら意味が解らない単語が出てきて書き取りました。

ACQUITTED ALLEGATION CONDOLENCE
意味解る？

ガザではイスラエル軍に対抗してデモで凧揚げを……一人が凧に摑まって空へ、どんどん上昇しているシーンで、その後が知りたい。

三時半にベッドイン、五時半に目覚ましで起こされた。ふぅ。

六時半に朝食、七時五〇分に三回目のバスタイム。

八時半にホテルを出発。
七、八日と武陵源、張家界を満喫したので、このまま上海、成田と帰っても良い気分でした。
最初に行った所は世界遺産、宝峰湖でマイナスイオンがいっぱい。現地ガイドの曹さんの恋人もここで観光ボートでのお仕事をしていて、投げキッスを交わしていて羨ましいね〜、美男美女だし絵になります。

その後、茶芸店でショッピング、郷土料理のランチ、竹繊維用品店でお買い物、僕も布巾を購入、ついでに青竹のお酒も試飲、めちゃ度数が高くてフラフラに。

その後、黄龍洞へ。ここは鍾乳洞で、中に川が流れていてボートに乗って遊覧、ライトアップし過ぎ……。

砂絵博物館へ寄って見学。入り口で、沢山の汚い小母ちゃんがマッサージを強要してきて腕を捕まえるので、逃げ回っていましたよ。若くて綺麗な娘なら即、ＯＫ。（笑い）男はみんなそうだよ。

いよいよ今日のクライマックス、あの張家界大峡谷のガラスの橋へ。

三時一〇分に入り口に到着、一番前に並んでラッキー。

入場時間は四時四〇分だって、延々と待つことに……待ち時間にトイレにも。中国人の若者やバカ者が我々の列に割って入ろうとすると我がグループの勇気ある小父さんが一喝、すごすご引き下がるが、暫くしたらまたまた割り込む輩が。我が添乗員さんが現地スタッフに言ってくれ、なんとか阻止してくれました。油断も隙もない。

四時四〇分、やっと入場です。

靴カバーを渡されて入場、まだ沢山の観光客が橋の上に残っていました。ここのガラスの大橋は、あのイスラエルの技術だって……。

真ん中に大きな四角形のガラスが、両サイドには長方形のガラス、ガラスの周りに細い鉄の通り道が……ガラスの下を覗くと峡谷が、かすか下に見えてめちゃ怖いです。もしガラスが割れたらそれこそ一巻の終わりです。ガラスの真ん中に寝そべって自撮り、お友達に写してもらっているシーンも目撃、僕はギリギリガラスの上で自撮り……ふぅ。ここにはカメラ、リュックは持ち込めず、ガラ携で写真を撮ったが出来は如何に？　沢山の観光客の重みで大丈夫かいな？　端から端まで行って、途中にバンジージャンプ地点で下界の写真も、下を覗くだけでめちゃ怖いです。ガラスの上に寝そべっている人の大半は女性で、女性の勇気にはびっくりです。多分僕が最後かな？

五時三〇分集合だったが、橋の上はめちゃ混んでいてギリギリでした。もう満足、満足。

七時四〇分、ディナーはきのこ鍋料理で、僕はきのこが苦手だがまあまあ美味しく頂けました。ちなみにビールはハルビンビールで三〇元、昨日コンビニで買ったら五元でした。

夕食後、八時二〇分に空港へ出かけようとしたら外は大雨でした。観光が終わってから雨だなんて、なんとタイミングが良い。

出発は一一時三五分、上海まで二時間一〇分と楽ですわ。真夜中の二時過ぎに上海航空酒店浦東機場店ホテルへ到着する。

三時一〇分、ビールと日本酒を飲みながらTVをつけ、お湯を沸かそうとしたがなかなかTV画面が出てこずにイライラ。湯沸しも通電せず、なに？　このホテルの設備は最低、最悪だ～。やっと通電中の差込口から差し込んでやっと通電してホッ。TVもリモコンもガチャガチャ、やっと映像が……ふぅ。カップ麺を頂いてAM四時にベッドイン。zzz。

◎旅の思い出　六月一〇日（日）
四時に寝たので五時半に起きられず、七時のモーニングコールでやっと起きられました。助かりました。

早速二階のレストランで朝食を、レストランの丸テーブルには塩、胡椒の調味料が無く、薄いビニールがかけられて汚らしい。最後の最後に最低のホテルにぶち当たってトホホ、食欲も無くなっちゃった。

八時半にホテルを出発、空港へ。スーツケースから水と栄養ドリンクを出して処分、これで二〇キロ弱かな。カウンターで計量したら一九・八キロでセーフ。でも係官から別室に呼ばれスーツケースの検査室へ、ヤバイです。初めての経験だから心配です。電池、バッテリー、充電器、電子機器全般をスーツケースに入れたらダメだって、全部チェックしたのだが……。やっと僕の番で、引っかかったのは髭剃り用のエアゾール缶でした。日本ではスルーだったが上海はダメだってさ。

やっと上海発一一時一五分の飛行機に乗れてホッと。

三時間四〇分の飛行時間中、各席にはTV画面がついていないので、新潟のOさん、富山のご主人と話をしながら過ごしていました。I添乗員さんが一つ前の真ん中の席で、暫くお話出来たのに、トイレに近い小母ちゃんが無理言って窓際の席から通路側に座ったのでI添乗員さんは窓際へ、お陰で会話が途切れちゃってトホホ。

一二時一〇分頃にランチ、牛肉と青島ビール二缶飲んで満足。

無事に成田空港に三時一〇分に無事に到着してホッとしました。

◎中国　張家界・天門山・武陵源観光　後記
今までは各国の都市観光が多かったが、たまには自然に触れる旅も良いものです。

現地ガイドの曹さんもここが一番大好きだと言っていました。中国はあの万里の長城、天安門広場、西安の兵馬俑などなどスケールがでかい。

ここの張家界の天門山、一二六〇メートルの山頂にぽっかり開いた巨大な穴、天門洞の景色の迫力は凄いです。穴の高さが一三二メートル、幅が五七メートルと、小型飛行機が飛び抜けた写真も見て来ました。一五〇〇メートルの崖のてっぺんに作られたガラスの桟道を通るのも恐怖そのものです。気が弱くて力も金もないビビリの僕には、この体験は足がすくんでひざ裏がゾクゾク、勇気ある沢山の小母ちゃんたちに笑われちゃった〜。

武陵源では、地殻変動と長年の風雨の影響で侵食された奇岩、奇峰が連なっているエリアには何千もの石峰がそびえていてまさに絶景でした。

最後の日には巨大ガラス橋体験で、ここでも怖い思いを、でも良い経験でした。

現地のガイドさん、今回のI添乗員さんも素晴らしい仕事ぶりで満足、満足、ありがとうございました。

今回の旅行で、個人海外旅行（社内旅行含む）が五一回で家族海外が二九回なのでトータル百五ヵ国、地域、八〇回目の旅行でした。

さてさて次回はどこに行こうかな？

海外旅行は若さの源でエネルギー源でもある。次の目標は百十ヵ国、地域です。

二〇一八年九月　個人海外旅行 No.46《チュニジア》

◎旅の思い出　九月二六日（水）一日目
真夜中の一時五〇分に目覚め、囲碁、将棋のお勉強を。四時一〇分にお風呂へ、体重は六九キロで体脂肪は三四％でした。四時二五分からピアノの練習を。

ランチを終えて一三時一五分に自宅を出発、一四時一〇分の大船発、成田第二ターミナルへ。

一八時半まで読書、一八時半にカタール航空の受付に並び、航空券を発券してもらいました。

運良くアイルシートを二枚ゲット出来て満足、満足です。

行き先は、アフリカの地中海文化が香るチュニジア、七日間です。

グループは三〇名で、ご夫婦が九組、個人参加の女子がお友達グループも含めて八名、男性は四名でした。

二二時二〇分のカタール航空でカタールのドーハまで約一一時間のフライトです。

長時間なので映画を鑑賞、最初は『クワイエットプレイス』というホラームービーを、次はアニメの『火垂るの墓』を見て泣いちゃった。最後は『八年越しの花嫁』でここでも泣いちゃった。

とにかく一一時間の飛行は辛いです。ツービーコンテニュー。

◎旅の思い出　九月二七日（木）二日目
カタールのドーハに翌朝の三時二五分にソフトランディング、思わずお客様が拍手を。

ドーハで降りて集合した時、僕のジャンパーの右ポケットから右手の軍手が紛失、左のポケットから旅行予定表のコピーもどこかで落下したのか紛失して、のっけから気分悪し。

午前七時四〇分にドーハを出発し、チュニジアのチュニスへ約六時間半の飛行です。

成田からドーハまで機内食が二回、ドーハからチュニスまでも二回、その度にビールと赤ワインを頂いたので満腹、満腹。

チュニスに一二時一五分に到着。ここでもソフトランディングで、カタール航空の機長は操縦が巧い。ただ前席の人が椅子を倒して来たので狭くて不愉快千万。

荷物を引き取り両替です。五千円が一二一ディナールで、一ディナールが約四一円でした。

両替を終えてバスに乗り込む。

ドライバーさんはモハメドさん、現地のガイドはアレムさん、添乗員さんはK添乗員さん。

K添乗員さんは、ドーハに着くと男性の民族服に着替えて超びっくり。似合うのだけど顔が日本人なので面白い。

早速メディナ旧市街へ。フランス門、スーク散策。二番目に古いモスクも見学、スークは細い路地を進むので物凄い混みようでした。

天気は良く気温は二三度で気持ちが良い。

途中トイレに一ディナール。

観光して、三時一五分に一四二キロ離れたスースへ。

途中に格好良いラサス山が右に見える。

五時一五分頃にパームマリーナホテルに到着。

早速お風呂にGO。日本酒を少し頂いてから夕食はホテルのレストランで、ビールは六ディナールでした。

七時半にめちゃ疲れたのでベッドイン。

◎旅の思い出　九月二八日（金）三日目

二時二〇分に起床、お風呂、読書、司馬遼太郎さんの短編を三編読む。

いやあ〜このホテルには蟻やハエが居て最悪でした。特に蟻が布団の中まで、我が腕の上を闊歩していました。

六時にレストランで食事、六時四五分から五五分までプールサイドを軽くラン、最近走っていないので気持ちが良い。

八時一〇分にバスで出発、最初はスースの観光からです。

メディナ（旧市街）の散策、グランドモスクを観光してから六〇キロ離れたエルジェム円形闘技場へGO。

ここの闘技場はローマの闘技場よりも概観、地下通路、観客席などがしっかり現存されていて圧巻でした。今回の旅のハイライトの一つです。

一二時三〇分に昼食を、オッジャ、スクランブルエッグで味は当然ですがイマイチ、でもビール（セルティア）だけは美味しかった。ちなみに五ディナールでした。

二時二〇分にケロアンへ。

三時からケロアン観光へ。シディ・サバブ・モスク・メディナ旧市街を散策ですわ。

ここでオミヤゲ屋さんにイン、ここでオミヤゲを購入しホッ。

一七時にホテル、ラ・カスバに到着、城壁に囲まれたホテルでした。
ホテルで夕食前にお風呂に入ってからベッドでテレビを見ていたらうつらうつらと、そのまま眠っちゃいました、
七時二〇分、部屋に添乗員さんから電話があって助かりました。二〇分遅れて夕食会場へ、今回参加した一人参加の小父さん三名のテーブルへ……夕食はヴァイキング、ビールは八ディナール、美味しいマゴン・ワインは一本を四人で頂き一人分一一ディナールでした。
ここでアラビア語のお勉強、
　　おはよう　＝サバハラヒール
　　ありがとう＝ショクラン
今日の移動中、高速道路から一面のオリーブ、肉厚サボテン、リュウゼツランを沢山見ました。
お店の軒先には、ヒツジまるまる一頭が数頭、ぶら下げられて売られていてびっくりでした。
九時にベッドイン。ｚｚｚ。

◎旅の思い出　九月二九日（土）四日目
真夜中の一時に起床、真夜中から司馬さんの短編を読んでいました。

六時にレストランで食事。

その後、外に出て軽いランニング。今朝は噴水とオベリスク風の記念碑までランニングをして写真を撮ろうとしたら、ポリスにダメと怒られた。トホホ。角度によっては内務省の建物があるので写真に撮っちゃダメらしいです。諦めてホテルに戻りました。

七時四五分にバスでケロアン観光に出発です。

三〇分で昨日の予定だった貯水池へ、その後は四番目の聖地のグランドモスクへ。

八時半に一一四キロ離れたナブールへ。陶器工房へ寄ったが汚くて買う気はゼロ、その後に七〇キロ離れたケルクアンへ。

四日前にチュニジアに来た第一陣グループが豪雨に遭遇し大変だったらしい。あちこちの畑が水没していました。

一二時四五分に昼食、料理はお魚でした。味はイマイチでした。ビールは五ディナール、添乗員さん持参の醤油をかけてやっと食べられるほどでした。

昼食後はケルアン遺跡へ。

観光後にチュニスへ戻り、二三階建てホテル、エルムラディアフリカに到着、立派なホテルでした。ちなみに僕の部屋は一七一五号室でした。

夕食はレストランでクスクス、春巻き＋ワイン＋ビールで一九ディナールでした。

食後に近くのスーパーへ見学、お酒類は午後七時までだって、閉店ギリギリだったので何も買わずに退散ですわ。

一〇時半にホテルに戻りバスタブにドボン。

一〇時五〇分に眠りに……今日も疲れた～。

◎旅の思い出　九月三〇日（日）五日目
昨晩は二三時にベッドイン、今朝は四時一〇分に起床し読書、六時に朝食、六時二〇分に軽い

二〇一八年九月　個人海外旅行№46
《チュニジア》

ランでチュニスの目抜き通りをジョギング。

　七時半にホテルを出発。添乗員さんが前夜に翌日の予定表を配るが、半分のお客様にはホテル出発を朝七時半に、僕らの半分には七時出発と……オイオイどっちが正しいの？　結局は七時半が正しかった。

　一〇〇キロ離れたドウッガにGO。我々スキピア・チームはバス席の後ろの席を、ハンニバル・チームは前席、一日交代だって。三〇名なのでゆったり使えて嬉しい。

　世界遺産ドウッガは見事なゼウスの神殿が、当時からトイレは水洗で下水も完備されていて超びっくりです。トイレにも座って来ました。

　観光後はチュニスに戻りレストランへ、メニューはパスタでした。

　昼食後にバルドー博物館へ、ここもモザイク画が凄いです。

　二〇一五年三月一八日、バルドーの美術館で銃撃があって日本人三名を含む二〇数名の観光客他、犠牲者の名前が国別にモニュメントに彫られていました。

　最近になってチュニジアも治安が良くなったので、旅行会社が募集するようになって僕たちは第二陣でした。治安は良いのですが、ポリスは威張って、ポリスの車のガラスは金網で厳重にプロテクトされていました。

　チュニジア人は非常に友好的でいつも我々に声をかけてきます。街中ではニーハオとか、商店街では安い、安いとか……。

　夕方五時にホテルに着いたので、部屋に戻らずスーパーへお買い物にGO。ビールとお菓子を購入、ホテルに戻りバスタイム、気持ち良い。

2018年9月　チュニジアにて

夕食は七時にレストランへ、パスタでした。やっと初めて美味しい食事にありつけました。

ホテルに戻ったのが八時一〇分で『泣き虫しょったんの奇跡』を読み始めました。単行本を二冊持って来て正解でした。

八時二五分にベッドイン。

◎旅の思い出　一〇月一日（月）六日目
今朝は四時に起床、朝から読書、『泣き虫しょったん』の本には泣かされちゃった～。

六時に朝食、六時半にフランス門まで軽いジョギングでGO。途中で路面電車が向かい合って立ち往生、どちらも引かず延々と。片一方の運転手さんがバックし始めてホッとしていたら、歯の無い汚いホームレスの小父さんが僕の左肩にキスを、ぎゃあ～勘弁してよ。思わず逃げ出しました。そうしたら小父さんもお金を頂戴と僕を追いかけて来る。僕もスピードアップしてどんどん前へ……朝から最悪の経験でトホホ。

ホテルに戻りバスタブにドボン。TVを見ていたらインドネシアで地震が発生、津波で千四百人が死亡だって……三〇日の夜の東京も、台風二四号で木がなぎ倒されて酷い状況でした。

八時にホテルを出発、カルタゴ遺跡観光です。

ビュルサの丘、アントニウスの共同浴場、シディ・ブ・サイドを散策、ジャカランタの花が綺麗、僕の大好きなブーゲンビリアの赤、ピンク、黄色の花も素敵でした。

一二時に観光を全て終えてレストランへ。

遺跡ではカメラ代が一ディナール、トイレの使用料が〇・五ディナール、ランチにビール八ディナールを支払って、残ったのはコイン数枚でした。

昼食後一時に空港へ。

四時の飛行機でドーハまで、運良くアイルシートをゲットしたが、ドーハから成田までは満席で席は真ん中、トホホ。ドーハまで約六時間の辛抱です。ドーハに二三時五〇分にドスンと着陸、オイオイ、乱暴だなあ〜。

◎旅の思い出　一〇月二日（火）七日目
真夜中にドーハに到着、ドーハから成田行きの飛行機は真夜中の二時二〇分発で、それまで空港内のベンチでアンケート用紙に意見を記入し、本も読んでいました。

そこに一組のご夫婦が僕の隣に座って暫く会話を、名刺が無くなったのでミニロトの宝くじの裏に住所を書いて手渡した。

ドーハの成田行きの出発ゲートの中で、その御主人が五年前のクロアチアの旅行の時にお会いしているよと言われて超びっくり。話をしているうちに僕も思い出しました。伊東市でペンションを経営している御夫婦と、スロベニアのブレッド湖で湖の中の島にボートで移動中にご一緒したことを思い出しました。奇遇だね。お互い五年も経過していたので思い出せなかった。奥様に聞いたら今回で一一八ヵ国だって、パキスタンにも行ったと聞いて更にびっくりですわ。僕は怖くてとてもとてもパキスタンには行けないです。

飛行時間の一〇時間二〇分は苦行の時間でした。何故って？　それは座席が四席の真ん中で僕はトイレが近いし両脇の外人のご夫婦と外国の青年に挟まれて両方とも一〇時間に一度もトイレに行かず超びっくり、信じられません。両方とも爆睡しているので、自分の座席に足をのせてひょいと通路側に飛んでトイレに数回行きました。一度だけ着地に失敗して、右手の指二本の爪を窓側の座席にぶつけて割れちゃった。大泣きですわ。

成田に、三〇分遅れたが一八時四〇分に無事に着陸出来て嬉しい。

今回の旅行で百六ヵ国・地域で、八一回目の旅行でした。

次はどこに行こうかな？

二〇一八年一一月　個人海外旅行 No.47《アイルランド、北アイルランド》

◎旅の思い出　一一月一八日（日）一日目

早朝の四時四〇分頃、自宅からスーツケースをガタゴト鳴らして駅へ、五時一分の電車で大船駅へ、六時四分のエクスプレスで八時頃に成田第一に到着し、そのまま四階出発ロビーへ。機械のチェックインは苦手で、マイレージのチェックが出来なくてトホホ。取りあえず二便とも通路側をゲット出来て一安心ですわ。

その後に両替をしたら三一四五円で、二〇ポンドでした。

成田より一一時二五分、ＫＬＭオランダ航空でアムステルダムまで。約一二時間の辛抱ですわ。

一一時半から映画鑑賞を、最初は『ＴＯＭＢ・ＲＡＩＤＥＲ』を見てなかなか面白かったのでマル。二つ目はＰＭ三時頃から『ランページ』を、三作目は『僕の妻と結婚して下さい』を見たが理解不能の映画だった。最後の映画はＰＭ九時半に『ＴＨＥ・ＳＩＬＥＮＣＥ・ＯＦ・ＴＨＥ・ＬＡＭＢ』でした。流石に四本続けて見るのも辛いですわ。

アムステルダムのスキポール空港に一五時三〇分ソフトランディング、機長のレベルは最高だね。

約六時間スキポール空港で乗り継ぎ便の時間待ちですわ。空港内でアメリカ五〇州の本を読みながら時間つぶしです。

一三日から風邪を引いていて体調は最悪で声が出なくて喉が痛くて痰もつまって寒気まで

……。こんな体調での旅行は超辛いです。

アムステルダム二一時二〇分発の飛行機でダブリンまで約一時間四〇分、ダブリンに二二時に無事に到着してホッ。

ダブリンからバスでベルファストへ三時間、こんなにも疲れるスケジュールは久しぶりですわ。体調が悪いので尚更です。

ベルファストをバスで五分も走ったら真っ暗な道路に、延々と進む。二時間弱走ってやっとベルファスト郊外のホリディイン、ベルファスト、シティーセンターへ到着。

真夜中の一時にシャワー、バスタブが無いのは辛いし疲れは取れないし、シャワーの後はめちゃ寒くてトホホ状態です。

真夜中の一時三五分に日本酒をコップ一杯飲んでベッドイン。

皆さん、お疲れ～お休みなさい。ｚｚｚ。

◎旅の思い出　一一月一九日（月）二日目
いやあ～昨日は風邪で声も出ず最悪の状態でした。

今朝は五時一五分に起床、七時半に朝食、ソーセージと目玉焼きとカットフルーツと、ノーマルな紅茶だけで済ませました。食べ過ぎないように最大限の注意を……男性のＫさん、女性のＡさん、Ｍさんと四人テーブルで頂きました。

今回のメンバーは二二名で個人参加とお友達グループでした。

九時に八〇キロ離れたブッシュミルズへ約一時間一五分の我慢です。

二〇一八年一一月　個人海外旅行 №47
《アイルランド、北アイルランド》

ここにはアイリッシュウイスキーの蒸留所があり、そこで朝からウイスキーの試飲が出来るので楽しみですわ。到着しウイスキーの作業所の製造ラインの説明を聞きながら進む。最後に試飲です。朝から度数の高いウイスキーで、ほろ酔い状態でした。

一二時過ぎにレストランでランチです。メニューはフィッシュ＆チップスで、タラのフライが超でかくて、びっくりでした。いくらなんでもでか過ぎだろう。三分の一を食べただけでお腹がいっぱい。ちなみにギネスビール一パイント三・八ポンドでした。やっぱり本場で飲むギネスは美味い。

その後にジャイアンツコーズウエイへ。

ここは火山の後に溶岩が六角形の塊で、異様な姿です。出来るだけ上まで登ったが超危険なのですぐに降りて来て売店へ、そこでチョコを八ポンドでゲット。

その後？　いや前に、断崖絶壁に建つダンルース城へ。朽ち果てた状態で、でも残っているだけでも素晴らしい。

途中ファンタジー？　気味の悪い姿の木の小路をズンズンと進む。夕方なので余計に異様な小路でした。高級カメラを持参した女性のTさんたちがズンズンと小路の木を写しながら前へ前へと進む。僕は途中でギブアップしてバスへ戻る。

その後、ベルファストへ八〇キロ、約一時間一五分ほど乗ってレストランへ。メニューはギネスシチューでカレー粉を入れないカレーみたい。普通のビール、エールファースト・ラガー四・三ポンドで頂きました。

七時二〇分にホテルに到着。

二〇分にシャワー、七時四〇分に体調が最悪の為にベッドイン。九時四五分に目覚め栄養ドリンクを、真夜中の二五時一五分に目覚め風邪薬を服用し、またベッドイン。

ＴＶではあの日産の元社長のゴーンさんが逮捕されたのを、トップニュースで延々と流していました。日産を立て直した手腕は評価するが、社長の報酬を帳簿から外して海外に自宅を何個も建設して株主には多大の損害を……。企業幹部の人間たちは欲張ると最後は惨めな牢獄生活を経験することに、ゴーンさんは本当に偉いのかバカなのか、理解不能だね。

◎旅の思い出　一一月二〇日（火）三日目

二時四五分に起床、四時に髭剃り、今朝のニュースも日産のゴーンさん、グアテマラの火山、フィリピンが米国から中国へ擦り寄りだって……。

七時に朝食、八時半にバスで北アイルランドの首都ベルファストの市内観光です。

最初にタイタニック博物館へ。外から眺めて、市庁舎へ。

九時五五分に到着したが、市庁舎の前には係官がいて一〇時でないと中には入れないと……。厳しいねえ。一〇時にやっと入れてホッ。

市庁舎の周りにはクリスマスマーケットが店開きしていました。

市庁舎の中には素敵なステンドグラス、一つはじゃがいも飢饉の当時の絵と、タイタニック沈没の絵が描かれていました。

その後、六五キロ離れたアーマーへ、バスで約一時間一五分。

ここアーマーには珍しくも大聖堂が近くに二つも。一つはカソリックの、もう一つはプロテスタントの教会で、二キロ位離れた所に建っていました。我々はカソリックの大聖堂に入って写真をパチリ、プロテスタントの方は遠くから眺めるだけ……。

ランチは一時頃に、メニューはポーク料理でした。僕はここでレッドビールをハーフパイントで三ユーロでした。

ランチ後にモナスターボイスへ。ここではハイクロスの十字架見学です。

その後ダブリンへ。

帰りの途中にタラの丘へ。雨がパラパラ、風が吹いていて超寒い。

その後、今晩から三連泊のキングウッドホテルへ。

荷物を部屋に入れてから六時半にレストランへ、アイリッシュダンスとウイスキーを楽しみました。未だに声が出ずツライです。

ベルファストからダブリンまでの行程中にボビーサンズの壁画を見ました。

北アイルランドは英国領、アイルランドと宗教が違うのでいつも争いが……どこの国でも隣国とは争いが定番だね、今回の旅も良い勉強になります。

◎旅の思い出　一一月二一日（水）四日目
今朝は四時一五分に目覚め、ＴＶで昔のヒット曲を聴いていました。プレスリー、ポール・アンカ、ニール・セダカ、ザ・プラターズとみんな懐かしい曲で嬉しいね。帰国したら好きなクラシックでも一通り聞こうかな。

今朝も朝食は軽めにソーセージ、目玉焼き、カットフルーツと紅茶で終わり。

八時一五分にモハーの断崖へ、約三時間四五分の長距離ですわ。

外は雨でヤバイ、でも途中から薄日が……。

二時間弱後にトイレ休憩、一二時頃にランチ、メニューはアイリッシュシチューでした。ラム肉が超美味い。HOPビール二・五ユーロで頂きました。

途中にバレン高原の巨人のテーブルを見てからモハーの断崖へ。

バス停からT字路を右に行くと左側にモハーの断崖が良く見える。折角来たので左側にも行ったがイマイチで歩道も危険でした。

モハーの断崖の売店でオミヤゲを購入。

三時半にモハーを出発しダブリンへ戻る。

四時一〇分を過ぎると急に暗くなって、一五分には太陽が沈みもうあたりは真っ暗だ。

七時半にホテルに到着、七時五〇分に夕食、サーモン料理でした。ギネスビール、ワンパイントで五・六ユーロでした。テーブル左横にはAさん、右横にはKさん、お向かいにはデザイナー・カメラマンのTさん、話が盛り上がって楽しい時間を過ごさせて頂きました。

声が少し戻ってきて嬉しい。

明日午後の自由行動はどうしましょう。

◎旅の思い出　一一月二二日（木）五日目
六時に目覚ましで起床、直ぐにバスタブに入り髭剃り、トイレでバイブルを読む。

六時四五分に朝食、今朝も同じくソーセージ一本、スクランブルエッグを少々、カットフルー

2018年11月　アイルランドにて

ツと紅茶のみでした。

八時に出発、今朝はダブリン市内観光です。最初はトリニティーカレッジへイン。ここには世界最古の書物である「ケルズの書」があるのです。その他の蔵書も物凄いです。一見の価値あり。

次は国立博物館へ。ここにはお宝であるタラのブローチなどがありました。びっくりしたのがミイラで、エジプトで見たミイラとは全く違っていて、干物状態であまりにもリアルで超びっくり。

次は聖パトリック大聖堂を外観だけ見学して、最後はギネスビールの工場見学へ。一パイントの試飲でラッキー。帰りにギネスビールとお菓子をオミヤゲに購入。

午後一時、近くのテンプルバーで解散して自由行動です。

オプショナルの参加者は一一名でグレンダーコッホ日帰り、ランチ、夕食が付いて一万五千円。他の一一名は各自自由にダブリンの観光と食事をして自由にホテルに帰るか、もしくはオプショナルの夕食をテンプルバー付近で食べるので、七時四五分にオプショナルのバスに同乗するかだって。

僕は三人と一緒にトリニティーカレッジの学生レストランでランチをとろうとしたが、たった今ギネスビールを試飲したのでお腹がいっぱい。三人はランチを注文したが僕は会話だけでした。

食後にみんなで近くの美術館へGO。僕はここにあるフェルメールの絵を見たかったが、残念、いまこの絵は日本の上野美術館へ貸し出し中だってさ、トホホ。でもイエスの逮捕の絵と他の絵を見られて良かったですわ。美術館の四階、三階、二階と見て、二時五〇分頃に見終わる。

外は気温七度位で超寒い。七時四五分のバスまで待てないしホテルに戻ろうとハーフペニー橋の付近のテンプルバーに行った。前日にホテルのフロントのお姉さんに聞いたバス停を探したが、どこにも見つからずヤバイです。三時のバスには間に合わなかったが四時のバスに乗ろうとバス停を探したが何処にも無い。近くのお店、バスのドライバーさんに聞いても解らないって……バス停の一角を行ったり来たり、四時のバスにも乗れずヤバ過ぎだ。四時五〇分にバスの係官みたいな小父さんに聞いたら案内してくれた。そこには小さな標識がちょこんとあるだけでこれじゃ見落とすよなあ〜。

五時五分にやっとバスが来てドライバーさんに聞いて乗り込む。五〇分位で着くよと言われたがなんと一時間一五分もかかって、やっとお目当てのバス停に止まったがもう六時二〇分。外は真っ暗でお店も無く住宅地で人が一人もいやしない。今バスを降りた綺麗なお姉さんにホテルの方向を聞いたらこっちの方だと一緒に歩いて行ってくれた。ヤバイと思っていたが、地獄に仏とはこのことだ。お姉さんと暫く話をしたが半分も聞き取れず、彼女にいいのよと笑われた。別れて暫く歩いていたらホテルのネオンサインが見えてホッ。

安い旅行はホテルがめちゃ辺鄙な場所にあるので自由行動の人たちには不自由ですわ。オプションの人たちを優遇して、自由行動の人たちには優しくないスケジュールだね。

でも今回の添乗員さんは優しく、ホテルのスタッフとのやり取りの時もサポートしてくれたので良かった。同じようなスケジュールで自由行動する人たちには注意が必要だね。

冗談は抜きに、本当にヤバかったよ。時間が遅いと暗いし、タクシーも走っていないし、道を聞く人もいない。

ホテルに戻ってバスタブで温まってからヤキソバと缶詰とお酒で最後のディナーを。う、美味い。今日の午後は最悪でした。

◎旅の思い出　一一月二三日（金）六日目

真夜中の二四時に起床、お風呂、一時三〇分にコーヒーを飲み、二時頃に荷物のパッケージ。今朝も日産のニュース、五時半にスーツケースをロビーに運び、朝食のボックスを受け取り部屋に……。

六時にホテルを出発、空港へGO。

ダブリンからアムステルダムまでは窓際で、アムステルダムから成田まではアイルシートをゲット出来てホッ。

ダブリンを八時五〇分に出発、一一時二五分にアムステルダムに到着、待ち時間にアイリッシュコーヒーを飲む。八ユーロでした。期待したがただウイスキーにコーヒーを入れて上からホイップクリームを載せただけでした。でも帰国したら一度だけでも試してみようかな？

アムステルダムを一四時三五分に出発して成田へGO。

三時五分に映画を、一番目に『SOBIBOR』を、二番目に『紅海』、三番目に『グラディエーター』、四番目に『バトルシップ』を見た。

前の席の女性が座席を大きく倒して来て不愉快だったが、幸いにも隣の席に横浜のSさんが座ったので、楽しく会話が出来てめちゃ楽しかった。彼女は市民ランナーでマラソンのタイムは四時間ちょっと、もうじきサブフォーを達成するかも？　ナイキのヴェイパーフライ四％のシューズに代えたらサブフォー確実だね。

旅の思い出一一月二四日（土）七日目

成田空港に九時四五分に無事に着陸、ホッとしました。

今回の海外旅行は、出発の五日前から風邪をひいて体調が最悪のまま出発し、一八日の初日はアムステルダムまで一二時間、ダブリン行きに乗るまで約六時間寒い空港で過ごした為に、風邪をこじらせてしまった。

相変わらずアイルランドのホテルの朝食を除いた食事はイマイチで、美味しく感じたのはランチの一回だけでした。でもビールが美味しくて助かりましたよ。

北アイルランドとアイルランドの宗教対立、英国がEUから離脱すると北アイルランドとアイルランドに国境が敷かれるのかどうかも興味深いです。

今回の旅でジャガイモ飢饉、タイタニック号のことについて改めて勉強出来たのも大きな収穫でした。

今回のアイルランド、北アイルランドの旅で百八ヵ国・地域で八二回目（個人が五三回、家族で二九回）の海外旅行でした。

来年中にはサンマリノ共和国、アンドラ公国の二ヵ所を除いて欧州を制覇したいです。あとはアフリカ、中南米、カリブの小国、南太平洋の島国などを訪れたいね。イスラム圏は一部を除いて、治安の面で暫くは中止です。

だんだん行くところが狭まってトホホ。来年には年号も変わるし、百ヵ国・地域も超えたので『YOのワールドジャーニー　第二弾』を出版予定にしています。

二〇一九年一月　個人海外旅行 No.48
《ブルガリア、マケドニア、アルバニア、コソボ、モンテネグロ、ボスニア、セルビア》

◎旅の思い出　一月二三日（水）一日目
真夜中に田舎の仲間から英訳を頼まれて、あと一時間しかないと言われて、トホホな夢を見て一時一五分に起床、部屋の温度は一四度。四時五分にお風呂へ、今朝の体重は六八・四キロで、体脂肪は三四％でした。

鴨宮駅を六時三三分、横浜経由、羽田に八時一〇分に到着、直ぐに団体カウンターへ。

ＡＮＡ国際チェックインへ、前日に通路側の座席を予約していたので助かりました。

一二八〇二円で、百ユーロと両替ですわ。

羽田発一一時二〇分にフランクフルトへ約一二時間二〇分の辛抱ですわ。

機内では映画『散り椿』を鑑賞、機内食のランチはチキンカレーで美味しかった。

二番目の映画は香港映画の『ザ・アイランド』、三番目はフランス映画『みんなで一緒に暮らしたら』、四番目は『日々是好日』、五番目は『コーヒーがさめないうちに』。

フランクフルトに一五時四〇分に到着。

フランクフルト一九時発でブルガリアのソフィアにＧＯ！　ソフィアに二二時五分に着陸、専用バスでマリネラホテルへ。

二三時にホテルにイン。

バスタブで疲れを取って二四時にベッドイン。今日は滅茶苦茶に疲れました～。

◎旅の思い出　一月二四日（木）二日目
昨晩は二四時二〇分に眠り、今朝は四時二〇分に起床、睡眠は僅かに四時間だけ、六時半に朝食、七時に小雨、気温は五度。

六時にバスで出発、最初はブルガリアのソフィアの市内観光です。

アレクサンドル・ネフスキー寺院からスタートです。説明が聞こえないと思ったらレシーバーをバスの中に忘れて、失敗、失敗。しょうがないので添乗員さんと現地ガイドさんの側で聞いていました。添乗員さんがあまりにも僕が近づいて行ったので何？　と怖い顔で……レシーバーを忘れたのでと弁解を……ここの寺院は二〇一五年九月に訪れているので、これで二度目です。外観に圧倒されます。

二番目に聖ソフィア教会、聖ニコライ教会、王立博物館と国立劇場は外観だけ。

次はゲオルク教会、最後にボヤナ教会へ入場、二度目なので感動は無かった。

バスで二時間半リラへ。

昼食はレストランでマスのグリル料理でした。川魚なので味はイマイチ。

リラの僧院に入場。山奥に四階建ての建物で白のストライプがめちゃ目立つので、来て直ぐ、以前に訪れたことを思い出しました。

その後はお隣のマケドニアの首都スコピエへ約四時間の移動です。国境越えは出入国に時間がかかって滅茶苦茶に疲れます。トイレにも行けずトホホ。

やっと七時頃にホテルに到着、ディナーはローストポークでビールは二ユーロでした。

途中で男性の一人が顔面蒼白に、レストランの端に運ばれて床に……。僕は添乗員さんに、お医者さんを呼ばなくて良いの？　と言うと、呼んでも容態を説明できない、と冷たく無視されてトホホ。何事も無かったら良いのにと思い、部屋に戻る。

バスタブには栓が無く、持参した応急措置の栓を当ててお湯を入れ、やっとバスタブに横たわって疲れが取れました。

今回のメンバーは男性が一三名、女性が四名、計一七名、珍しくも全員が個人参加です。

九時にベッドイン、海の地政学の本を少し読んで九時半に眠りに……ｚｚｚ。

◎旅の思い出　一月二五日（金）三日目

真夜中の二四時半に目覚め、正味三時間しか眠れなかった。サバ缶で日本酒を一杯、二時にまたベッドイン、五時に目覚ましで起きる。五時五〇分、外はみぞれで滑る、滑る。

昨晩レストランで顔面蒼白になった人とレストラン前で会った。元気そうで良かった。病気じゃなく、疲れで体調が悪かったみたいでホッとしました。

六時に朝食、七時半にバスで国境を越えてコソボのプリズレンへＧＯ、約三時間の移動です。外は一度。

八時二〇分には国境へ到着、八時五〇分にコソボに入国。

一〇時にガソリンスタンドでトイレ休憩。現地ガイドのミーナさんと合流、プリズレンを散策。

ランチはティファニーレストランで、釜で焼きたてのパンがめちゃ美味しい。鶏の胸肉の焼き鳥がまた美味しい。弘前のＯさんと同席して名刺を手渡しました。そうそう彼の前にも名古屋の博学のＮさんにも名刺を手渡ししました。

昼食後にデチャニ修道院へ入場見学後にスコピエへ戻りました。

バスで四時間、七時五〇分にやっとホテルに到着。

夕食は八時一五分から九時一五分まで。

ディナー後、レストランの入り口にピアノがあったので悪戯で弾いてみました。弘前のＯさんが丁度通りかかって左手が遊んでいるよと言われてトホホ、やっぱり自分のピアノでないと気分が出ないよと負け惜しみ。

いやあ～コソボは物価が安くてユーロも使えるのでグーでした。お土産もたっぷり買って言うことなし。

九時半にベッドイン、お休みなさい。

◎旅の思い出　一月二六日（土）四日目
真夜中の一時四〇分に起床、二時に紅茶を沸かしてブレッドを食べてからお風呂へ、六時に朝食、パンとハムと卵焼きを紅茶で……。

八時に出発、朝からマケドニアの首都スコピエの市内観光です。

最初にマケドニア広場へ、あちこちに像が乱立していました。

タイル張りの道路は雪の為に、滑る、滑る、野良犬が何匹も寄って来てヤバイです。

広場をぐるりとまわって、最後はあのマザーテレサさんの博物館へGO。インド貧民層の中に入り、貧しい人たちを助け続けた人生はまさにノーベル平和賞に値します。

ランチは子牛のフィレとビールで、食後はバルカンのエルサレムと言われるオフリドのサミュエル要塞へ。ランチ後、直ぐの要塞見学はつらいです。

聖ヨハネカネヨ教会を見てからアルバニアのベラートに着いたのが八時で、ディナーは八時半に、鯛のグリルとビールで頂きました。

一〇時半にシャワーを浴びベッドイン、読書を三〇分間だけ、今日も疲れた。

2019年1月　マケドニアにて

◎旅の思い出　一月二七日（日）五日目
今朝は三時に起床、パンと紅茶を頂く。ニュースでは大坂なおみさんが全豪オープンテニスで優勝した画面を流していて嬉しいね。四時に今回の旅のコースをチェック、五時から読書、七時に朝食。

八時半に出発、千の窓を持つ街へGO。最初はベラート城へ。

お城から出て見晴台まで、下の街を覗くと沢山の住宅の窓が見える。壮観だ。

観光後、アルバニアのベラートから首都のティラナへ約二時間半。

到着してランチはムサカをビールで頂く。食後はティラナの市内観光で大聖堂、スカンデルベルク広場を散策。

観光後にモンテネグロのポドコリッツアへ、三時間の移動です。トイレ休憩をはさんで五時半に国境を出国、六時二〇分に入国です。

七時にホテル到着、八時にホテルでディナー、ポークステーキ＋ビールで頂きました。

九時一〇分にベッドイン、今日も疲れた〜。

参加者が一七名なのでバスの座席を二つ使えるのでまだ楽だが、毎日毎日の国境移動は流石に苦痛ですわ。

◎旅の思い出　一月二八日（月）六日目
真夜中の二時二〇分に起床、ＴＶを消して寝たら、会社のベンディングマシーンに入っているジュースを飲んだら冷たくない。担当の女の子に聞いたら今日入れた分だって。海外旅行中なのに、会社の夢を見るなんてトホホ。

四時四〇分、身体がクタクタ、七時に朝食、八時に出発で最悪ですわ。せめて食事から出発まではニ時間欲しいね。短くても一時間半はないとねえ、トイレに行く暇もないじゃない。

今朝はモンテネグロのポドゴリッツアからオストログの修道院へ行きます。狭いガタガタの山道を登って、途中でミニバンに乗り換えて、断崖絶壁にへばりついて建てられた修道院へ入場する。外は小雨で寒い、まあ一見の価値ありかな？　自由時間が長くて近くの売店で時間をつぶす。これだったら八時半に出発しても良かったのにねえ〜。混んでいる時は並ばなくちゃならないので早めに来たとのことでした。本当かいな？

ランチはレストランでビーフ料理でした。

ランチ後にバスで六時間移動するのでビールは止めときました。

ランチ後一二時に出発、オストログからボスニアの首都サラエボに国境越えです。

名古屋のNさんがバスのトイレを利用したらドライバーさんが激怒。添乗員さんは昨日、最悪の時にはバスのトイレを使って良いと言っていたのに……。添乗員さんは使うなら前もって言って欲しかったとNさんに注意をしたので一見険悪なムードに。僕も小が近いので、せめて一時間おきにトイレに寄ってくれないとねえ～。僕は普段だったら四五分でトイレに行きたいところ、バスの中でもコートを着て汗をかくようにしたりして涙ぐましい努力をしているのです。僕よりも近い人がいて大助かりですわ。男なら青空トイレでも全然OKだけど、女性は大変。でなくても年配者が多いので、せめて一時間間隔でトイレに寄ってほしいねえ……。

七時頃、ホテルの側まで来たがドライバーさんが道を完全に覚えておらず三〇分もぐるぐる回る。ホテルに電話して、音声ナビでやっとホテルの場所を確認してホッ。

ホテル・ハリウッドを探している間に、またまたNさんが漏れちゃうと女性添乗員さんへ哀願、やっと小さな路肩を見つけてバスを停めて滑り込みセーフでめでたし、めでたし。（笑い）

ホテルのロビーに入ったら見た顔が……。

去年の一一月にアイルランドでご一緒した男性がオウと声をかけて来て超びっくりです。

海外で、旅のお仲間と旅先で会うのは三回目ですわ。

九時頃TVでイランと日本のサッカー試合が放送されていて、日本が一点入れたところでベッドイン、今日も疲れたぜ。

◎旅の思い出　一月二九日（火）七日目

真夜中の二時三〇分に起床、TV、読書、四時二〇分にトイレ、六時半の朝食時に昨日アイルランドでご一緒した彼が我がテーブルに来て一緒に食事を。

八時一五分にサラエボの観光です。

最初はラティンスキー橋からの見学です。

この橋の側でセルビアの青年がオーストリアの皇太子夫妻を射殺、これが第一次世界大戦に繋がりました。ここボスニアヘルツェゴビナのサラエボも二度目なので大きな感動は無かった。

サラエボからヴィシュグラードへ、約二時間の移動ですわ。

ランチは鱒のグリルとビールで、川魚なので味は淡白でした。

ランチ後に観光、ソコルルメフメドバシャ橋の観光です。

一時五〇分に出発、セルビアのベオグラードへ約五時間かけて国境越えですわ。

夕方六時頃にガソリンスタンドのトイレを借りようとしたが断られ、二件目も使えずに六時一五分にやっと別のガソリンスタンドへ、やっと借りられてホッ、有り難かったのでお菓子を購入する。

七時四五分にホテルに到着、このホテルに二連泊です。

夕食はチキン料理とビールで、九時半にベッドイン。

今日も疲れました。

◎旅の思い出　一月三〇日（水）八日目
今朝は早朝の二時二〇分に起床、紅茶二杯とケーキを。三時半にシャワーを浴び、『海の地政学』を読み終えて、『家康　江戸を建てる』の文庫本を読み始める。

六時に朝食、八時半に出発、ベオグラード市内観光です。

旧市街、旧ユーゴスラビア歴史博物館、チトーの花の家、博物館の中のマスゲームの写真はまるで北朝鮮そっくり。

ランチはキャベツの酢漬けと子牛のグリルとビールで、ランチ後はセルビア第二の都市であるノヴィサドへGO。

ベオグラード要塞の多数の兵器の陳列を見てやっと思い出しましたよ、セルビアもこれで二度目だからねえ。要塞の上からサバ川とドナウ川の合流点も見て来ました。

夕方にベオグラードに戻りレストランで夕食ですわ。メニューはミックスグリル、数種のお肉とソーセージとビールで頂きました。レストランは隠れ家的なレストランで良いのだが、トイレが一個しかなくて信じられない。ここでも青空トイレですわ。

レストランの女の子にセルビアのコインを紙幣と両替してもらいました。僕は旅行した先のコインコレクターだからね。

七時四五分にホテルに到着。

教訓、次の旅行には塩、胡椒を持参のこと。

何故って料理の味付けがどこもイマイチだからねえ〜。

八時四〇分にベッドイン。

◎旅の思い出　一月三一日（木）九日目
真夜中の一時に起床、二時にシャワー、読書、朝食、四時一五分に出発、バスで空港へ。

五時四〇分腹痛、トイレへ。最後の最後に腹痛を起こすなんてトホホ。

ベオグラードを六時五〇分に出発予定が一時間半遅れて出発し、ドイツのフランクフルトへ。

フランクフルト発一一時半も一時間ほど雪の為に遅れて出発、地上は雪だが上空は晴れていてびっくり。約一一時間の辛抱ですわ。

早速に映画鑑賞です。①イタリア映画で『霧の中の少女』を見る。
②『バッドタイム・アット・ザ・ロイアル』
③『サニー強い気持ち、強い愛』の三本を見て過ごしていました。
流石に狭い機内の座席での一一時間は苦痛の時間ですわ。機内の楽しみは食事とビールだけです。ひたすら我慢、我慢。

◎旅の思い出　二月一〇日（金）一〇日目
羽田空港に朝六時五五分に到着予定が遅れ、七時三七分にドスンと着陸、オイオイ乱暴だなあ～。でもまあ無事に日本に戻れて嬉しいです。

去年の一月にマケドニア、アルバニアに行く為に一度出国したが成田空港が雪の為にトルコ航空が成田に着陸出来ず、結局はＨＩＳが旅行中止を決めて行けなかったのですわ。でも今回は幸いにも行けて良かったですわ。

今回の旅行は累計で八三回目、訪問国・地域を含めると一一一ヵ国になります。

さてさて次は何処の国に行こうかな？？？

二〇一九年三月　家族海外旅行№30《中国・西安》

◎旅の思い出　三月八日（金）一日目

真夜中の一時四五分に起床、直ぐに囲碁、将棋のお勉強を。四時一五分にお風呂へ、今朝の体重は六八キロで体脂肪は三五・六％でした。体調を崩すとヤバイので、朝食は抜きですわ。

自宅を九時五〇分に出て大船駅から成田エクスプレスで第二ターミナルへ。一時に到着、団体窓口に行ってから両替しマックで軽いランチを……。

成田発一六時五五分の出発が三〇分遅れ、上海に一九時三五分着が少し遅れて二〇時過ぎにやっと到着。

バスで空港に到着したら、空港のスタッフが西安、西安と叫び、我々グループ一六名を連れて入国審査、指紋をとられたが半数は成功、半数はＯＫが出ずにイライラＭＡＸ、やっと入国出来て西安行きのゲートまで早足で進む、進む。

長女がバスに乗り込む前に、パスポートが無いとバッグの中を調べたがなかなか見つからずパニックに……。落ち着いてバッグの中をもう一度探したら、と妻のアドバイスが効いたのかやっと見つかってホッ。

トイレに行く暇もなく、二一時過ぎに西安行きの飛行機に乗り込んでホッ。飛行機の中では子供がぎゃあ、ぎゃあ泣いて、五月蝿くて最悪でした。

約三時間後に西安に到着。

深夜にバスで西安金花大酒店に二五時四〇分に到着。七一七号、七一八号に。

入室してバスタブに入り、今日は滅茶苦茶に疲れました〜。

真夜中の二六時（二時）にベッドイン、疲れ過ぎでしたよ。

◎旅の思い出　三月九日（土）二日目
六時に起床、七時にモーニングコール、朝食を、白粥を二杯、肉饅一個、果物、胡桃で終了、食べ過ぎると調子を崩すので少なめで終了。

七時半に外へ。ホテルの前の道を歩いて、歩道橋を通って道路の向こう側へ……約一五分の軽いジョギングを。

部屋に戻って来てトイレへ。使用した紙は便器に流さないでだって。

その後はバスタブに入って汗を流し、髭剃りを、その後ベッドの上で読書ですわ。

九時二〇分にロビーに集合、九時半にバスで市内観光を……。

最初は西北大学博物館へ。日本と長安の歴史をお勉強、その次は西の門を見学です。

西安には東西南北に大きな門があって巨大です。敵が攻めてくると、最初の門と二番目の門を閉めて敵が逃げられないように、亀を生け捕りにするような戦法、中国人は頭が良いです。

午前の観光を終えてから中華麺料理のランチです。味はイマイチ、麺料理なのでビールは注文せず、レストランのお店で兵馬俑の兵の像を自分にオミヤゲとして購入です。

食後は今回の旅の一番の目的である世界遺産の兵馬俑坑の見学です。

兵馬俑の前で記念写真を……体育館（二三〇メートル×六二メートル）の中に入ると沢山の

観光客が二重、三重に囲って写真を撮っていました。我々も負けまいと前列まで行って写真を……。その後に右回りし現地ガイドさんのカクさんの説明を聞きながら進む。感激ですわ。四時半に見学終了し中国初代皇帝、秦の始皇帝稜のモニュメントの前で説明を聞いてから五時にホテルへ出発です。

夕食はホテルのレストランで、一六名なので八名の丸テーブル二個を使っての食事です。ビールは三〇元、二本で六〇元でした。ちなみに一元は一七円でした。

夕食後は現地オプションの唐歌舞ショーの観賞で八名が参加、僕たちは滅茶苦茶疲れていたので不参加でした。

食事は七時に終了し、ホテルの側を散策です。

部屋を出る時に少し眩暈が……家族四人で出かけたが僕だけ体調が悪いので一人ホテルに戻ることに……。コンビニで青島ビールを購入して、ホテルに戻りベッドで横になっていました。お風呂に入って七時五〇分に、ベッドイン。今日も疲れました。

◎旅の思い出　三月一〇日（日）三日目

真夜中の一二時一五分に起床、六時に朝食、

今朝もお粥を二杯、肉饅一個、果物で終了し、朝のジョギングに……七分走った頃にトイレに行きたくなって即行、ホテルのロビーのトイレにギリギリセーフでホッ。

八時三〇分にロビーに集合、今回のメンバーは夫婦が二組、母と娘のペアが二組、女性のお友達ペアが二組で我々家族が四名で計一六名でした。中国は丸いテーブルに八名が座るので一六名

2019年3月　中国・西安・兵馬俑で

のツアーが多いって……さ。

今日は西安市内観光で、最初に行ったのが興慶宮公園です。

公園前でバスを降りたら中国人の小父さん、小母さんたちが沢山、それぞれグループを作って音楽に合わせて踊っていました。傘を差して踊ったり男女が腕を組んで踊ったり、みんな楽しんでいて羨ましいねぇ〜。

最初にバドミントンコートの側に阿倍仲麻呂の碑があって李白が彼の為に詠んだ詩が石碑に彫られていました。

二番目は工芸品店に。最初は学芸員の人がお宝を説明して、最後にこの瑪瑙《めのう》の色違いのお皿二個と小さい屏風と置物二個で二五万円だって、僕は興味がないし我が家にはそれを飾るスペースも無いのでやんわりお断りを……買え、買え、安い、安い、ともう押し売り状態でトホホ。宝石で作られた碁石を見ていたら、これは六万円で良いと五月蝿く勧められて逃げ回っていましたよ。

三番目は博物館へ。

午後一時に四川料理店へ、滅茶苦茶辛くてトホホ。ビールを頼んだが食事の途中でテーブルの料理を取ろうとしてお箸をビールのコップにぶつけて三分の一をジーパンの上にこぼしちゃって最悪だ。

午後からは雨の中、空海が学んだ青龍寺へ。ここは四国八八ヵ所めぐりの〇番札所だって、知らなかった～。帰りに朱印帳を貰いました。

次はあの三蔵法師が経典を翻訳した高さ六四メートル、二四八段の大雁塔を見に行きました。七階の塔に登るのに一人二五元支払って急な螺旋階段を登りました。登るのも下るのも一苦労でめちゃくちゃ疲れ果てってましたよ。

最後は絨毯店へ。もう時間が無くなって宝石店は中止に……。

ディナーは名物餃子宴のお店へ。ビールはコップ一杯はサービスだって、前菜の後に一四種類も餃子が出て一〇個目でギブアップ。

食事の後は西安の夜景とナイト散策へ。一人二六〇元（四五〇〇円）支払って夜の観光です。色とりどりのイルミネーションで滅茶苦茶に綺麗でした。秦の始皇帝、則天武后のモニュメントも見て大大満足でした。

九時にホテルに到着、一〇分にバスタブに入り、九時二〇分にベッドイン、今日も疲れた。

二〇一九年三月　家族海外旅行 №30
《中国・西安》

◎旅の思い出　三月四日（月）四日目
二時四五分に起床、紅茶を沸かして飲む。

五時半にお弁当を貰ってホテルを出発です。

西安を八時に出発予定が一時間遅れて出発し、上海に一時間弱遅れで到着。

上海出発時間までもう四五分しかないです。焦った、焦った。上海で荷物検査して僕は問題なく通り、次は長女が通って来たが後ろの方で妻が「パスポート！」と長女を呼んで手渡す。長女が荷物入れにパスポートを忘れて通過したのだが、幸い後ろに妻がいてくれてラッキーでした。パスポートを忘れるなんて、もうそれだけで僕の胃がキュンと……もう勘弁してよ。まあ僕も人のことは言えないがねえ。急いで成田行きのゲートに向かうも広過ぎてヤバイです。空港のスタッフに聞いたら、ここに並んでと言われ、僕たちの順番が来たら、ここじゃない、戻ってとスタッフからご免なさいと謝れても……大急ぎで戻りやっとゲートを見つけてトイレに寄ってからバスに乗ってホッ。

飛行機も約一時間遅れてやっと飛んでくれました。

四時に成田にドスンと乱暴に着陸。出て来たスーツケースの底が四ヵ所と底の角にも数個の亀裂が、ヤバイです。スタッフにクレームを、保険で直して下さいと言われ、書類を書いてもらいました。

五時一九分の成田エクスプレスに乗車、太陽がめちゃ大きくて夕焼けが強烈に美しかった。

初回の五〇歳から続けてきた家族海外旅行も二五年で延べ三〇回、個人も含めると計八四回目の海外旅行も無事に行けました。

我が旅行記、第二弾は五四回から区切りの良い八五回迄を出版する予定です。

今回もパスポートが見つからないと三度も言われ胃がキリキリ、最後にパスポートを忘れて通過するなんて……。

でも、でも終わってみると、楽しかった思い出だけが残ります。

二〇一九年五月　個人海外旅行 No.49《ブルネイ、マレーシア・コタキナバル》

◎旅の思い出　五月五日（日）一日目
朝の三時五〇分に起きて、直ぐにバスタブにお湯を入れながら将棋と囲碁のお勉強を、二〇分後にお風呂に、今朝の体重は六八・四キロで体脂肪は三五％でした。

四時四五分に外へ、五時一分の電車で大船へ、六時四分の成田エクスプレスで成田空港第一ターミナル、九時に阪急カウンターへ。

今回のメンバーは三四名で個人参加が八名だって……。

一一時四五分にロイヤルブルネイ航空にてブルネイ・バンダルスリブガワンへ、六時間二五分の辛抱です。

見たかった映画の『アクアマン』を見て過ごしていました。

一七時一〇分に到着し、ブルネイに入国せずに乗り継ぎを。

六時二〇分に出発し、六時四五分にマレーシアのコタキナバルへ到着し、バスの中で両替を。

五千円で一七〇リギットでした。

ホテルに行く前に市内のレストランへ、ニョニャ料理で懐かしいです。

二〇一一年に家族海外旅行でベトナム、マレーシア、シンガポールに行った時に食べたマレーシア料理で美味しかった。

八時四五分にレストランを出発しプロムナードホテルへ。

近くのコンビニでビールとお菓子を購入し、九時一〇分に六三六号室へ。

バスタブで疲れを取って日本酒と冷たいビールで一人乾杯を。『空海』の本を読みCNNを聞きながら一〇時三〇分頃に眠りに落ちた。

◎旅の思い出　五月六日（月）二日目
二時三〇分に起床、TVをつけながら『眠れないほど面白い空海の生涯』の本を読んでいました。三時にトイレ、お風呂、髭剃り、また読書、やっと分厚い『空海』の本を読み終えました。ふぅ。この本はめちゃ面白く、当時の歴代天皇、遣唐使、昔の長安、日本の仏教などなどの情報がたっぷりつまった本で皆様にもお勧めです。

六時半に朝食、おかゆ、お肉、果物、ピーナッツなどを頂きました。テーブルに塩が無くてトホホ。

六時四五分に外へ出て、七時まで軽いラン。バスタイム、トイレ、七時半にロビーに集合、世界遺産のキナバル国立公園観光へGO。

マレーシアで一番高いキナバル山（四〇九五メートル）の四合目までバスで登って行く。頂上の付近に雲がかかっていて残念。

植物園では世界で二番目に小さなランも見学。その後に四つのキャノピーウォーク（つり橋を渡る）。外の気温は三〇度以上もあり、汗が目に入って痛い。五リンギットを支払い、写真を撮ってもらう。つり橋はめちゃ揺れて怖いです。キャノピーウォークだけで疲労困憊して情けないです。

キナバル山公園を去る数分前にやっと頂上の雲が移動して山頂がくっきり見えてラッキー。現地添乗員のカール（カーラナ）さんに写真を撮ってもらう。公園内ではTONGKAT・ALIも売られていて貴重な木なので購入しようとしたが、僕にはまだ必要ないので購入せず。いや将来の為に購入した方が良かったのかも？

ポーリン温泉の足湯で疲れを取り一時半にランチ＋ビールも。あの世界一大きな花（ラクレシア）も三〇リンギット支払い観賞。

三時四〇分に出発、特にキナバル山頂の形が素晴らしく何度もバスの中から撮影をしていました。綺麗な全景が見られて本当に良かったですわ。

七時に夕食、ビールが大瓶しかなくて注文せず、八時にホテルに戻ってからバスタブに浸かり、やっとアルコールを飲みながら読書して疲れを取っていました。

九時頃に睡眠、今日はめちゃ疲れた～。

◎旅の思い出　五月七日（火）三日目
真夜中の二四時に目覚め、まだ早いのでまた眠りに……二時に起床、ＴＶも見ながら読書です。六時半に朝食、ボーイさんに塩を借りてお粥、羊の肉と果物（スイカ、メロン）で頂きました。今朝の食事は超シンプル。

食後はベッドの上で読書、八時に着替えて一階レストランの前にあるプールにGO、超久しぶりのスイムなのでエキササイズを一〇分も……外は三〇度弱位でプールの中は超気持ちが良い。長さは二〇メートル弱と超短いのでターンばっかり。プールの真ん中で、空を見ながらただ浮いているだけ。約一時間、累計で七五〇メートル？泳ぎました。

僕の最近の目標はミニトライアスロンの距離である、スイムが七五〇メートル、バイクが二〇キロ、ランが五キロの体力を維持することなので、今日は細切れだが七五〇メートルならなんとか行けそう。バイクも二〇キロなら問題ないが、最後のラン五キロはヤバイです。何故って最近は囲碁、将棋に時間を傾注し過ぎてランまで時間的な余裕がないのですわ。如何にランの時間を作るかが当面の課題だねえ〜。

プールから上がってバスタブで疲れを取ってまた読書です。

一二時三〇分に集合してまずはレストランへ。美味しかった春巻きを齧った瞬間に箸までガリっと噛んで前の歯が二ミリ程欠けちゃってトホホ、ツイテイナイ。

食後はコタキナバルの市内観光です。

まずは最初サバ州の市役所、ユニークなヤヤサンバ財団の建物、市立モスク、普蛇寺、チョコレートのお店、民芸品店、市場見学。とにかく暑い暑い。気温は三三度強位で眩暈がしそう。

綺麗な夕陽を拝んでからディナー、民族舞踊ショーを見る。最後は首狩族のバンブーダンスで終わり。小母様二人連れに自己紹介。

2019年5月　ブルネイ王国にて

八時過ぎにホテルに戻り、近くのスーパーでビールをゲット。部屋に戻ったらルームクリーニングの女性スタッフからメッセージが、枕銭を五ドル置いて、八時五〇分から読書、そのまま眠りに。ｚｚｚ。

◎旅の思い出　五月八日（水）四日目

真夜中の一時半に目覚め、読書、四時にバスタイム、髭剃り、五時四五分にホテルのレストランで弁当を貰い、軽く少しだけ頂いた。

六時半にホテルを出発し空港へ。

八時四〇分コタキナバル発ブルネイ航空で、ブルネイ、アンダルスリブガワンへ九時二〇分に到着。

早速ブルネイ観光です。

最初はジャメ・アスル・ハッサナル・ボルキアモスクへ。外から写真を撮り、次はバカでかい王宮へＧＯ。

王族は一四名でブルネイの富の八〇％を保

有、使用人が千名、兵隊が千名、高級車を七千台所有、殺人事件は一年間に一回、あるか無いかだそうで治安は良かった。

三番目はコタ、バトゥ、ヘリテージパークへ。

一二時にランチでメニューは中華料理でした。

食後はロイヤルガリア博物館へ、ふと見ると左手の内側にミミズ腫れがヤバイ、蚊じゃないし食物アレルギーかも知れないと現地の添乗員さんが……。

夕方の五時に今回のハイライトである七つ星のエンパイアホテルへ到着。

ロビーは五階、別棟が五棟以上もあって逆に不便でした。五四二九号室は五棟のラグーン、四二九号室で部屋がでかくてバスルーム、シャワールーム、トイレも広すぎだ。

夕食はホテルのレストランで広東料理でした。イスラムの国では食事中にお酒が飲めないのが難点だねえ〜。

食後にバスタブに再度浸かって、部屋でビールと日本酒を飲んで、九時半に眠りに……。

◎旅の思い出　五月九日（木）五日目
二時一五分に起床、早速お風呂に。三時一五分に読書、少し眠って四時四五分に起きる。

六時半に朝食、だだっ広いレストランで一人紅茶とお肉と果物を頂きながら数独を。

食後は一階の庭園を散歩してプールを見学しに行ったらでかいプールが。長さが約百メートルもあって凄いです。部屋に戻って着替えしてプールに。念入りにエキササイズして九時から泳ぎ始める。途中でお仲間のご夫妻が来た。百メートル泳いで休憩、また百メートル、と累計で七五〇メートル程、約一時間泳いで気分は爽快。

一〇過ぎに部屋に戻りバスタブにドボン、その後に荷物の整理を。

一一時二〇分にフロントに電話してバギーを頼んだが一〇分経過しても来ないのでスーツケースをゴロゴロ運んでふぅ。ロビーでクレームを。サービス悪いよ、七つ星は返上だね、ただ広いだけでした。

一一時半にホテルを出発し、中華レストランへ。チキンから揚げが美味しかった。

昼食後はマングローブ・リバークルーズに。お目当ての天狗猿は見えず、小さなモンキーが動くのを遠くから見ただけ。ボートを停めると気温が急上昇、暑い、暑い。

暫く居たが次は水上集落へ。

あるお宅に訪問、お宅に入って直ぐに強烈なスコールで、移動の途中で無かったので良かった。川の上なのにリビングにはシャンデリアがあって豪華なお住まいでしたよ。紅茶とお菓子を振舞われたが僕はパスしといた。食べ慣れないものを食べて腹痛になるのは嫌だからね。一時間、スコールが止むまでお宅で待機していました。

三時五〇分、次は民芸品店で三〇分、欲しいものはゼロでした。

四時半から五時までナイトマーケットを散策。

七時にレストランで鍋料理とスイカジュース、量が多くてすぐに満腹になって苦しい。僕だけお店を出て付近のネコちゃんと戯れていました。

八時にニューモスク、二五分にオールドモスクの夜景を見て写真タイム。

観光を全て終えて空港へ九時頃に到着。

航空券を貰って、入ろうとしたら明日の夕方に来いと言われ、出発は一〇日の〇〇・三五分なのに入れてくれず、現地添乗員さんにクレームを。カウンターに行ったらこの搭乗券で問題ないと言われ添乗員と入り口のスタッフの所に行ったら今度は通してくれてホッ。オイオイ困るよ、そんな初歩的なミスをするスタッフでは。

ブルネイから成田までの所要時間は約六時間です。飛行機の座席に座って直ぐに爆睡して気がついたら四時間が経過していました。

◎旅の思い出　五月一〇日（金）六日目
バンダルスリブガワンを飛び立って直ぐに眠りに落ちて四時間が経過し、あと僅か二時間で成田です。朝食が出て食べ終わってあと一時間半。

今回は一度もお腹の調子が悪くならなかったのでめちゃ助かりましたよ。

成田空港に七時一〇分に着陸し、直ぐにスーツケースも出て来て、七時四三分の成田エクスプレスで一〇時五〇分に無事帰宅出来ました。

マレーシア、ブルネイは丁度ラマダンの時期にぶつかって町はどこも閑散としていました。外は三〇度を越えて滅茶苦茶に暑かった。

食事もニョニャ料理、中華料理と美味しくて、難点はレストランでお酒が飲めなかったことくらいかな。イスラムの国なので少し心配したが、治安が良くて取り越し苦労でした。

今回のメンバーは僕と同年代の人が多くて、みんな元気なうちに旅行を楽しみたいとのことでした。

今回の旅行で訪問国・地域が一一二で八五回目の旅行が終わり、次は南カリブ海、太平洋のフィジー、ボツワナ、ニューカレドニアなどを予定していますが、とりあえず我が旅行記第二弾はブルネイ迄にします。

我が人生

その一

最近良く思うのは、自分の人生のことです。

一九四四年一月一五日、満州国牡丹江で誕生。

昭和二〇年八月一五日に日本が敗戦。満州の牡丹江から、ロシア兵に銃撃されながら命からがら逃げ、コロ島経由、舞鶴を経由して父の郷里、秋田県山本郡の片田舎の荷鮒に疎開をする。

貧しい生活が延々と続くも、どこの家庭もどっこいどっこい。小学低学年の時に一軒隣の料亭が大火で消失。夕方にランドセルを背負いいつでも逃げられる状態でガタガタと震えながら大火事を見ていた。

六年生の修学旅行は秋田市の動物園で大好きな猿にキャラメルをあげようと金網を掴んだ瞬間に猿がキャラメルよりも僕の左手の人差し指を齧って血が……僕もトンマで情けない。

中学で陸上競技とブラスバンドでトランペットにも挑戦したが、三年生の時に高校入試の為に敢え無く退部。中学の修学旅行は北海道。札幌のTV塔で腹痛が、診察の結果は急性盲腸炎で直ぐに手術を、当時は貧乏で父が知り合いからお金を借りて札幌まで来てくれた。一週間後に抜糸して、その後、洞爺湖温泉、函館市場などを見学しながら二ツ井町の家に無事帰宅。

高校は能代高校で、修学旅行は京都、奈良だった。

小学生時代からの夢は船乗りで、鳥羽商船高校か神戸商船高校に行きたかった。

僕の夢は客船の航海士になって世界各国を巡りたかったのです。生憎、視力と背丈が足りず、泣く泣く普通高校に入学する。

大学は千葉商科大学の経済学部へ、特待生を狙ったが僅が少し足りずがっくり。

大学時代は色々なアルバイトに明け暮れてサンケイ新聞の配達も……。就職先は池袋のキンカ堂に約百名の応募の中、僅か二名の内定に、一方兜町の八千代証券の営業にも内定を貰う。色々悩んだが証券マンに。

東京で座禅研修、名古屋市金山支店他、名古屋支店にも勤務、毎日、毎日飛び込みセールスを。一年後に直属の上司に僕の最大のお客様を取られちゃった〜。半年もかけてやっと獲得したお客様だったので、僕がプッツン切れちゃった。お前の下で仕事をやれるかと辞表を提出、今なら差し上げるのだが、当時は若かったし正義感から上司の行動を許せず、退職を決意する。約二百名のお客様から退職同意書と捺印を貰うのに数ヵ月を要した。

退職して東京にお住まいのゼミの菊池先生に報告したら、ある会社を紹介してくれた。本当にラッキーでした。

その二

大学のゼミの教授から紹介された会社に赴き、即入社を決定です。ちなみに会社の専務さんは僕の大学の先輩で、後輩の営業マンを希望してゼミの先生に声をかけていたらしい。

仕事は佃煮の販売営業で、東京から新潟県以北（北海道を除く）が僕のテリトリーで、月の半分は出張営業販売。その他、東京の築地、北千住の市場は電車で、関東地区は車で営業。

秋田県の問屋の一つからクレームがあり、営業部長から注意が。何が原因で嫌われたか原因も理由も解らずに営業部長と衝突し、退職を決意する。会社のコンサルタントが僕を気に入ってくれて退職を思い止まらせて、工場管理の仕事を勧められて渋々承知した。

工場の仕事は大勢のパートさんを使い、流れ作業の監督をしていました。米軍の携行コンバットレーション一四〇万食の作業を請け負って僕が担当に。米軍のインスペクターと拙い英語で意思疎通を。

会社の実績は以前は順調だったが、冷凍庫の過剰投資のお陰で一気に収益が不振に、とうとう給料の遅配が始まった……。怒った従業員たちはストライキを実施して仕事をボイコット。僕はお得意先との約束を守る為に、僕一人だけ仕事に邁進する。

バスを運転しパートさんを集め、仕事を監督し、仕事が終わったらパートさんを団地まで送る。仕事量が膨大なので、土日は高校生を百名近く集めて約一年間作業したが、仕事完了間近で会社が倒産。会社が倒産した翌日に長女が生まれる。

その三

会社は倒産するし子供は生まれるし波乱万丈のケースだったが、倒産前に仕事を投げずにほぼ完了まで頑張ったことを、お得意先の部長さん、課長さんに認められ、入社を誘われてラッキーでした。捨てる神あれば拾う神あり。

倒産しそうな会社から一転、業績の良い会社に誘われて工場の仕事を始める。今までのアパートから工場の一角を住まいにしてもらい、経済的に大いに助かりました。

四月に入社、夏のボーナスの多さに超びっくり、再度ラッキー。数年でパートさん四〇名、内職の小母さんたち、約百名の工場長を拝命する。

一番仕事を頑張った時期で超面白かった。

三七歳で小田原に一戸建ての新居をやっと建築購入出来ました。

次に新しい仕事を請負い、今度は別のコーディングセンターの所長（パートさん約一五〇名）を拝命する。

仕事が一段落して、今度は全く違う分野でミュージカル・キャッツの喫茶コーナーのマネジャーを拝命。大学生のアルバイト、男女合わせ八名ほどを使って約一年間、夢みたいな仕事で楽しかった。

その後またまた新しい仕事で食品ギフト商品の営業を拝命、新規開拓で年間一億円を売り上げるようにだって、この仕事は滅茶苦茶に大変でしたよ。

今度は新規商品を販売せよと無理な難題を、突きつけられてトホホ。四〇歳の頃には、毎日毎日悩んでいました。この苦境から脱出出来るヒントを、本屋さんで色んな本に求めました。

社長が代わりもっと最悪に。初めて社長に会った途端、直ぐに辞表を出せ、と無理難題を。

四〇代半ばまで頑張ったが社長との折り合いが悪く、家族会議をし、会社を辞めようと思う、生活が苦しくなるが数年我慢してくれ、と辞表を持って出社する。営業部長より短気になるなと諭されて渋々辞令を受け取る。でも本音、有り難かった。お陰で会社を辞めなくても済んだからねえ〜。

その四

新規のお得意様も増え新規商品も順調に販売出来たし、丁度五〇歳のとき、家族の話題作りを増やそうと初めて家族海外旅行を企画する。

三月にニューヨークとナイアガラの滝を見ようと計画したが、三月はまだ寒くてナイアガラは凍っていて流れる滝は見られないと言われる。それじゃとラスベガス、グランドキャニオンに決めました。初めての家族海外旅行はみんなが気に入ってくれて楽しかったので、毎年最低でも一回は実施しようと心に決めました。

五五歳になった時に部長から呼ばれ、役職定年ということで新たに生命保険の営業をしてくれと……ガビーン。青天の霹靂でした。何故って、僕は営業でも、生命保険と自動車と住宅の販売だけはしたくなかったのです。いやあ〜本当に落ち込みました。多分会社側は、営業不振で僕が会社を早々に退職するだろうと目論んでいたらしいが、東奔西走、七転び八起き、千三つの例え通り苦心惨憺、足が棒になるまで歩き回り一年半頑張る。目論見が外れた会社は、今度は配置転換してリース部へ。ここでも初めての仕事に四苦八苦、サラリーマンは本当に辛いよ。

その五

リース部では、パソコンで契約書を作成していたが、めちゃくちゃ古いソフトなので契約書の作成に二時間もかかって効率悪し。そこで新ソフトを提案し契約する。なんと三〇分で契約書が作成出来て、効率大幅アップに貢献出来て部員のみんながハッピー。

親会社、グループ会社のお陰で最後の二年半を無事に過ごせました。

直属の上司である副部長は、仕事のストレスでぼろぼろに。ランチはいつも二人で、僕はいつも彼の愚痴を聞く役目でした。そんなに辛いなら会社を辞めたらとアドバイスを……。

その後、僕が定年後に彼はガンで死亡。他人の忠告は聞くものだよねえ〜。

定年は二〇〇四年の一月末で、百日前からカウントダウンをしていました。（笑い）

その六

とうとう定年を無事に迎えることが出来て、本当にラッキーでした。

生まれて初めて花束を貰いました。挨拶して帰ろうとしたらコートを忘れて、会社に戻ったらみんなに笑われた。失敗、失敗、大失敗。

電車の網棚に大きな花束を、誰が見ても、あっ定年の人だと直ぐわかる。ちょっと恥ずかしいですわ。

二〇〇四年一月末に定年、三月にエジプトに家族旅行、六月には念願だったニューヨークへ短気語学留学、ホームステイ先は治安の悪いブルックリンだった。

二〇〇五年、家族でドイツ、個人でブラジル、アルゼンチン、パラグアイ。

二〇〇六年、家族でスペインとロシア。

二〇〇七年、家族でギリシャ、個人でトルコ、タイ。

歯のインプラント手術も無事に済んだので二〇〇八年、待望の世界一周クルーズに参加。誰にも気兼ねなく海外旅行が出来る幸せを嚙み締めていました。

二〇〇八〜二〇一三年（我が旅行記『ＹＯのワールドジャーニー』参照）

一方生活面では、
六〇歳の三月から、週二回のディナー調理を担当する。

六一歳の五月から合気道の講習会に参加。

六二歳から厚木の日米トライアスロンに参加する。九月末から我がブログ「定年バンザイ」をスタートする。

六三歳に荒川市民フルマラソンに参加。

六四歳に日産カップと東扇島でオリンピックデスタンスのトライアスロンに参加する。

同じく（二〇〇八年）七月に富士登山、初登頂と、人生フル回転！

その七

六五歳、幕張まで遠出してトライアスロンに参加、大雨の中での試合で大変でした。

六六歳、福島県のいわき市まで行って一泊し、第一回いわきマラソンに参加。タイムは五時間五〇分で、沿道の観客からエネルギーを貰ってやっと六時間を切れて嬉しいです。

同じ年の二月からヴァイオリン、五月からピアノ、両方とも若くて綺麗な先生に習う。

六七歳、第一回大阪マラソンの抽選に当たり参加する。ギリ七時間以内で完走出来てラッキー。タイムは六時間四一分、完走メダルも貰えて超嬉しかった。

六八歳、横浜八景島トライアスロンに参加する。

六九歳、三陸被災地復興応援ツアーに参加。

家族海外旅行では五〇歳から連続二〇年、二四回の家族海外旅行を実施出来ました。

七〇歳、秋田に帰省し、お袋様の介護を手伝う。

その八

七〇歳、フィリピン・マニラ短期語学留学。

タイ・パタヤ、再度タイ・プーケット、家族でパリ・モンサンミッシェルへ、フィリピン・マニラ・コレヒドール島、再度タイ・パタヤへ。

七一歳、小田原尊徳マラソン一〇キロに参加。

タイ、チェンマイ、ラオス、タイ・バンコク、再度タイ・バンコク、家族でスリランカのシギリヤロックへ、ブルガニア、ルーマニア。

同じ年の六月にAT小型限定二輪バイク免許を取得する。

ノンフィクション小説にも挑戦し執筆開始。

我が最愛のお袋様が九九歳でパスアウェイする。

七二歳、タイ・バンコク、家族でスイス・マッターホルンへ、個人でモンゴル、ミャンマー、カリブ海クルーズに参加、問題のてるみクラブでマルタ島へも。

七三歳、オーロラを見にアイスランド・英国に連続二八回目の家族海外旅行を実施。個人旅行ではタイ・バンコク、イスラエル、ヨルダン、パレスチナ、アゼルバイジャン、ジョージア、アルメニア、ウズベキスタン、キルギス、カザフスタン、ベラルーシ、ウクライナ、沿ドニエストル、モルドバへ。

七六回目の海外旅行で、念願の百を超えて百四ヵ国・地域を達成した記念に我が旅行記第二弾を執筆開始。

そうそう最近自分で自分の戒名をつけました。戒名は洋山雲海居士です。

今はまさにオマケの人生です。大きな病気もせず楽しい思い出も沢山できたし、なんら思い残すことはありません。

残された時間をどのように過ごすのか？　考えるだけでワクワクします。

七四歳、一月にモンテネグロ、アルバニア、マケドニアの旅行も大雪の為に飛行機が飛ばず成田空港に一泊するもすごすごと帰宅する。

四月に家族で中国、大連、旅順、金州へ。

個人で五月にイタリアのミラノ、ジェノバ、モナコ、エズ、ニース、ゴルド、アルル、アビニヨン、ポンジュガール、ミディ、カルカソンヌ、バルセロナへ。

六月に中国、張家界、武陵源、天門山へ。

九月にチュニジア、一一月にアイルランド、北アイルランドへ。

七五歳、一月にブルガリア、マケドニア、コソボ、アルバニア、モンテネグロ、ボスニア、セルビアへ。

三月に家族で中国・西安へ、個人で五月にブルネイとマレーシアのコタキナバルへ、同じく五月に島根県、鳥取県を家族で訪れて、僕も一都四六県、日本もやっと制覇が出来ました。

あとは我が親父さんの人生、七七歳まで生きることと、我が旅行記・第二弾と、私小説の完成が、僕の最後の望みです。

YO の ワールド ジャーニー　一覧

個：個人旅行
褒：会社のご褒美旅行
社：社内旅行
家：家族旅行

《第一弾》

No.	年月	年齢	旅行先	種類
1	1978 (S 53)　9月	34	初めての海外：インドネシア・バリ島	個 No.　1
2	1978 (S 53) 12月	34	ハワイ	褒 No.　1
3	1979 (S 54)　4月	35	香港・マカオ	個 No.　2
4	1980 (S 55)　9月	36	フィリピン（九死に一生のトラブル）	個 No.　3
5	1989 (H　1)　2月	45	香港	社 No.　2
6	1992 (H　4)　5月	48	サイパン・グアム・ロタ島	社 No.　3
7	1994 (H　6)　3月	50	初めての家族海外旅行：アメリカ・ラスベガス	家 No.　1
8	1994 (H　6)　9月	50	ハワイ	社 No.　4
9	1995 (H　7)　5月	51	アメリカ・ニューヨーク、カナダ	家 No.　2
10	1996 (H　8)　5月	52	オーストラリア・シドニー他	家 No.　3
11	1996 (H　8) 11月	52	中国・上海	社 No.　5
12	1997 (H　9)　1月	53	香港・マカオ	家 No.　4
13	1997 (H　9)　4月	53	イギリス、ベルギー、フランス	個 No.　4
14	1998 (H 10)　1月	54	イタリア、バチカン市国	家 No.　5
15	1998 (H 10) 11月	54	タイ　バンコク・パタヤ	社 No.　6
16	1999 (H 11)　1月	55	韓国・ソウル	家 No.　6
17	2000 (H 12)　1月	56	アメリカ・ロサンゼルス	家 No.　7
18	2001 (H 13)　1月	57	中国・北京	家 No.　8
19	2002 (H 14)　3月	58	台湾・台北	家 No.　9
20	2003 (H 15) 11月	59	カナダ・バンクーバー	家 No. 10
21	2004 (H 16)　3月	60	エジプト・カイロ他	家 No. 11
22	2004 (H 16)　6月	60	短期語学留学：アメリカ・ニューヨーク	個 No.　5
23	2005 (H 17)　1月	61	ドイツ	家 No. 12

No.	年月	年齢	旅行先	種類
24	2005 (H 17)　9月	61	ブラジル、アルゼンチン、パラグアイ	個 No.　6
25	2006 (H 18)　1月	62	スペイン	家 No. 13
26	2006 (H 18) 10月	62	ロシア	家 No. 14
27	2007 (H 19)　1月	63	ギリシャ	家 No. 15
28	2007 (H 19)　3月	63	トルコ	個 No.　7
29	2007 (H 19)　7月	63	タイ　バンコク・アユタヤ	家 No. 16
30	2008 (H 20)　1月	64	世界一周クルーズ：香港、ベトナム、シンガポール、セイシェル、ケニア、南アフリカ、ナミビア、ブラジル、アルゼンチン、南極大陸、チリ・イースター島、タヒチ、ニュージランド、オーストラリア、パプア・ニューギニア	個 No.　8
31	2008 (H 20) 11月	64	ドイツ、チェコ、スロバキア、ハンガリー、オーストリア	家 No. 17
32	2009 (H 21)　1月	65	イタリア　ピサ、ベニス	家 No. 18
33	2009 (H 21)　2月	65	メキシコ　メキシコシティー・カンクン	個 No.　9
34	2009 (H 21)　5月	65	デンマーク、ノルウエー、スウエーデン、フィンランド	家 No. 19
35	2009 (H 21)　9月	65	ペルー	家 No. 20
36	2009 (H 21) 10月	65	カンボジア、ベトナム	個 No. 10
37	2009 (H 21) 12月	65	インド	個 No. 11
38	2010 (H 22)　1月	66	ドイツ、リヒテンシュタイン、スイス、フランス・イギリス	個 No. 12
39	2010 (H 22)　8月	66	世界一周クルーズ二回目：ベトナム、シンガポール、マレーシア、インド、オマーン、エジプト、トルコ、ギリシャ、イタリア、フランス、スペイン、モロッコ、スペイン・カナリア諸島、キューバ、ジャマイカ、パナマ、ニカラグア、グアテマラ、メキシコ	個 No. 13
40	2010 (H 22) 11月	66	韓国・チェジュ島	家 No. 21
41	2011 (H 23)　1月	67	ネパール	個 No. 14
42	2011 (H 23)　4月	67	アメリカ　ボストン、フィラデルフィア、ワシントンDC	個 No. 15
43	2011 (H 23)　6月	67	短期語学留学：フィリピン・セブ島	個 No. 16
44	2011 (H 23)　7月	67	ベトナム、マレーシア、シンガポール	家 No. 22

YOの ワールド ジャーニー　一覧

No.	年月	年齢	旅行先	種類
45	2011（H 23）　9月	67	エストニア、ラトビア、リトアニア、ポーランド	個 No. 17
46	2011（H 23）11月	67	アラブ首長国連邦　ドバイ、アブダビ	個 No. 18
47	2011（H 23）12月	67	フィリピン・マニラ他	個 No. 19
48	2012（H 24）　1月	68	オランダ、ベルギー、ルクセンブルグ、ドイツ	個 No. 20
49	2012（H 24）　1月	68	ポルトガル、スペイン	個 No. 21
50	2012（H 24）　7月	68	台湾	家 No. 23
51	2013（H 25）　1月	69	オーストリア、クロアチア、スロベニア、ボスニアヘルツェゴビナ、セルビア、モンテネグロ	個 No. 22
52	2013（H 25）　4月	69	ジンバブエ、ボツワナ、南アフリカ	個 No. 23
53	2013（H 25）　9月	69	韓国　プサン・慶州	家 No. 24

《第２弾》

No.	年月	年齢	旅行先	種類
54	2014（H 26）　1月	70	短期語学留学：フィリピン	個 No. 24
55	2014（H 26）　3月	70	タイ・パタヤ	個 No. 25
56	2014（H 26）　5月	70	タイ・プーケット	個 No. 26
57	2014（H 26）　7月	70	フランス・モンサンミッシェル	家 No. 25
58	2014（H 26）11月	70	フィリピン・マニラ	個 No. 27
59	2014（H 26）12月	70	タイ・パタヤ	個 No. 28
60	2015（H 27）　2月	71	タイ・チェンマイ・ラオス	個 No. 29
61	2015（H 27）　4月	71	タイ・バンコク	個 No. 30
62	2015（H 27）　6月	71	タイ・バンコク	個 No. 31
63	2015（H 27）　7月	71	スリランカ	家 No. 26
64	2015（H 27）　9月	71	ルーマニア、ブルガリア	個 No. 32
65	2016（H 28）　2月	72	タイ・バンコク	個 No. 33
66	2016（H 28）　4月	72	スイス・マッターホルン	家 No. 27
67	2016（H 28）　5月	72	モンゴル	個 No. 34

No.	年月	年齢	旅行先	種類
68	2016(H28)　7月	72	ミャンマー	個 No. 35
69	2016(H28) 10月	72	カリブ海クルーズ	個 No. 36
70	2016(H28) 11月	72	キプロス・マルタ島	個 No. 37
71	2017(H29)　1月	73	アイスランド、イギリス	家 No. 28
72	2017(H29)　2月	73	タイ・バンコク	個 No. 38
73	2017(H29)　3月	73	ヨルダン、イスラエル、パレスチナ	個 No. 39
74	2017(H29)　4月	73	アゼルバイジャン、ジョージア、アルメニア	個 No. 40
75	2017(H29)　8月	73	ウズベキスタン、キルギス、カザフスタン	個 No. 41
76	2017(H29)　9月	73	ベラルーシ、ウクライナ、モルドバ、沿ドニエストル共和国	個 No. 42
77	2018(H30)　1月	74	モンテネグロ、アルバニア、マケドニア	個 No. 43
78	2018(H30)　4月	74	中国　大連、旅順	家 No. 29
79	2018(H30)　5月	74	イタリア、モナコ、フランス、スペイン	個 No. 44
80	2018(H30)　6月	74	中国　張家界、天門山、武陵源	個 No. 45
81	2018(H30)　9月	74	チュニジア	個 No. 46
82	2018(H30) 11月	74	アイルランド、北アイルランド	個 No. 47
83	2019(H31)　1月	75	ブルガリア、マケドニア、アルバニア、コソボ、モンテネグロ、ボスニア、セルビア	個 No. 48
84	2019(H31)　3月	75	中国・西安	家 No. 30
85	2019(R　1)　5月	75	ブルネイ、マレーシア・コタキナバル	個 No. 49

《予定》

No.	年月	年齢	旅行先	種類
86	2020(R　2)　1月	76	南カリブ海クルーズ6ヵ国 ※累計118ヵ国・地域　達成予定	個 No. 50

あとがき

客船の航海士になって沢山の国を自分の目で見たいと思った、若き日の夢を叶えるべく、一九七八年三四歳で初めてインドネシアのバリ島を訪れ、三五年間、七八ヵ国・地域、五三回の旅行記を、七〇歳の記念で出版しました。

その後に訪れた三二回の旅行、新規三四ヵ国・地域を含む旅行記を、この度、七五歳記念として第二弾を出版させて頂きました。

これで、累計で八五回目、一一二の訪問国・地域となります。

二〇二〇年末迄に一二〇ヵ国・地域を目標に再設定しました。

是非、皆様も海外旅行を趣味の一つに加えて頂きたいと思います。

海外旅行は日々の嫌なこと、辛いことを全て覆すほどの体験が出来て、自分の人生を大きく豊かにしてくれます。旅を面白く続けるには健康な肉体が必要ですが、旅を続けることによって自然と健康体にもなり、実際、少なくても一〇年は若く維持出来ます。

トラベルにはトラブルが付き物ですが、トラブルも時間が経過すると、全て良い思い出に変わります。

この旅行記をお読みくださった読者の皆様にとって、海外旅行が最高の趣味になることを願い、筆をおきたいと思います。
本書をお読みくださり、本当にありがとうございました。

二〇一九年九月吉日

著者

〈著者紹介〉

金野 洋（こんの よう）

1944年満州国牡丹江市生まれ。
秋田・能代高校から千葉商科大学経済学部卒。
八千代証券、船橋佃煮、味の素コミュニケーションズをへて定年。
趣味 海外旅行、トライアスロン、マラソン、囲碁、将棋、読書、楽器、他。
著書：『YOのワールドジャーニー』（2015年、鳥影社）

YOのワールドジャーニー
第2弾

100ヵ国・地域を目指して
地球を散歩する。
達成記念

定価（本体 1200円+税）

乱丁・落丁はお取り替えします。

2019年 12月 21日初版第1刷印刷
2020年 1月 6日初版第1刷発行
著 者 金野 洋
発行者 百瀬精一
発行所 鳥影社（www.choeisha.com）
〒160-0023 東京都新宿区西新宿3-5-12トーカン新宿7F
電話 03(5948)6470, FAX 03(5948)6471
〒392-0012 長野県諏訪市四賀 229-1（本社・編集室）
電話 0266(53)2903, FAX 0266(58)6771
印刷・製本 シナノ印刷

ISBN978-4-86265-785-5 C0095